二维码索引

V

（续）

"十四五"职业教育国家规划教材

"十二五"职业教育国家规划教材 修订版
经全国职业教育教材审定委员会审定

"十四五"职业教育河南省规划教材
汽车类专业"互联网+"创新教材
河南省高等学校精品在线开放课程配套教材

汽车维护与保养

第 3 版

主　编　吉武俊　胡　勇
副主编　高　云　谢　芳
参　编　陈小强　黄　菲
主　审　肖　龙

机械工业出版社

本书为"十四五"职业教育国家规划教材。

本书介绍了新车检验与维护、汽车维护常用工具的使用及现代汽车维护材料选用等相关知识，编辑整理了国内典型车型的汽车养护资料，着重介绍了汽车维护工具的使用、汽车维修接待与汽车 PDI 检查、汽车的维护、汽车发动机的维护、汽车底盘的维护、汽车电器的维护、汽车车身的维护项目操作。在本书编写过程中，力求做到"教—学—做"一体，图文并茂、通俗易懂。

本书可作为高等职业院校、高等专科学校及高校汽车类专业教材，也可供相关汽车维修行业人员参考。

本书单独配有任务工单，能方便进行实操训练。另外，为了便于读者自主学习、提高学习效率，本书配备了二维码视频链接，可通过手机扫码观看视频。

本书还配有电子课件、试卷及答案等，**凡使用本书作为教材的教师**可登录机械工业出版社教育服务网（www.cmpedu.com）注册后免费下载。咨询电话：010-88379375。

图书在版编目（CIP）数据

汽车维护与保养/吉武俊，胡勇主编. —3 版. —北京：机械工业出版社，2021.5（2025.6 重印）

"十二五"职业教育国家规划教材：修订版　汽车类专业"互联网+"创新教材

ISBN 978-7-111-68019-2

Ⅰ.①汽…　Ⅱ.①吉…②胡…　Ⅲ.①汽车-车辆修理-高等职业教育-教材②汽车-车辆保养-高等职业教育-教材　Ⅳ.①U472

中国版本图书馆 CIP 数据核字（2021）第 068368 号

机械工业出版社（北京市百万庄大街 22 号　邮政编码 100037）
策划编辑：葛晓慧　责任编辑：葛晓慧　谢熠萌
责任校对：王　欣　封面设计：王　旭
责任印制：李　昂
涿州市京南印刷厂印刷
2025 年 6 月第 3 版第 14 次印刷
184mm×260mm・17.5 印张・431 千字
标准书号：ISBN 978-7-111-68019-2
定价：55.00 元（含任务工单）

电话服务　　　　　　　　网络服务
客服电话：010-88361066　机　工　官　网：www.cmpbook.com
　　　　　010-88379833　机　工　官　博：weibo.com/cmp1952
　　　　　010-68326294　金　书　网：www.golden-book.com
封底无防伪标均为盗版　机工教育服务网：www.cmpedu.com

关于"十四五"职业教育
国家规划教材的出版说明

　　为贯彻落实《中共中央关于认真学习宣传贯彻党的二十大精神的决定》《习近平新时代中国特色社会主义思想进课程教材指南》《职业院校教材管理办法》等文件精神，机械工业出版社与教材编写团队一道，认真执行思政内容进教材、进课堂、进头脑要求，尊重教育规律，遵循学科特点，对教材内容进行了更新，着力落实以下要求：

　　1. 提升教材铸魂育人功能，培育、践行社会主义核心价值观，教育引导学生树立共产主义远大理想和中国特色社会主义共同理想，坚定"四个自信"，厚植爱国主义情怀，把爱国情、强国志、报国行自觉融入建设社会主义现代化强国、实现中华民族伟大复兴的奋斗之中。同时，弘扬中华优秀传统文化，深入开展宪法法治教育。

　　2. 注重科学思维方法训练和科学伦理教育，培养学生探索未知、追求真理、勇攀科学高峰的责任感和使命感；强化学生工程伦理教育，培养学生精益求精的大国工匠精神，激发学生科技报国的家国情怀和使命担当。加快构建中国特色哲学社会科学学科体系、学术体系、话语体系。帮助学生了解相关专业和行业领域的国家战略、法律法规和相关政策，引导学生深入社会实践、关注现实问题，培育学生经世济民、诚信服务、德法兼修的职业素养。

　　3. 教育引导学生深刻理解并自觉实践各行业的职业精神、职业规范，增强职业责任感，培养遵纪守法、爱岗敬业、无私奉献、诚实守信、公道办事、开拓创新的职业品格和行为习惯。

　　在此基础上，及时更新教材知识内容，体现产业发展的新技术、新工艺、新规范、新标准。加强教材数字化建设，丰富配套资源，形成可听、可视、可练、可互动的融媒体教材。

　　教材建设需要各方的共同努力，也欢迎相关教材使用院校的师生及时反馈意见和建议，我们将认真组织力量进行研究，在后续重印及再版时吸纳改进，不断推动高质量教材出版。

机械工业出版社

前 言
FOREWORD

随着我国汽车工业的高速发展，我国的汽车工业也在逐渐地和世界接轨，一个新的观念，即"七分维护、三分修理""以养代修""维护为主、视情修理"正在被广大车主所接受。其实，在工业发达国家，汽车维护作为一个新兴行业早已经得到迅速发展。汽车进修理厂，一种情况是发生交通事故，另一种情况就是汽车的零部件出现异常损坏或达到了使用寿命需要更换。而平时，更多的是对汽车进行定期的维护，如果维护方法得当，可以使车辆长期保持良好的工作状态，甚至可以使车辆终生无大修。

为贯彻落实党的二十大精神，着力构建现代化汽车维护与保养服务体系，加快实施汽车维护行业创新驱动发展，助力交通强国建设，本书编写团队深入企业调研，全面、具体分析汽车维护的实际典型工作任务，提炼完成各项任务所应具备的知识和能力，按照认知规律创设学习情境，基于工作过程构建系统化课程。基于以上工作，编写了本书，主要供高等职业院校的师生使用。

本书分为七个学习情境，即汽车维护工具的使用、汽车维修接待与 PDI 检查、汽车的维护、汽车发动机的维护、汽车底盘的维护、汽车电器的维护、汽车车身的维护。学习情境 1、2 和 3 是其他学习情境的基础，学习情境 4、5、6、7 是并列关系。每个学习情境下有若干任务单元，每个任务单元都是相对独立的一个工作任务，每个工作任务都是一个完整的工作过程。

任务的设计有以下特点：

1. 明确应达到的学习目标和为了达到目标而提出的具体知识要求和技能要求，设计任务载体和教学实施的工具，全方位地设计教学活动。

2. 按照"够用、适度"的原则、结合职业技能等级证书的相关要求组织学习内容，强调知识的应用性，明确学什么知识和学到什么程度，以完成任务为目的。将知识与技能完美结合，实现工学结合。

本书由河南职业技术学院吉武俊和胡勇担任主编。河南职业技术学院肖龙担任主审。全书由吉武俊负责统稿，本书的具体编写分工：吉武俊编写学习情境 5 和任务工单；胡勇编写学习情境 3；黄菲编写学习情境 6 和学习情境 1 的任务 3；谢芳编写学习情境 4；高云编写学习情境 7 和学习情境 1 的任务 1、2；陈小强编写学习情境 2 和学习情境 1 的任务 4；在本书编写过程中，河南豫港小汽车修理有限公司技术总监冯永安、开封新希望雪弗兰维修站技术总监李春光等给予了大力支持，在此表示感谢！

由于编者编写水平所限，书中难免有缺点甚至错误之处，敬请广大读者给予批评指正！

编 者

目 录
CONTENTS

学习情境1 汽车维护工具的使用

任务1 汽车常用工具的使用

🔧 学习目标

1）掌握职业技能等级证书标准要求的汽车维护常用工具的规格、构造。
2）掌握职业技能等级证书标准要求的汽车维护常用工具的使用方法。
3）熟悉汽车维护常用工具的维护方法。
4）以精准的匠人精神准确地识别和选择各种类别、型号的工具，并能够正确地运用、掌握安全操作方法。

🔋 任务载体

谈到汽车维护，许多人都会自然地联想到维护工具的使用，觉得很简单。其实规范地使用每一类工具不是一件容易的事。本任务将重点介绍常用维护工具的使用方法。

💡 相关知识

一、普通工具

1. 普通扳手

（1）呆扳手 呆扳手是最常见的一种扳手，俗称开口扳手，按形状的不同分为双头扳手和单头扳手，其作用是紧固、拆卸一般标准规格的螺母和螺栓。它开口的中心平面和本体中心平面有15°、45°、90°等夹角，这样既能适应人手的操作方向，又可降低对操作空间的要求，以便在受限制的部位扳动方便，如图1-1所示。其规格是以两端开口的宽度 S（mm）来表示的，如8~10mm、12~14mm等；通常是成套装备，有8件一套、10件一套；通常用45钢、50钢锻造，并经热处理。

（2）梅花扳手 梅花扳手与呆扳手的用途相似，但其

图1-1 呆扳手

两端是环状的，环的内孔由两个正六边形互相同心错转30°而成，可将螺栓和螺母头部套住。使用时，扳动30°后，即可换位再套，因而适用于狭窄场合下操作，如图1-2所示。与呆扳手相比，梅花扳手强度高，使用时不易滑脱，但套上、取下不方便。其规格是以闭口尺寸S（mm）来表示，如8~10mm、12~14mm等；通常是成套装备，有8件一套、10件一套等；通常用45钢或40Cr锻造，并经热处理。

（3）套筒扳手　套筒扳手除了具有一般扳手的用途外，特别适用于旋转部位很狭小或隐蔽较深处的六角螺母和螺栓，其材料、环孔形状与梅花扳手相同，如图1-3所示。套筒扳手主要由套筒头、手柄、棘轮手柄、快速摇柄、接头及接杆等组成。各种手柄适用于各种不同的场合。由于套筒扳手各种规格是组装成套的，故使用方便，效率更高。常用套筒扳手的规格是8~32mm。

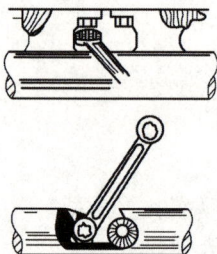

图1-2　梅花扳手

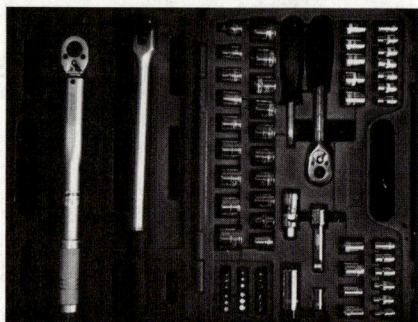

图1-3　套筒扳手

（4）活扳手　活扳手由固定扳唇、活动扳唇、蜗轮和轴销组成，其使用场合与呆扳手相同，其开口尺寸能在一定的范围内任意调整，其优点是遇到不规则的螺母或螺栓时更能发挥作用，故应用较广，如图1-4所示。其规格是以最大开口宽度（mm）来表示的，最大开口宽度为14mm、19mm、24mm、30mm、36mm、46mm、55mm、65mm等。其长度有100mm、150mm、200mm、250mm、300mm、375mm、400mm和600mm等，通常是由碳素钢（T）或铬钢（Cr）制成的。

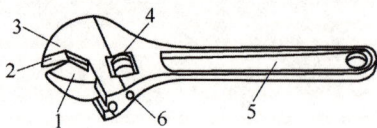

图1-4　活扳手

1—活动扳唇　2—扳口　3—固定扳唇　4—蜗轮　5—手柄　6—轴销

（5）扭力扳手　扭力扳手是一种可读出所施力矩大小的扳手，由扭力杆和套筒头组成。凡是对螺母、螺栓有明确规定力矩的（如气缸盖，曲轴与连杆的螺栓、螺母等），都要使用扭力扳手。其规格是以最大可测力矩来划分的，常用的有0~300N·m和0~500N·m两种，如图1-5所示。扭力扳手除用来控制螺纹件旋紧力矩外，还可以用来测量旋转件的起动转矩，以检查配合、装配情况。

（6）内六角扳手　内六角扳手是用来拆装内六角圆柱头螺钉（螺塞）用的。其规格以

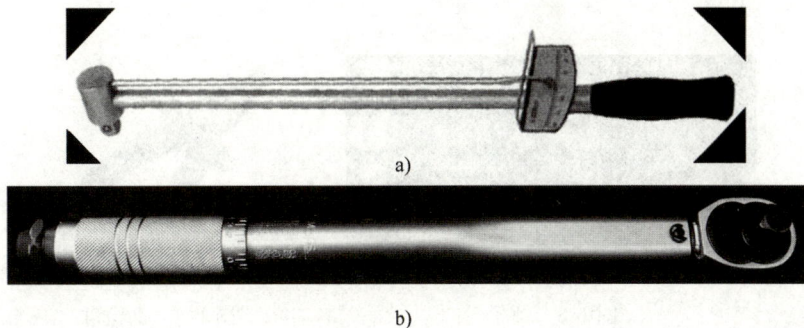

图1-5 扭力扳手
a) 指针式扭力扳手 b) 预调式铰接扭力扳手

六角形对边尺寸 s 表示，如图1-6所示，有3~27mm尺寸的13种。汽车维护作业中使用成套的内六角扳手来拆装M4~M30的内六角圆柱头螺钉。

2. 螺钉旋具

螺钉旋具是用来拧动螺钉的工具，通常分为一字螺钉旋具和十字螺钉旋具两类。螺钉旋具由手柄、刀体和刃口组成，如图1-7所示。

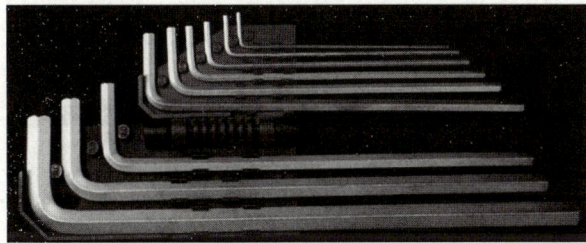

图1-6 内六角扳手

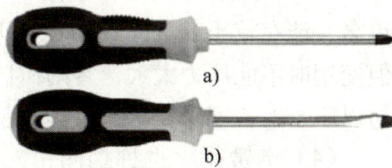

图1-7 螺钉旋具
a) 十字螺钉旋具 b) 一字螺钉旋具

（1）一字螺钉旋具 用于旋紧或松开头部开一字槽的螺钉，一般工作部分用碳素工具钢制成，并经淬火处理。其规格以不含握柄刀体部分的长度表示，常用的规格有50mm、65mm、75mm、100mm、125mm、150mm、200mm、250mm、300mm、350mm和400mm等，工作直径有3mm、4mm、5mm、6mm、7mm、8mm、9mm和10mm等几种。使用时，应根据螺钉沟槽的宽度选用相应的规格。

（2）十字螺钉旋具 用于旋紧或松开头部带十字沟槽的螺钉，材料和规格与一字螺钉旋具相同。

3. 锤子

锤子，如图1-8所示。其锤头一端平面略有弧形，是基本工作面；另一端是球面，用来敲击凹凸形状的工件。其规格以锤头质量来表示，以0.5~0.75kg的最为常用。锤头用45钢、50钢锻造，两端工作面热处理后，硬度一般为50~57HRC。

4. 手钳

常见的手钳有钢丝钳、鲤鱼钳、尖嘴钳和卡簧钳等。

（1）钢丝钳 其结构如图1-9所示。按其长度有150mm、175mm和200mm三种。钢丝钳主要用于夹持圆柱形的零件，也可以代替扳手旋动小螺栓、小螺母，钳口后部的刃口可剪切金属丝。

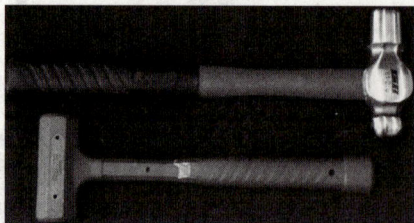

图 1-8 锤子

图 1-9 钢丝钳

（2）鲤鱼钳 鲤鱼钳如图 1-10 所示。钳头的前部是平口细齿，适用于夹捏一般小零件，中部凹口粗长，用于夹持圆柱形零件，也可以代替扳手旋动小螺栓、小螺母，钳口后部的刃口可剪切金属丝。由于一片钳体上有两个互相贯通的孔，又有一个特殊的销子，所以操作时钳口的张开度可以变化，以适应夹持不同大小的零件，是汽车维修作业中使用最多的钳子。其规格以钳子的长度来表示，一般有 165mm 和 200mm 两种，用 50 钢制造。

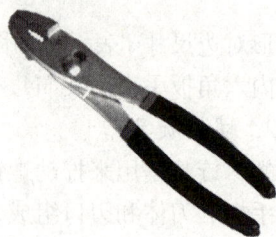

图 1-10 鲤鱼钳

（3）尖嘴钳 尖嘴钳如图 1-11 所示，因其头部细长而得名，能在较小的空间使用。其刃口也能剪切细小金属丝，但使用时不能用力太大，否则钳口头部会变形或断裂。其规格以钳子的长度来表示。汽车拆装常用的是 160mm 尖嘴钳。

（4）卡簧钳 也称挡圈钳，有多种结构形式，适用于拆装发动机中的各种卡簧（挡圈）。使用时，应根据卡簧（挡圈）的结构形式选择相应的卡簧钳。图 1-12a、b 所示为常用的孔用和轴用卡簧钳。图 1-12c 所示为一种两用卡簧钳。

图 1-11 尖嘴钳

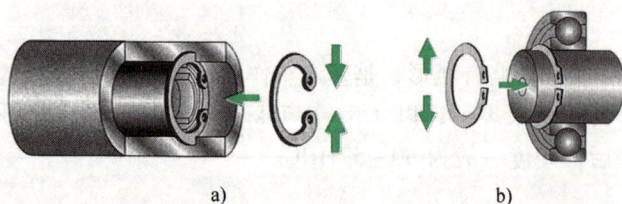

a)

b)

c)

图 1-12 卡簧钳

a）孔用卡簧钳　b）轴用卡簧钳　c）两用卡簧钳

二、专用工具

有些维修项目必须使用专用工具才能顺利进行。

（1）活塞环拆装钳 活塞环拆装钳是一种专门用于拆装活塞环的工具。维修发动机时，必须使用活塞拆装钳拆装活塞环，防止不正当的操作而导致活塞环折断，如图1-13所示。

（2）气门弹簧拆装架 气门弹簧拆装架是一种专门用于拆装顶置气门弹簧的工具，如图1-14所示。

（3）火花塞套筒扳手 火花塞套筒扳手是一种薄壁长套筒、用手拆除火花塞的专用工具，如图1-15所示。

图1-13 活塞环拆装钳

图1-14 气门弹簧拆装架

（4）油封取出装置 油封取出装置用于将油封取出，如图1-16所示。使用时将油封取出器置于油封中，旋转使之张开，即可将油封拉出。使用中注意用力和张开的程度不宜太大，以免损伤油封。

（5）衬套、轴承、密封圈安装器 安装衬套、轴承和密封圈是一项很困难的工作。在安装过程中，这些部件必须正确定位，有时安装这些部件的时候必须施加一定的压力。图1-17所示为一个轴衬、轴承、密封圈驱动器套件，图中的圆圈表示所用的衬套引导件的尺寸。注意图中给出了一些衬套引导件的侧视图来显示它们的形状。不同的引导件用于不同内径的衬套。这些引导件包括压盘和手柄。还有几个隔板和驱动器，可以在要安装的部件上施加均匀的力。图1-17给出了安装的三个步骤。压盘的直径范围是5~45mm。

图1-15 火花塞套筒扳手 图1-16 油封取出装置 图1-17 衬套、轴承、密封圈安装器

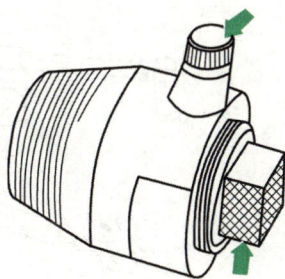

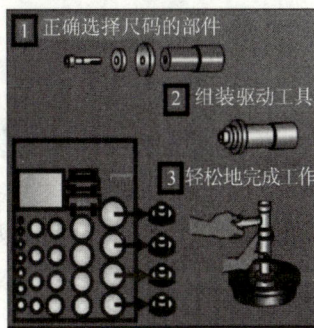

技能操作

1. 呆扳手的使用

1）所选用扳手的开口尺寸必须与螺栓或螺母的尺寸相符合。若扳手开口过大，易滑脱

并损伤螺母的六角，呆扳手的正确使用如图1-18所示。在进口汽车维修中，应注意扳手米制、寸制的选择。各类扳手的选用原则，一般优先选用套筒扳手，其次为梅花扳手，再次为呆扳手，最后选活扳手。

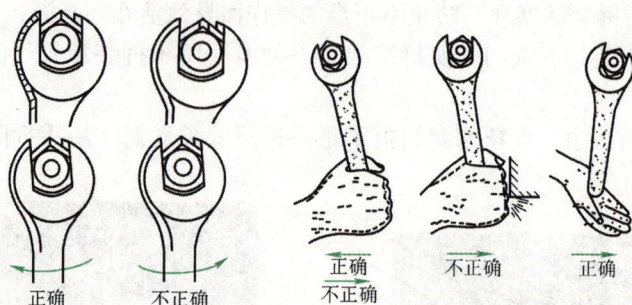

正确　　　不正确　　　　　正确　　　不正确　　　正确
　　　　　　　　　　　　　不正确

图1-18　呆扳手的正确使用

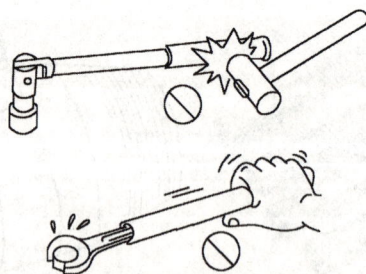

2）为防止扳手损坏和滑脱，应使拉力作用在开口较厚的一边。这一点对受力较大的活扳手尤其应该注意，以防开口出现"八"字形，损坏螺母和扳手。

3）普通扳手是按人手的力量来设计的，遇到较紧的螺纹连接件时，不能用锤子击打扳手。除套筒扳手外，其他扳手都不能套装加力杆，以防损坏扳手或螺纹连接件。

2. 梅花扳手的使用

梅花扳手钳口是双六角形的，可以容易地装配螺栓或螺母。同时，由于螺栓或螺母的六角形表面被包住，因此没有损坏螺栓角的危险，并可施加大的力矩。由于手柄具有一定的角度，因此可用于在凹进空间里或在平面上旋转螺栓或螺母。

使用时首先应选择尺寸合适的扳手，否则，极易损伤扳手和螺母。应尽量使用拉力，如果由于空间限制无法拉动工具，可用手掌推它。已经拧得很紧的螺栓或螺母可以通过施加冲击力轻松旋开，如图1-19所示。拧得过紧的螺栓或螺母不可使用锤子和管子（用来加长轴）来增加力矩，如图1-20所示。

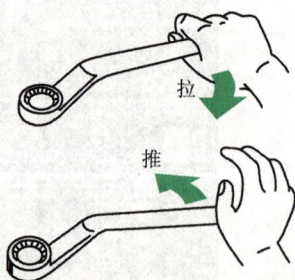

拉

推

图1-19　梅花扳手的正确使用　　　　图1-20　扳手的不正确使用

3. 活扳手的使用

活扳手可通过旋转调节螺钉改变口径。一个可调扳手可用来代替多个呆扳手，适用于尺寸不规则的螺母或用来压紧。使用时转动调节螺杆，应先将螺母卡入扳手开口内部，调整开口大小，使其卡紧螺母，再将扳手外拉后拧动。取下扳手时，前推扳手，向上取出。重新套上螺母时，与此动作相反。可简记为"内套后拉，取时前推"。并注意使拉力作用在开口较厚的一边来转动扳手。否则将使压力作用在调节螺杆上，使其损坏，如图1-21所示。

4. 棘轮扳手的使用

扳动棘轮扳手上的手柄可以改变扳手的用力方向，往左转可以拧紧螺母，往右转可以松开螺母。因此螺栓或螺母可以不需要取下套筒头而往复操作，提高了工作效率，同时，套筒扳手可以以小的回转角锁住并在有限的空间中工作。但注意，扳手内部的棘轮小却承受较大的力，可能损坏棘爪的结构，如图1-22所示。

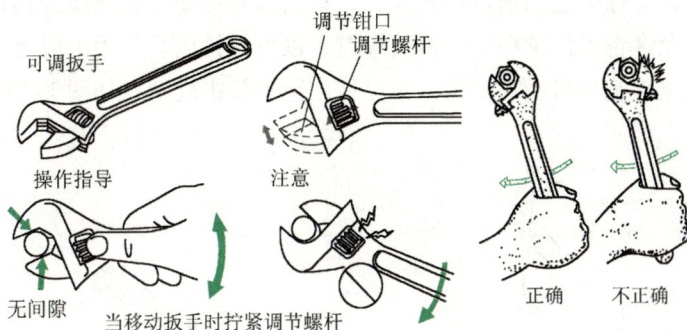

图1-21 活扳手的使用

注　意

1）棘轮手柄适合在狭窄空间中使用。然而，由于棘轮的结构，它不可能获得很大的力矩。

2）滑动手柄要求极大的工作空间，但它能提供最快的工作速度。

3）旋转手柄在调整好手柄后可以迅速工作。但此手柄很长，很难在狭窄空间使用。

5. 扭力扳手的使用

扭力扳手的使用方法如图1-23所示。使用时一手按住套筒一端，另一手平稳地拉动扭力扳手的手柄，并观察扭力扳手指针指示的力矩数值。切忌在过载的情况下使用扭力扳手，以免造成读数失准或扳手损坏。用后应将扭力扳手平稳放置，避免重物撞压，造成扳杆或扳手指针变形而影响其测量精度，甚至损坏扳手。

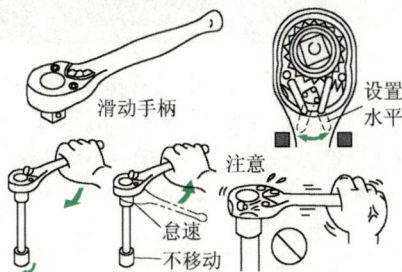

图1-22 棘轮扳手的使用

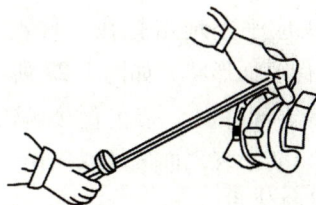

图1-23 扭力扳手的使用方法

6. 螺钉旋具的使用

使用时，右手握住螺钉旋具，手心抵住柄端，螺钉旋具与螺钉同轴心，压紧后用手腕扭转。松动后用手心轻压螺钉旋具，用拇指、中指、食指快速扭转。使用长杆螺钉旋具时，可用左手协助压紧和拧动手柄，如图1-24所示，刃口应与螺钉槽口大小、宽窄、长短相适应，刃口不得残缺，以免损坏槽口和刃口。

螺钉旋具的使用注意事项如下：

1）使用前先擦净油污，以免工作中滑脱发生意外。

2）选用的工具与螺栓上的槽口相吻合，刀口太薄易折断，太厚使旋具和螺栓口损坏。

3）使用时不允许将工件拿在手上拆装螺钉，以免螺钉旋具从手中滑出伤手。

4）不允许用螺钉旋具当撬杠使用，不允许用锤子敲击旋柄，如图1-25所示。

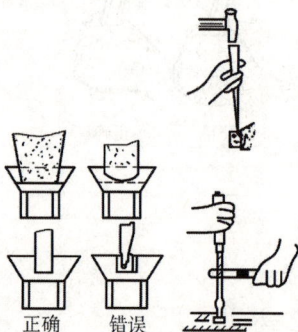

图1-24 螺钉旋具的使用

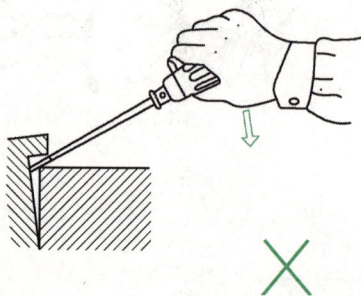

图1-25 螺钉旋具不能当撬杠使用

5）不允许用扳子转螺钉旋具的尾端来增加扭力。

6）使用完毕后擦拭干净。

7. 锤子的使用

1）敲击时，右手握住锤柄后端约10mm处，握力要适度，眼睛注视工件。

2）挥锤方法有三种：手挥、肘挥和臂挥。手腕挥锤只有手腕动，锤击力小，但准、快、省力。臂挥是大臂和小臂一起运动，锤击力最大。握锤和挥锤方法如图1-26所示。

3）手柄应安装牢固，用楔塞牢，防止锤头飞出伤人。

4）锤头应平整地击打在工件上，不得歪斜，防止破坏工件表面形状，如图1-27所示。

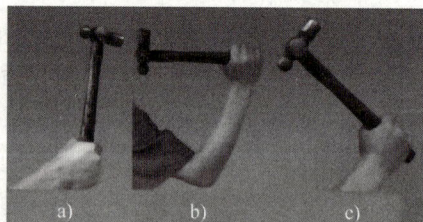

图1-26 握锤和挥锤方法
a）手挥（手腕挥） b）臂挥（大臂挥）
c）肘挥（小臂挥）

5）拆卸零部件时，禁止直接锤击重要表面或易损部位，以防出现表面破坏或损伤。

8. 手钳的使用

1）使用时，用手握住钳柄后端，使钳口开闭、夹紧。

2）不能用钳子代替扳手来拧紧或拧松螺栓、螺母，以免损坏螺栓、螺母头部棱角。

3）不能将钳子柄当撬棒使用，以免使之弯曲、折断或损坏。

4）不能用力太大，否则，钳口头部会变形、销轴会松动。

9. 活塞环拆装钳的使用

1）使用活塞环拆装钳时，将拆装钳上的环卡卡住活塞环开口，握住手把稍稍均匀地用力，使拆装钳手把慢慢地收缩，环卡将活塞环徐徐地张开，使活塞环能从活塞环槽中取出或装入。

图 1-27 锤子的使用

2）使用活塞环拆装钳拆装活塞环时，用力必须均匀，避免用力过猛而导致活塞环折断，避免伤手事故。

10. 气门弹簧拆装架的使用

使用时，根据需要将装卸钳放于合适位置，如图 1-28 所示，将拆装架托架抵住气门，对正气门弹簧座，然后用力压下手柄，使气门弹簧被压缩。取下气门弹簧锁销或锁片后，慢慢地松抬手柄，即可取出气门弹簧座、气门弹簧和气门等。

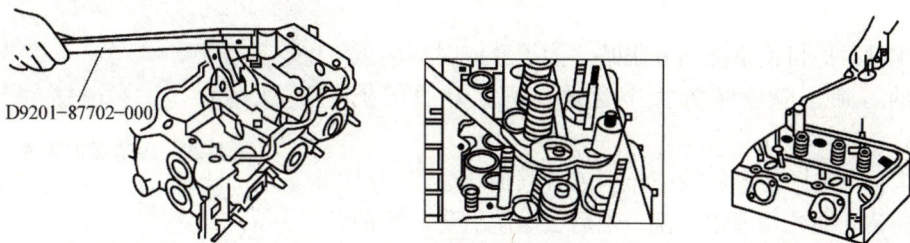

D9201-87702-000

图 1-28 气门弹簧拆装架

使用时，应根据气门的位置和形式选取合适的拆装钳（顶置式、侧置式、液力挺柱式）。

11. 火花塞套筒扳手的使用方法与注意事项

使用前，应根据火花塞六角对边的尺寸选用火花塞套筒。拆卸时，套筒应对正火花塞六角头，套接要妥当，不可歪斜，应逐渐加大扭力，以防滑脱。

知识与能力拓展

在汽车维修车间，安全和事故防患始终是头等重要的大事，每个汽车维修技术人员都必须严肃认真对待。

正确地操作工具设备可避免很多危险，粗心大意或野蛮操作往往会导致工伤事故。车间事故可能会导致人身伤害、受伤甚至终身残疾和死亡。因此，安全是一个必须严肃对待的问题，决不能有丝毫侥幸心理。老板和雇员应该团结协作，以保障车间内每个人员的安全与健康。

本任务介绍了很多有关安全的规章制度和安全操作规程，包括个人安全防护，工具设备安全操作规程和工作场所安全，以及老板和雇员的一些安全职责。除了这些安全规则，整本书当中还有很多安全警告，可提醒注意一些由于粗心大意可能导致人身伤害事故的地方。这些都是安全防护应该注意的地方。

一、个人安全防护规则

个人安全防护措施包括护目镜、工作服的穿戴以及工具、设备的正确操作规程等。

1. 眼睛防护

在维修车间，眼睛是最脆弱的部位，很多东西都会对它造成伤害。在一些维修过程中（如研磨），会产生一些微小的金属屑和粉尘。而且这些金属屑可能会以很高的速度四处飞溅，这样就会很容易进入眼睛，刮伤眼皮甚至刮伤眼球。如果高压管路发生破裂或有小孔，里面的高压气体或液体就会喷出很远。如果这些化学气体或者液体溅入眼睛，就可能会弄瞎眼睛。当在车下工作时，一些很脏很尖的锈蚀金属屑也有可能会掉入眼睛。

在工作的任何时刻，都应该佩戴眼睛保护装置，为了安全，最好是戴护目镜。图1-29提供了一些常用的眼睛保护装置。为了能够全方位地保护眼睛，护目镜的镜片已经采用安全玻璃制造，而且护目镜有周边保护功能。不能用普通眼镜替代护目镜，它不能够充分地保护眼睛。

工作时，护目镜不能离开眼睛。为了养成时刻佩戴护目镜的习惯，应该佩戴大小合适、感觉舒服的护目镜。

如果蓄电池酸性电解液、燃料或者其他化学溶剂溅入眼睛，请立即先用清水清洗，然后去医院做进一步的治疗。

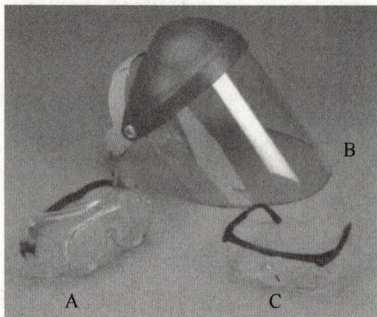

图1-29 眼睛保护装置
A—护目镜 B—面罩 C—安全眼镜

2. 着装安全

穿的衣服必须合身，不能太宽松，而且最好是用坚实布料制成的。穿着宽松的衣服进行汽车维修容易招致人身伤害。一些汽车维修技术人员在工作过程中喜欢穿工作服来保护里层的衣服。短袖和短裤是不适合用作工作服的，一般情况下很多维修车间都有自己专门的工作服。

汽车或设备在运行过程中，有一些重的零部件有可能会落下，砸伤脚和脚趾。所以在维修时，请穿好用皮革或类似材料制造的工作鞋或者防滑的靴子。有的安全工作鞋在脚尖处镶有钢片，这样可以更好地保护脚部。在车间，不能穿运动鞋、拖鞋和凉鞋。

手的安全防护问题经常会被忽视。在一些操作过程，如磨削、焊接及搬运高温物件等，都应该戴好合适的手套。碱性化学物质具有强烈的腐蚀性，一旦溅到身上就会烧伤皮肤，因此，在使用碱性化学物质时必须格外小心，应该穿戴专用的橡胶手套。

很多汽车维修技术人员为了安全，在使用有毒化学试剂时常会穿戴外科手术用的手套。经常碰到的有毒化学试剂有发动机润滑油或其他润滑油、制动液及一些清洗剂等。在医药用品店或者机械工具用品店都可以买到这种使用方便、价格又低廉的手套。

3. 耳朵防护

使用空气扳手、在一定负荷下运行发动机、在一个比较狭小的空间运行汽车等情况下都会发出令人烦躁的噪声，而且这些噪声的分贝值往往都超过人类所能承受的安全值。长时间处在高噪声的环境当中有可能会导致耳聋。持续在嘈杂的环境下工作时，都应该要戴上耳塞或者耳机。

4. 头发与饰品安全

头发修长散乱、佩戴饰品与穿宽松衣服一样，都会招致人身伤害。特别是在做回转运动的机器设备旁工作时，如果头发、饰品外露，经常会被卷进去而发生事故。如果头发很长，工作时必须把头发扎好，放在后面或者压在工作帽里面。

工作时请不要佩戴任何饰品，如耳环、手表、手镯和项链等。这些饰品会很容易卷入运转的部件中，导致严重的伤害事故发生。

5. 其他的人身安全防护要点

● 在车内和车间工作时禁止吸烟。

● 喧闹、玩耍对汽车维修技术人员来说是不合适的。斗嘴、打架甚至开玩笑都会伤害到其他人。

● 为了避免被烫伤或烧伤，请不要靠近热金属部件，像散热器、排气歧管、排气管、催化转化器、消声器等。

● 在使用液压设备时，必须确保压力不超过许可值，而且尽量靠边站，同时要戴好护目镜。

● 必须把物件和工具放在一个固定的、适当的地方，并确保不会绊到人。这样不仅可以避免造成事故，而且要使用时也可以方便地拿取，并可以节省寻找的时间。

二、举升与搬运重物规则

修理汽车时常常需要搬运重物，人力搬运极易引发脊椎受损，因此掌握正确的举升、搬运重物的方法是非常重要的。在搬运重物时最好能够穿戴背部保护装置，而且要量力而行，当不确定是否能够搬动时就应请人帮忙。有时候即使是体积很小的物件，都有可能格外重。举升、搬运任何物件时，请严格遵守以下步骤：

1）搬运物件之前，必须确保有足够的空间安放零部件和工具。

2）把脚尽量靠近物件，找一个能够站得稳的地方。

3）尽可能将背和肘关节挺直。弯曲膝关节，直到手能够使出最大的力（图1-30）。

4）如果重物是放在纸箱里的，请先检查下纸箱是否损坏。旧的、潮湿和密封不好的纸箱，在搬运过程中可能会破裂，将导致里面的物件散落一地。

5）必须抓牢重物和容器。在搬运过程中应用力一致，中途不能放松。

6）尽量将重物贴近身体，边把腿伸直边抬起重物。用腿部肌肉发力，千万不能用背部肌肉。

7）在搬运过程中如果要改变方向，千万不能扭转上身，而是要全身转动，包括脚。

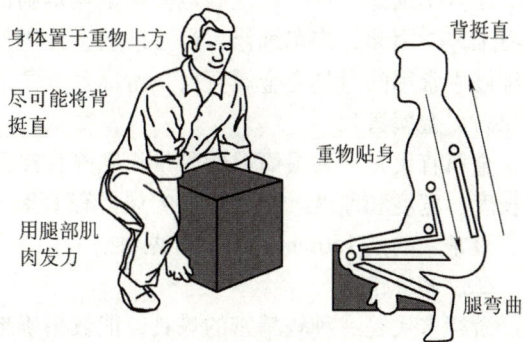

图1-30　用腿部力量搬起重物，千万不能用背部力量

8）将重物放入架子上时，身体千万不能向前弯曲。先把重物放在架子边缘，再慢慢推进去。注意不要压到你的手指。

9）放下重物时，慢慢弯曲膝关节，仍然保持背部挺直。千万不能向前弯曲，否则会损伤背部肌肉。

10）将重物放在地板上或者放入木箱时，一定要注意保护手指。

课后思考

1. 怎样正确使用扭力扳手？
2. 选用扳手的优先顺序是什么？

任务2　汽车常用量具的使用

学习目标

1）掌握汽车维护常用量具的规格和构造。
2）能按照职业技能等级证书标准要求，正确规范地使用精密量具并读数。
3）能正确地清洁精密量具。
4）准确地识别和选择各种类别、型号的量具，以精准的匠人精神正确地运用量具并掌握安全操作方法。

任务载体

谈到汽车维护，许多人都会自然地联想到维护量具的使用。本任务将重点介绍常用维护量具的使用方法。

相关知识

在汽车维修作业中，正确地使用量具是确保测量精度、严格技术标准、提高维修质量的重要工艺。因此，汽车维修人员必须熟悉常用量具的使用和维护方法。量具的种类很多，汽车维修中常用的量具有金属直尺、游标万能角度尺、游标卡尺、千分尺、百分表等。

一、金属直尺

金属直尺是一种最简单的测量长度并直接读数的量具，用薄钢板制成。常用它粗测工件的长度、宽度和厚度。金属直尺的规格有150mm、300mm、500mm、1000mm、1200mm等数种，最常用的是150mm、300mm两种。

二、游标卡尺

游标卡尺是一种较精密的量具，能较精确地测量工件的长度、宽度、深度及内外圆直径等尺寸。其常用的规格有0～125mm、0～150mm、0～200mm、0～300mm、0～500mm等多种。游标卡尺按其精度可分为0.1mm、0.05mm、0.02mm三种。

1. 游标卡尺的构造

游标卡尺由尺身、游标、外测量爪、刀口内测量爪、深度尺、紧固螺钉等组成，如

图1-31所示。

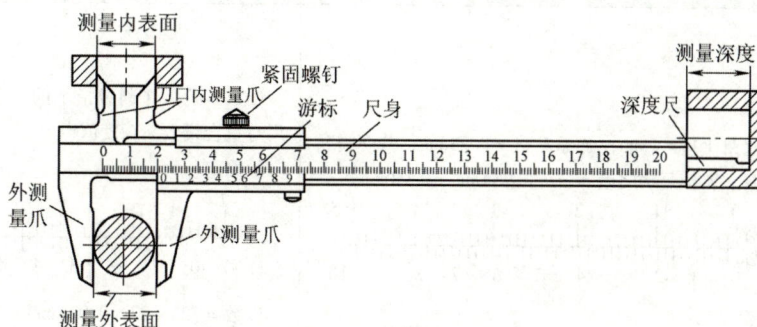

图1-31　游标卡尺

　　内、外固定测量爪与尺身制成一体，而内、外径活动测量爪和深度尺与游标制成一体，并可在尺身上滑动。尺身上的刻度每格为1mm，游标上的刻度每格不足1mm。当内、外测量爪合拢时，尺身与游标上的零线应重合；在内、外测量爪分开时，尺身与游标上的刻线即相对错动。测量时，根据尺身与游标错动情况即可在尺身上读出整数毫米数，在游标上读出小数毫米数。为了使测好的尺寸不致变动，可拧紧紧固螺钉使游标不再滑动。

　　2. 刻线原理和读数方法

　　不同精度的游标卡尺的刻线原理和读数方法见表1-1。

表1-1　游标卡尺的刻线原理及读数方法

精度值/mm	刻线原理	读数方法及示例
0.1	尺身1格=1mm，游标1格=0.9mm，共10格，尺身、游标每格之差=(1-0.9)mm=0.1mm 	读数=游标0刻线指示的尺身整数+游标与尺身重合线数×精度值 示例： 读数=$(90+4\times0.1)$mm=90.4mm
0.05	尺身1格=1mm，游标1格=0.95mm，共20格，尺身、游标每格之差=(1-0.95)mm=0.05mm 	读数=游标0刻线指示的尺身整数+游标与尺身重合线数×精度值 示例： 读数=$(30+11\times0.05)$mm=30.55mm

（续）

精度值/mm	刻线原理	读数方法及示例
0.02	尺身 1 格 = 1mm，游标 1 格 = 0.98mm，共 50 格，尺身、游标每格之差 = (1 - 0.98) mm = 0.02mm 尺身 游标	读数 = 游标 0 刻线指示的尺身整数 + 游标与尺身重合线数 × 精度值 示例： 读数 = (23 + 27 × 0.02) mm = 23.54mm

三、千分尺

千分尺俗称螺旋测微器，是比游标卡尺更为精确的一种精密量具，其测量精度可达 0.01mm，按其用途的不同可分为外径千分尺、内径千分尺、深度千分尺和螺纹千分尺等。这里只介绍常用的外径千分尺的构造和使用。

1. 外径千分尺的构造

外径千分尺是用来测量工件外部尺寸的。图 1-32 所示为外径千分尺的构造。其测量的范围分为 0~25mm、25~50mm、50~75mm、75~100mm、100~125mm 等多种。它由测砧、测微螺杆、螺纹轴套、固定套管、微分筒、调节螺母、测力装置、锁紧装置等组成。

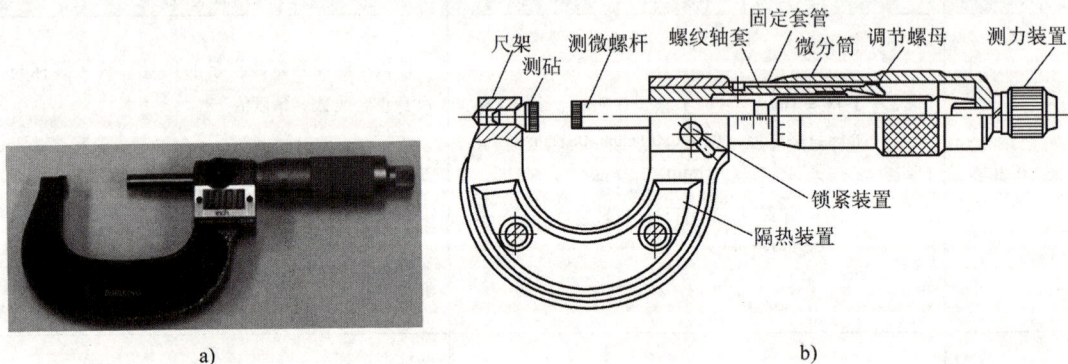

图 1-32　外径千分尺的构造

2. 刻线原理

千分尺是利用螺旋副传动原理，借助螺杆与螺纹轴套的精密配合，将回转运动变为直线运动，以固定套管和微分筒（相当于游标卡尺的尺身和游标）所组成的读数机构读得被测工件尺寸的。

固定套管外面有尺寸刻线，上、下刻线每 1 格为 1mm，相邻刻线间距离为 0.5mm。测微螺杆后端有精密螺纹，螺距是 0.5mm，当微分筒旋转一周时，测微螺杆和微分筒一同前进（或后退）0.5mm，同时，微分筒就遮住（或露出）固定套管上的 1 条刻线。在微分筒圆锥面上，一周等分成 50 条刻线，当微分筒旋转一格（即一周的 1/50）时，测微螺杆就移动 0.01mm，故千分尺的测量精度为 0.01mm。

3. 读数方法

1）先读固定套管上的毫米数和半毫米数。

2）再看微分筒上第几条刻线与固定套管的基线对正，即有几个 0.01mm。

3）将两个读数值相加就是被测量工件的尺寸值。

在图 1-33a 中，固定套管上露出来的数值是 7.50mm，微分筒上第 39 格线与固定套管上基线正对齐，即数值为 0.39mm，此时，千分尺的正确读数为 7.50mm + 0.39mm = 7.89mm。在图 1-33b、c 中，千分尺的正确读数分别为 7.5mm + 0.35mm = 7.85mm 和 0.50mm + 0.10mm = 0.60mm。

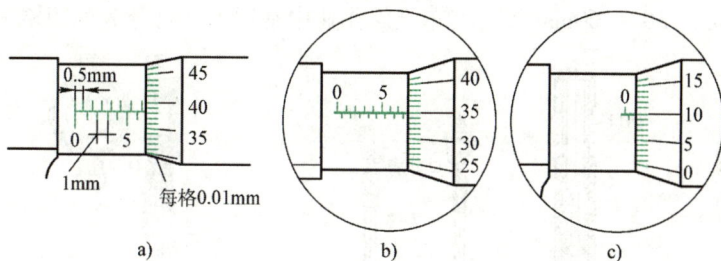

图 1-33　千分尺的刻度和读数示例

a）正确读数为 7.89mm　b）正确读数为 7.85mm　c）正确读数为 0.60mm

四、百分表

1. 百分表的结构特点

百分表是一种精度较高的齿轮传动式测微量具，如图 1-34 所示。它利用齿轮齿条传动机构将测杆的直线移动转变为指针的转动，由指针指出测杆的移动距离。因百分表只有一个测量头，所以它只能测出工件的相对数值。百分表主要用来测量机器零件的各种几何形状偏差和表面相互位置偏差（如平面度、垂直度、圆度和跳动量），也可测量工件的长度尺寸，也常用于工件的精密找正。它具有外形尺寸小、质量小、使用方便等特点。

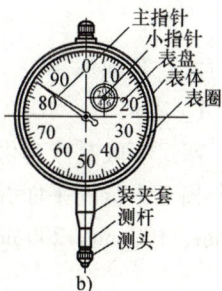

图 1-34　百分表

2. 百分表的工作原理与读数方法

其工作原理是将测杆的直线位移经过齿条与齿轮传动转变为指针的角位移。百分表的刻度盘圆周刻成 100 等份，其分度值为 0.01mm。若主指针转动 1 周，则测杆的位移量为 1mm；大指针转一格，测杆的位移量为 0.01mm，此时读数为 0.01mm。表圈和表盘是一体的，可任意转动，以便使指针对正零位。小指针用以指示大指针的回转圈数。常见百分表的测量范围为 0 ~ 3mm、0 ~ 5mm 和 0 ~ 10mm 等。

五、内径百分表

内径百分表俗称量缸表，它借助于百分表为读数机构，由配备杠杆传动系统或楔形传动系统的杆部件组合而成。它用比较法来测量孔径及其几何偏差。在发动机拆装与检修中，内径百分表主要用来测量气缸的尺寸精度和形状精度，也可以用来测量工件上孔的尺寸精度和形状精度。

图 1-35 所示为配备杠杆传动系统的内径百分表，它的上部是百分表，下部是量杆装置，上、下部分有联动关系。测量时，被测孔的尺寸偏差借活动测量头的位移，通过杠杆和传动杆传递给百分表。因传动系统的传动比为1，因此，测量头所移动的距离值与百分表的指示值相等。为了测量不同直径的缸体，内径百分表备有长短不同的固定量杆，并在各量杆上标有测量范围，以便于选用。内径百分表的规格是按测量直径的范围来划分的，如 18 ~ 35mm、35 ~ 50mm、50 ~ 160mm 等。汽车维修作业中常用内径百分表的规格为 50 ~ 160mm。

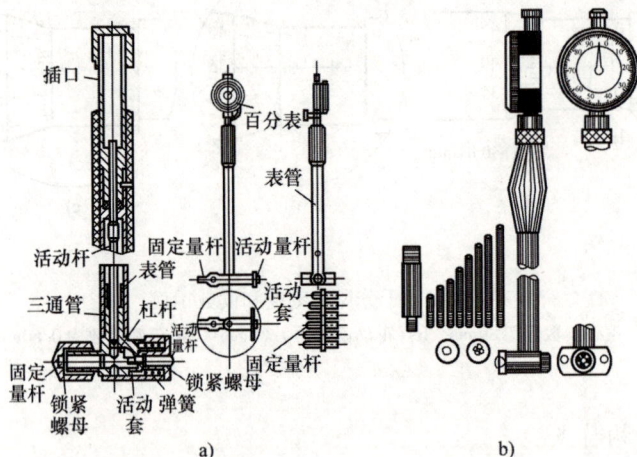

图 1-35　配备杠杆传动系统的内径百分表
a）结构　b）外观

六、其他量具

1. 塞尺

塞尺一般是成套供应，如图 1-36 所示。塞尺由不同厚度的金属薄片组成，每个薄片有两个相互平行的平面并有较准确的厚度。塞尺的规格以长度和每组片数来表示。其长度有 50mm、100mm、200mm、300mm，每组片数有 11 ~ 17 等多种。

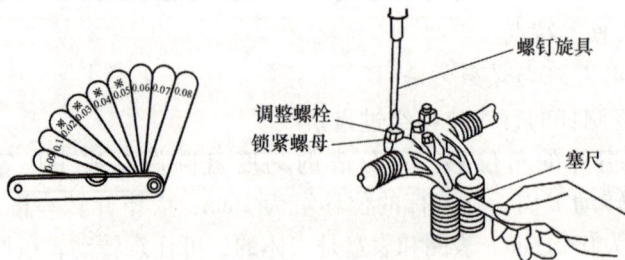

图 1-36　塞尺

塞尺主要用于检查两平面或接合面之间间隙的大小；塞尺与平尺及等高垫块结合使用，

可检验平台台面的平面度。在汽车检修中，塞尺常用来测量零件之间的配合间隙，如气门间隙、曲轴轴向间隙等。

2. 螺纹样板

螺纹样板有米制和寸制两种。米制螺纹样板用来测量螺距；寸制螺纹样板用来测量每寸寸牙数。它们一般是成套供应的，米制上注 60°和螺距数字，寸制上注有 55°和每寸牙数，以区分米、寸制和螺纹的牙型角。米制的螺纹样板一套由 20 片组成，它的螺距有如下 20 种：0.4mm、0.45mm、0.5mm、0.6mm、0.7mm、0.75mm、0.8mm、1mm、1.25mm、1.5mm、1.75mm、2mm、2.5mm、3.0mm、3.5mm、4mm、4.5mm、5mm、5.5mm 和 6mm。

使用时，目测螺距后选择近似的一片与螺纹吻合。如果吻合严密，则该片上的数字为所测的螺距或每寸牙数。

3. 弹簧秤

弹簧秤是用来测量拉力或弹力的，其外壳的正面刻有量度单位，单位为 N 或 kgf。使用时，把要测的物体挂在钩上，拉动或提起圆环，弹簧就伸长，固定在弹簧上的指针也跟着移动，即可得出被测力的大小。

技能操作

1. 金属直尺的正确使用

1）在测量长度时，金属直尺应与工件平面（或轴线）保持平行，或与其顶面相垂直，否则，将影响测量的精确度。

2）测量直径时，将金属直尺的尺端齐靠在圆柱边缘固定不动，而金属直尺的另一端左右摆动，以通过圆心量出最大数值（即直径的尺寸）。

3）判断平面是否平直，常用金属直尺或刀口形直尺垂直搁在平面上通过透光来检查。从直尺侧面与平面接触处透光的强弱程度来判断平面的平面度误差，透光面越大，说明该平面越不平直。

1-1　金属直尺的使用

4）当尺端磨损或刻线不清时，为使测量尺寸准确，可使工件端面与金属直尺的第二段整数刻线相齐，量出全长后减去前面空出的尺寸即是工件的实际测量尺寸。读数时，视线应与金属直尺垂直，否则，将引起测量误差。

5）金属直尺不适宜测量温度过高的工件尺寸，否则，不仅由于材料的热胀冷缩特性影响工件测量的准确性，而且会损坏金属直尺。

6）金属直尺必须经常保持良好状态，不能损伤或弯曲，其短边和长边相互垂直。

2. 游标卡尺的正确使用

（1）使用方法

1）测量前，应将被测工件表面擦净，使游标卡尺测量爪保持清洁。

2）测量工件外尺寸时，应先使游标卡尺外测量爪间距略大于被测工件的尺寸，再使工件与尺身外测量爪贴合，然后使游标外测量爪与被测工件表面接触，并找出最小尺寸。测量时，要注意外测量爪的两测量面与被测工件表面接触点的连线应与被测工件表面相垂直。

3）测量工件孔内尺寸时，应使游标卡尺内测量爪的间距略小于工件的被测孔径尺寸。将测量爪沿孔中心线放入，先使尺身内测量爪与孔壁一边贴合，再使游标内测量爪与孔壁另

一边接触，找出最大尺寸。同时，注意使内测量爪两测量面与被测工件内孔表面接触点的连线与被测工件内表面垂直。

4）用游标卡尺的深度尺测量工件深度尺寸时，要使卡尺端面与被测工件的顶端平面贴合。同时，保持深度尺与该平面垂直。

（2）注意事项　使用游标卡尺应注意以下事项：

1）检查零线。使用前，应先擦净卡尺，合拢测量爪，检查尺身与游标的零线是否对齐。如未对齐应记下误差值，以便测量后修正读数。

2）放正卡尺。测量内、外圆时，卡尺应垂直于轴线；测量内圆时，应使两测量爪处于直径处。图1-37所示为游标卡尺的错误使用方法。

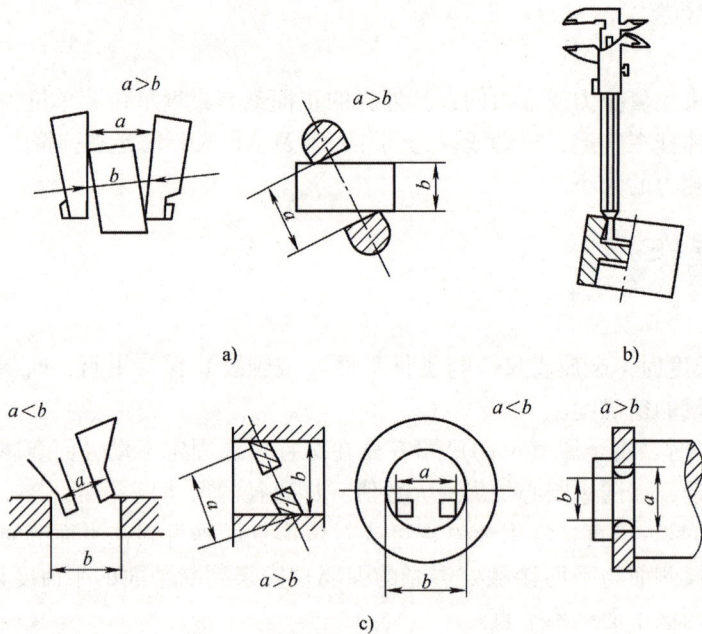

图1-37　游标卡尺的错误使用方法

a）几种测量外径的错误方法　　b）测量深度的错误方法　　c）几种测量内径和沟槽的错误方法

3）用力适当。测量爪与测量面接触时，用力不宜过大，以免测量爪变形和磨损，导致读数误差大。

4）视线垂直。读数时，视线要对准所读刻线并垂直尺面；否则，读数不准。

5）防止松动。取出卡尺时，应使固定测量爪紧贴工件，轻轻取出，防止活动测量爪移动。

6）勿测毛面。卡尺属于精密量具，不得用来测量毛坯表面。

7）游标卡尺不能测量旋转中的工件。禁止把游标卡尺的两个测量爪当作扳手或刻线工具使用。

8）游标卡尺受到损伤后，不允许用锤子、锉刀等工具自行修理，应交专门修理部门修理，经检定合格后才能再次使用。

3. 千分尺的正确使用

1）测量前，先将测量面擦净，并检查零位。具体检查方法：用测力装置使测量面或测量面与标准棒两端面接触，观察微分筒前端面与固定套管零线、微分筒零线与固定套管基线是否重合。如不重合，应通过附带的专用小扳手转动固定套管来进行调整。图1-38所示为千分尺零位的调整。

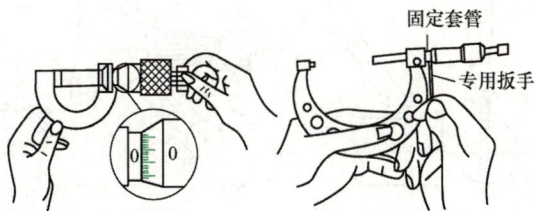

图1-38　千分尺零位的调整

1-2　千分尺的使用

2）测量时，左手拿尺架隔热装置，右手旋转微分筒，使千分尺微测螺杆的轴线与工件的中心线垂直或平行，不得歪斜。先用手转动活动套管，当测量面接近工件时，改用测力装置的螺母转动，当测量面接近工件时，改用测力装置的螺母转动，直到听到"咔咔"响声，表示测微螺杆与工件接触力适当，应停止转动，并严禁拧动微分筒，以免用力过度，造成测量不准确。这时千分尺上的读数值就是工件的尺寸。为防止一次测量不准，可旋松棘轮，再进行多次复查，以求得测量值的准确性。

3）读数要细心，必要时，用紧定手柄将测微螺杆固定，取下千分尺读出测量的数值。要特别注意，不要读错0.5mm。

4）不准测量毛坯或表面粗糙的工件，不准测量正在旋转或温度较高的工件，以免损伤测量面或得不到正确的读数。

5）千分尺应保持清洁，用后要擦净涂油，并妥善保管。

4. 百分表和内径百分表的正确使用

1）使用磁性表座百分表测量工件时，必须将其固定在可靠的支架上，如图1-39所示。

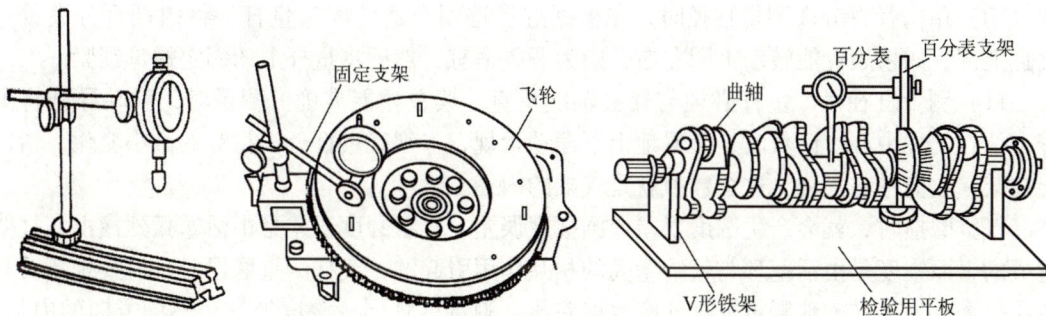

图1-39　百分表架及百分表的使用

2）百分表的夹装要牢固，夹紧力应适当，不宜过大，以免装夹套筒变形，卡住测杆。

3）夹装后应检查测杆是否灵活，夹紧后不可再转动百分表。

4）测量时，测杆与被测工件表面必须垂直，否则，会产生测量误差。百分表的正确位置如图1-40所示。

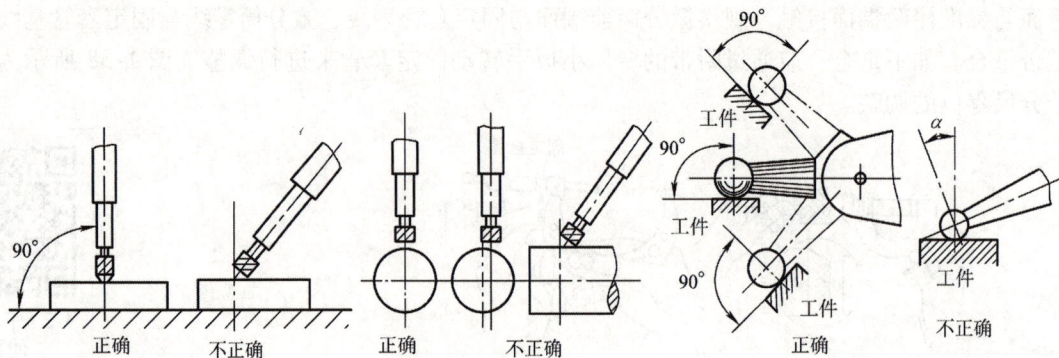

图 1-40 百分表的正确位置

5）按被测工件表面的不同形状选用相应形状的测量头。例如，用平测量头测量球面工件，用球面测量头测量圆柱形或平面工件，用尖测量头或曲率半径很小的球面测量头测量凹面或形状复杂的表面。

6）测量时，应轻提测杆，缓慢放下，使量杆端部的测头抵在被测零件的测量面上，并要有一定的压缩量，以保持测头一定的压力；再转动刻度盘，使指针对准零位。测量时，应注意不能使测头移动距离过大，不准将工件强行推至测头下，也不准急速放下测杆，使测头突然落到零件表面上；否则，将造成测量误差，甚至损坏百分表。

7）测量时，使被测量的工件按一定要求移动或转动，从刻度盘指针的变化直接观察被测零件的偏差尺寸，即可测量出工件的平整程度或平行度、垂直度或轴的弯曲度及轴颈磨损程度等。

8）使用中，应注意百分表与支架在表座上安装的稳固性，以免造成倾斜或摆动现象。

9）对于磁性表座，一定要注意检查按钮的位置，测杆与测头不应粘有油污；否则，会降低其灵敏性。使用后，应将百分表从支架上拆下，擦拭干净，然后涂油装入盒中，并妥善保管。

10）用内径百分表测量缸径时，先根据缸径选用合适的固定量杆，将内径百分表放入气缸上部。如果表针能转动1圈左右，则为调整适宜，然后将量杆上的固定螺母锁紧。

11）测量缸径时，量杆必须与气缸轴线垂直，读数才能准确。测量时，滑动导杆将测杆定位在气缸中心。读数时，缓慢地上下摆动量规，仔细观察百分表指针的微小变化，指针会在某一数值左右摆动，这个数值就是气缸的内径。

气缸磨损时，就会产生圆度误差或圆柱度误差。气缸圆度误差是由活塞猛烈撞击气缸壁造成的，而锥度是由活塞环与气缸壁间的相互作用引起的。气缸严重磨损时，就要重新对其钻孔打磨。为了准确地测量气缸的圆度误差值，测量气缸同一深度处三个不同方向的内径，如图1-41所示。将测量值中的最大数值减去，最小数值就是气缸的圆度误差。气缸圆柱度误差是通过比较气缸最高点的内径与最低点的内径得来的，即圆柱度误差为这两个数值之差。

5. 塞尺和弹簧秤使用注意事项

1）测量时要注意工件和塞尺片的清洁。

2）塞尺测量间隙时，应先用较薄的一片塞尺插入被测间隙内，若仍有间隙，则选较厚

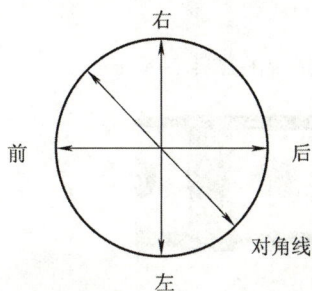

最大直径与最小直径
的差即为圆度误差

图1-41　气缸内径百分表的使用

的依次插入，也可取若干片相叠插入，直到塞尺插入工件之后，以手感到有摩擦力为合适，此时厚度，即为间隙大小。

3）塞尺的间隙片很薄，容易弯曲和折断，测量时不能用力太大。

4）不能用塞尺测量温度较高的工件。

5）塞尺用后要擦拭干净，及时合到夹板（保护片）中去。

6）用弹簧秤测力时，应注意拉动方向要和要测的力的方向一致。

知识与能力拓展

一、深度千分尺

深度千分尺有一个底边和一个深度杆，能像一个轴一样被延伸。如图1-42所示，这些刻度与其他千分尺一样。把底座放在孔的边缘，延伸深度杆。这会准确测量此项工作在孔内有多深。应注意的是，深度千分尺是用来进行小东西测量的。超过一英寸的东西都需要附加的轴延伸。

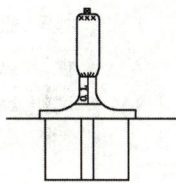

二、小孔计

小孔计正如其名字一样是测量小孔的，其一端有个笔直的螺钉把手，另一端有个分裂球如图1-43所示。一个楔子适合分裂球的两半，延伸进入到把手中，转动把手移动楔子出入分裂球，使它扩大或收缩。工作人员日常不会使用大孔计测量大孔，因为千分尺测量大孔更加方便。然而，千分尺并非适用于所有小孔，常用来测量阀门引导孔的直径。

图1-42　深度千分尺

三、间隙规

间隙规普遍用于测量主轴承与曲轴、曲轴与连杆轴承之间的油膜间隙。间隙规安装在曲轴前端安装轴承盖的部位（图1-44）。装好轴承盖，将紧固件拧紧到适当的符合技术要求的程度。间隙规在夹紧力的作用下会变平，变平的程度取决于间隙的大小。拆下轴承盖，然后用包装上的刻度尺测量间隙规的厚度（图1-45），包装上的刻度一边是寸制的，另一边是寸制的。间隙规广泛用于不同直径的孔、轴间隙测量。

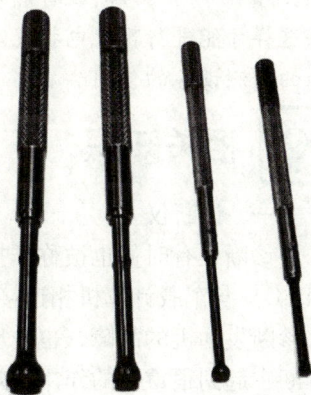

图1-43　小孔计

把间隙规放置在轴颈中心1/4″处

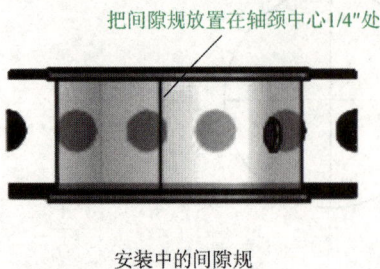

安装中的间隙规

图1-44 间隙规放置在曲轴处

检测间隙规宽度

0.002″间隙

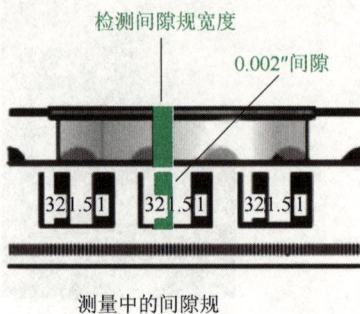

32 1.5 1   32 1.5 1   32 1.5 1

测量中的间隙规

图1-45 用包装上的刻度尺比较间隙规的厚度

课后思考

1. 怎样正确使用百分表？
2. 千分尺如何校零？

任务3 汽车常用检测设备的使用

学习目标

1）掌握职业技能等级证书标准要求的汽车维护常用检测设备的功能。
2）掌握职业技能等级证书标准要求的汽车维护常用检测设备的工作原理和方法。
3）能够准确地识别和根据需要选择相应的检查设备。

任务载体

随着点火、燃油及排气系统集成化程度的提高，用来诊断汽车各控制系统的新型检测工具和设备也不断出现。当今的维修人员不仅要与汽车技术的进步同步，而且还要学习新的检测程序和专用的诊断设备。维修厂必须不断扩大投资，引进设备并进行必需的技术培训，只有这样才能进行现代电控发动机系统的维修。本任务重点介绍汽车发动机在维护作业中常用到的检测设备的使用。

相关知识

一、诊断仪

诊断仪有时候也被称作扫描仪或检测仪。诊断仪（图1-46）通过诊断插座或诊断接口（DLC）与车载计算机相连接，并从动力总成控制模块（PCM）读取故障码。即使诊断仪无法诊断发动机的故障，也会反馈出发动机的运行状况。诊断仪在汽车燃油和点火系统的故障诊断中起到很重要的作用，效果非常好。如果故障指示灯（MIL）亮了，表明车载计算机PCM存储有诊断故障码（DTC），汽车诊断故障码非常明确地指出了具体是哪个系统发生了故障。例如，诊断故障码"P0302"表明发动机2号缸不点火，但它没有指出不点火的原因，这需要技师自己诊断。为检查气门、活塞与气缸间是否漏气时要进行气压检测，这时只需将诊断仪与DLC相连，然后按照提示读取DTC信息或其他一些数据，如发动机冷却液温度、发动机转速、车速等。

二、气缸压力表

气缸压力表用来检查气缸的压缩压力。压力表的仪表盘指示压力的数值，它同时以磅力每平方英寸（lbf/in^2，$1lbf = 4.44822N$）和千帕（kPa）为单位进行显示。量程范围通常为$0 \sim 300 lbf/in^2$和$0 \sim 2100 kPa$。

压力表有压入式（图1-47）和螺纹旋入式（图1-48）两种基本类型。

压入式压力表有一个短的连接杆，连接杆具有垂直或呈45°角两种形式。杆的尾端是锥形橡胶头，以便适合任何尺寸的火花塞孔。在拆下火花塞后，橡胶头被塞入火花塞孔内并在发动机旋转的几个压缩周期中始终保持安装位置。虽然使用简单，但是，如果压入式压力表在火花塞孔中安装不紧密，它会显示不准确的读数。

图1-46　诊断仪

螺纹旋入式压力表有一个长而灵活的胶皮管，管的尾部是连接头。这种压力检测计应用普遍，因为灵活的胶皮管能进入到压入式检测计很难达到的地方。由于连接头可以更换，从而得到不同规格的接头来适应10mm、12mm、14mm、18mm的直径孔。连接头通过旋入方式安装在火花塞插孔中。柴油发动机的压力比较高，检测时必须使用高量程压力表，将连接头通过旋入安装在喷油器孔中。如果拿标准的压力表检测柴油发动机的压力，会损坏压力表。

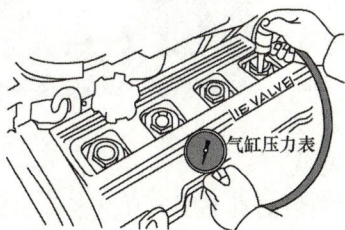

图1-47　压入式压力表

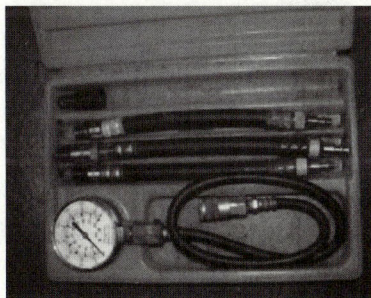

图1-48　螺纹旋入式压力表

大多数压力表都有一个排气阀门，用它来保持仪表盘上最高的压力读数。当测试结束时，打开这个阀门释放压力。

三、气缸漏气量检测仪

如果压力检测表明某个气缸漏气，就需要进行气缸漏气量检测，用以检查压缩泄漏的百分比，从而帮助确定泄漏源。

气缸漏气量检测仪（图1-49）通过火花塞插孔向气缸内注入压缩气体。在气体被注入气缸之前，该气

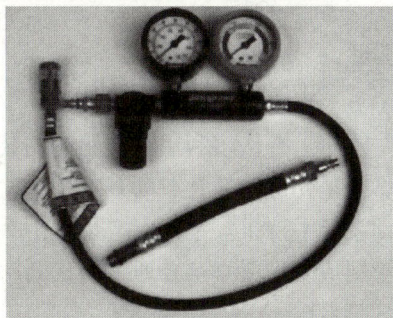

图1-49　气缸漏气量检测仪

缸的活塞必须在压缩行程的上止点（TDC）。空气压缩管端部的螺纹接头拧入火花塞插孔中。压缩气体的来源通常是维修厂的气体压缩系统。检测仪中的压力调节器控制注入气缸的气体压力。在压缩气体注入的同时，一个模拟式仪表记录从气缸泄漏的压力百分比。仪表盘上量程范围为 0 ~ 100%。

零读数意味着气缸没有泄漏量。读数为 100% 表示气缸不能保持任何压力。可以通过听和感觉发动机周围的各个零件来找到气缸泄漏的位置。

大多数汽车，即使是新车，在活塞环周围也会存在泄漏。在泄漏量检测中，泄漏不大于 20% 被认为是可接受的。当发动机实际运行中，活塞环将会密封得更紧密，从而实际的泄漏量会更低。但在气门周围以及气缸垫周围不应该有泄漏。

四、真空表

测量进气歧管的真空度是另一个诊断发动机工作状况的方法。进气歧管的真空度通过真空表（图 1-50）来测量。真空表是在活塞的进气行程中形成的。当活塞下行时，气缸内的空气压力降低。这个较低的气缸压力称为发动机的真空度。如果气缸存在漏气，空气会在大气压作用下进入气缸，以至于气缸进气行程终了时压力不会太低。当存在压差时，高压侧气体就会向低压侧运动。

真空表测量的是进气歧管的压力和大气压力的差值。如果进气歧管的压力低于大气压力，就存在真空度。通常以英寸水银柱高度（inHg）、千帕（kPa）或者毫米水银柱高度（mmHg）作为真空度的度量单位。

要测量真空度，需将真空表的软管连接到进气歧管真空源上，或在进气歧管上拆下一堵塞，并在孔口处安装一个专用接头。

这项检测在发动机曲轴转动和（或）发动机运转时进行。比较好的真空读数通常至少是 16inHg。一般读数在 15 ~ 20inHg（50 ~ 60kPa）之间也是正常的。由于每个气缸的进气行程发生在不同的时间，产生的真空度数值也是波动的。如果每个气缸产生的真空度是一样的话，真空表就

图 1-50　真空表及管接头

会显示一个平稳的读数。如果一个或多个气缸产生不同数值的真空度，真空表就会显示波动的读数。

低的或波动的读数表明许多问题。例如：低的、平稳的读数可能是由于点火正时延迟或气门正时不正确导致。在规律的时间间隔点上出现大的真空度下降，可能是因烧损的进气歧管导致的。

五、真空泵

汽车上有许多利用真空驱动的装置和真空开关，这些装置利用发动机的真空来产生机械动作或是元件的接合或断开。用来检测真空驱动部件的工具是真空泵。两种典型的真空泵为电动泵和手持泵。手持真空泵是由手动泵、真空表和用来将真空泵连接到被检测部件的橡胶软管组成。手持真空泵通常做诊断时使用。用真空泵进行的测试，通常情况下不需要将部件从汽车上拆下。

当真空泵的把手被挤压在一起时，泵体内部的活塞就从被检测的部件中吸取空气，由真

空泵产生的部分真空就被记录在泵的真空度计上。当在部件中产生真空的时候，观察部件的动作。对某个给定的部件所能施加的真空度应对比参照厂家给的维修指南。

真空泵也通常用来确定真空泄漏的位置。这需将真空泵连接到可能泄漏的真空管或部件上，随后施加真空。如果真空表上的指针在施加完真空后开始缓慢地下降，这就说明了在系统中的某个部位漏气。

六、真空泄漏检测仪

通过压缩检查、气缸泄漏测试，或进行进气歧管真空度测试可以检查真空或压缩泄漏情况。然而，找到泄漏的具体位置并不是一件容易的事。

一种简单但比较费时的方法是用真空泵逐个检查每个部件和真空软管。只需要对怀疑的部位施加真空，随后观察真空表，看是否有真空泄漏。一个好的真空部件可保持施加在其上的真空。烟气泄漏检测仪（图1-51）也是一种检测真空或泄漏的好工具。烟气泄漏检测仪通过车间的压缩空气或无毒气体将低压烟气导入到需要检测的部件内部。为了检测真空泄漏，需用堵塞将油门口

图1-51   烟气泄漏检测仪

堵住。然后将烟气软管与真空部件连接起来，再开启检测仪。如果有泄漏的话，烟气就会从泄漏口逸出来。监测时，请参照烟气泄漏检测仪的使用说明书。

另一种真空泄漏的检测方法是使用超声波检漏仪（图1-52）。气体流过泄漏处时会产生一种高频率的声音，它高于人类听觉频率范围。超声波检漏仪能监听泄漏产生的声波频率。当检漏仪通过泄漏位置时，在高频声音的作用下，检漏仪会发出警报声。一些检漏仪有一排发光二极管（LED），在接收到高频声音时，发光二极管会亮。检漏仪离泄漏部位越近，发光的二极管数就会越多或警报声就会越急促。这就使技师能够准确地找到泄漏位置，超声波检漏仪能够检测到1/500in这么小的空隙和孔的泄漏，并能在1/16in内精确地定位泄漏源。

七、冷却系统压力检测仪

冷却系统压力检测仪（图1-53）由一个手持泵和一个压力表组

图1-52   超声波检漏仪

成。一根软管将手持泵和安装在散热器加液口处的一个专用接头连接在一起。检测仪用来对冷却系统加压，从而检查冷却液是否泄漏。外加的接头能够将此检测仪连接到散热器盖上。将检测仪连接到散热器盖上，可以检测散热器盖的泄压作用。

八、冰点仪

图1-54所示的冰点仪又称光学冰点仪、冰点测试仪、汽车冰点仪、防冻液冰点仪、防

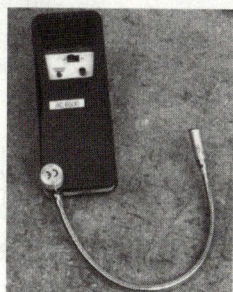

冻液冰点测试仪，是为测量防冻液、玻璃液的凝固点及电池溶液的密度而设计的，只要滴几滴液体在棱镜上，然后向着光观察，就可以快速读出溶液的测量值。通过测得的百分比可以知道以丙二醇和乙二醇为基的防冻系统的凝固点和汽车前窗玻璃清洁液的凝固点，还可用来检查蓄电池内电解液的密度及使用状态。测量范围：防冻液凝固点为 -70~0℃；电解液比重为1.10~1.40；清洁液凝固点为 -60~0℃。

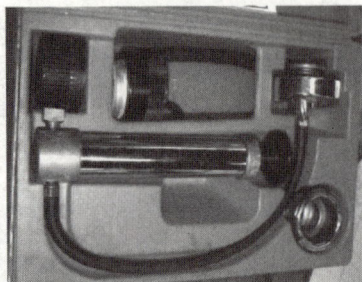

图1-53 冷却系统压力检测仪

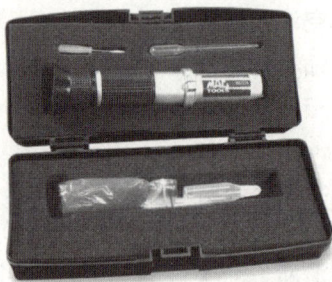

图1-54 冰点仪

九、机油压力表

机油压力表（图1-55）可连接在发动机上，用以检查润滑油的压力。机油压力表通常有许多不同的安装接头以便适合润滑系统中的不同孔径。

十、传动带张力计

传动带张力计（图1-56）用来测量传送带的张紧程度。传动带张力计安装在带上，用来指示传送带的张紧力。

图1-55 机油压力表

图1-56 传动带张力计

十一、听诊器

听诊器（图1-57）被用来判定发动机和其他零件噪声的来源。听诊器的拾音端放在可疑的零件上，接听端放在技师的耳朵里。

十二、燃油压力表

燃油压力表（图1-58）是用来测量燃油系统压力的工具，对于诊断燃油喷射系统非常重要。因为燃油系统的工作依靠很高的燃油压力（30~70psi，206.9~482.7kPa），油压的降低会减少输送到喷油器中的油量，从而导致较稀的空燃比。

燃油压力表可用来检查燃油泵的输出压力、燃油喷射系统的调节压力以及喷油器的压力降。通过压力检测能够发现有故障的油泵、调压器或喷油器，也能够检测出燃油喷射系统存在的堵塞。堵塞通常由脏污的燃油滤清器、压扁的软管或损坏的燃油管路引起。

一些燃油压力表还有一个阀门和出口管，用来检测燃油泵的排量（图1-59）。生产厂商规定的排量通常是指在一定时间（秒）内泵出的燃油量，以品脱或升为单位。

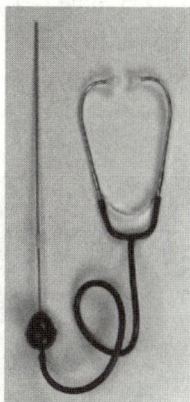

图1-58   燃油压力表

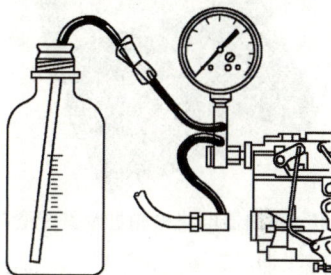

图1-57   听诊器

图1-59   检测燃油泵的排量

警 告

检测燃油压力时，小心不要溢出汽油，以防止因汽油溢出引起爆炸和着火，导致严重的人员伤害和财产损失。

十三、喷油器电路检测灯

喷油器电路检测灯是一种叫作闪烁灯的特殊测试灯，用来确定喷油器是否从计算机得到适当的电压脉冲。断开喷油器的线束插头，并将闪烁灯插进插头中（图1-60）。起动发动机，若有电压，闪烁灯就会快速地闪烁。不闪烁则说明喷油器的电源或搭铁电路开路。不同的喷油器配有不同的接线座。起动发动机，然后检查燃油总管线束是否从PCM或点火控制器得到适当的电压脉冲。

十四、排气分析仪

排气分析仪是非常有用的诊断工具。通过观察和分析发动机排气中的成分，技师可以了解燃烧过程的效果。任何故障都能造成排气成分的变化。排气量及排气成分的变化可以作为故障诊断的依据。

现代的排气分析仪分为四气分析仪和五气分析仪（图1-61）两种。四气分析仪用来检测排气中的碳氢化合物（HC）和一氧化碳（CO）的含量。这些有毒气体受EPA的限制，尾气中这些气体的含量不能超过规定的值。四气分析仪还可以用来检测排气中氧气（O_2）和二氧化碳（CO_2）的含量。排气中这些污染气体的浓度大小直接反映了混合气的燃烧质量。如果混合气浓度太高，排气中 CO 的含量就会偏高而 O_2 的含量却会偏低。造成混合气过浓的原因主要有燃气压力调整仪或氧气传感器出故障、排气堵塞或者压力过低。如果发动机点火不正常，混合气就不能够完全燃烧，排气中的 HC 和 O_2 的含量都会增加。火花塞磨损、火花塞高压线损坏以及点火线圈损坏是造成点火不正常的主要原因。五气分析仪就是比四气分析仪能多检测一种气体，氮氧化物（NO_x）。发动机燃烧温度过高时就会产生氮氧化物，NO_x 是造成臭氧层破坏、光化学烟雾的主要污染气体。

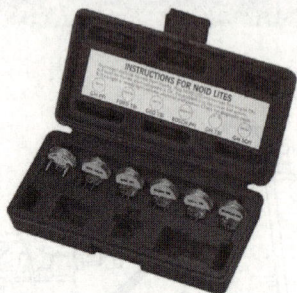

图 1-60　喷油器电路检测灯及其配套接头

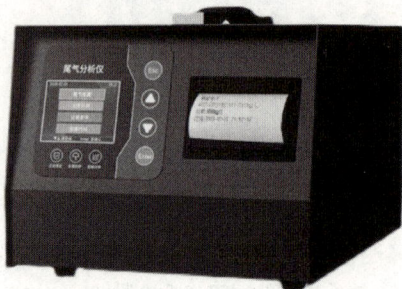

图 1-61　五气分析仪

技能操作

一、自诊断检查

1. 故障码的读取

读取故障码之前应该做好的准备工作。

1）安全第一：确认制动良好，变速杆置于驻车档或空档，挤住驱动轮并断开点火开关。

2）对发动机控制系统进行全面检查。

3）起动发动机，怠速运转，暖机到正常工作温度。

4）检查蓄电池电压，电压值应该在 11V 以上。

5）检查节气门是否关闭。

6）检查变速杆是否在空档。

7）检查是否断开所有的电子控制系统和辅助设备。

8）检查发动机指示灯是否工作正常。

2. 检测仪读取故障码的方法

（1）专用电脑检测仪　为方便汽车维修人员对电子控制喷射发动机进行检修，各汽车厂都为自己生产的各种型号的汽车喷射发动机设计了专用的电脑诊断仪。现代电子控制汽油喷射发动机的控制电路上设有一个专用的故障检测插座。它通常位于发动机附近或仪表板下方，通过电路与电脑连接。

只要将汽车制造厂提供的该车型电脑检测仪的检测插头与汽车上的故障检测插座连接。然后打开点火开关，就可以方便地从电脑检测仪的显示屏上读出所有储存在发动机电脑上的故障码。

（2）通用电脑检测仪　通用电脑检测仪也称为汽车电脑解码器，如 Bosch 公司生产的

KT600系列、北京金奔腾公司的彩圣系列、远征公司生产的电眼睛。这种汽车电脑解码器本身也是一个小型电脑，其软件储存有各国不同型号的汽车电脑及控制系统的检测程序和数据资料，并配有各种专用检测插头。使用时，只需将被测汽车的型号和车辆识别码输入汽车电脑解码器，就能从软件中调出相应的检测程序；按照解码器屏幕上的提示，将相应的故障检测插头和汽车上的故障检测插座连接，就可以根据汽车电脑故障自诊断电路的功能范围和检修要求，选择对发动机、自动变速器、防抱死制动装置等各个控制系统，进行读取代码、显示电脑运行数据资料、测试执行器工作情况、清除电脑储存的故障码等工作。

3. 故障码的清除工作

汽车故障排除后，需要清除故障码。进行故障码清除时，应严格按照特定车型所规定的故障码的清除方法。一般而言，断开通往发动机控制系统的电源线或熔丝，就可清除微机控制系统存储的故障码。但采用拆除蓄电池负极搭铁线的方法清除故障码，将会造成两个方面的麻烦：其一是会使某些车型的控制电脑失去"经验记忆"。有些车型的控制电脑具有自学习功能，拆除蓄电池负极搭铁线后，便会自动清除储存在随机存储器（ROM）中的发动机运行的经验数据，从而使汽车在维修后的相当长时间内性能不好，或行驶一段时间后，又重现已清除掉的故障码；其二，还会造成有些车辆某些功能的丧失，音响锁止便是比较常见的例子，这时，需要按较为烦琐的程序对音响系统进行解密，才能恢复音响系统的正常工作。

二、发动机异响检查

1. 异响诊断的方法

1）人工直观试探法。主要是借助听诊器、断火试验，结合变换节气门开度等，凭耳、眼进行听、察异响的变化情况。在听察过程中，还要及时观察排气管冒出的烟色、烟景的变化和各仪表的工作情况等。

2）仪器诊断法。因为发动机各类异响和振动的声响、声压、振幅等不同，只要发动机有摩擦副磨损，配合间隙增大或某一部分发生松动，就会产生异响与振动，形成特别的声级、声压和振幅并通过仪器反映出来。

2. 异响的确诊过程

当异响出现在怠速或低速运转期间，可依以下顺序进行诊断：

1）用单缸断火法检查异响与缸位是否有关联。若某缸断火后异响有明显的变化，说明故障在该缸。

2）若某缸断火后异响并无明显的变化，说明异响与缸位并无关系。继而应逐缸检查异响与工作循环是否有关联，判定故障出在哪一机构。

3）进而再逐渐提高发动机转速，听察异响有无变化，根据异响随转速的变化，判断运动机制耗损的程度。

4）此外，在诊断过程中，还应注意观察发动机温度的变化对异响的影响。

三、进气系统真空度检查

1. 真空表的使用

如果随意改变节气门的开度（急加速或急减速）就会获取真空度的变化值，根据这些数值的变化，就可分析和判断发动机存在的故障。

2. 进气歧管真空度检测分析

让发动机在海平面高度下怠速运转，根据真空表读数及其指示状态进行分析、判断。注意：海拔高度每增加1000m，真空表读数相应降低约10kPa。

1）若真空表指针稳定地指在57～71kPa之间，说明发动机密封良好；快速启闭节气门，若真空表指针能随之在7～84kPa之间灵敏摆动，说明进气管真空度对节气门开度变化的随动性较好，则进一步说明发动机密封良好。

2）若真空表指针有规律地跌落3～23kPa，摆幅不大，表示气门与气门座密封不良，同时可能伴随有回火（进气门漏气）、放炮（排气门漏气）现象。

3）若真空表指针在17～57kPa之间大幅摆动，可能是气缸垫烧损漏气所至。

4）若真空表读数低于正常值，快速开启节气门，真空表指针迅速下降，几乎为0；且当节气门关闭时，指针不能回复到84kPa，则说明活塞与气缸之间密封不良，同时可能出现排气管冒蓝烟（烧机油）现象。

四、发动机密闭性检查（气缸压力）

气缸的密封性能可以通过检测气缸压缩压力、曲轴箱窜气量、气缸漏气量（率）及进气管真空度等多项参数进行综合诊断，现主要依据气缸压缩压力和进气歧管真空度来判断气缸的密封性。

气缸压缩压力的检测：气缸压缩压力可用气缸压力表检测，也可用气缸压力测试仪检测。

（1）用气缸压力表检测缸压　这是维修企业检测气缸压力最常用和最实用的检测方法。检测缸压时应保证蓄电池电压充足，有足够的起动转速，节气门全开，发动机工作温度正常。

1）拆下全部火花塞，并将高压线搭铁。

2）拔下所有喷油器插接器。

3）把气缸压力表接入待测气缸的火花塞孔，如图1-62所示。

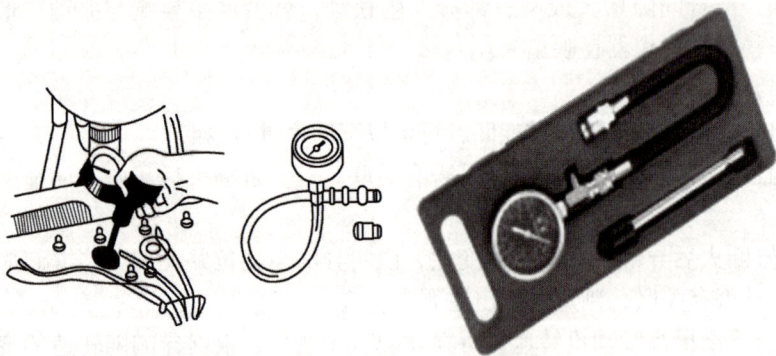

图1-62　气缸压力表及其使用

4）用起动机带动曲轴转动3～5s，读取压力表读数；然后按下压力表单向阀使指针回零，再进行下一次测量。

通常每缸测量三次，并与标准值对比，各缸缸压应不低于标准值的85%，且各缸缸压差应不大于3%（极限10%）。

（2）用气缸压力测试仪检测缸压　可采用压力传感器式气缸压力测试仪、起动电流或起动电压降式气缸压力测试仪、电感放电式气缸压力测试仪检测气缸压力。

在发动机综合测试仪和综合试验台上，多采用起动电流或起动电压降式气缸压力测试仪来检测缸压，其检测原理是：起动机带动发动机曲轴所需的转矩是起动机电流的函数，并与气缸压力成正比。发动机起动时的阻力矩主要是由曲柄连杆机构产生的摩擦力矩和各缸压缩行程受压空气的反力矩两部分组成的，前者可认为是稳定的常数，而后者是随各缸气缸压力变化而变化的波动量。因此，起动电流的变化与气缸压力的变化存在着对应关系，通过测量起动时某缸的起动电流，即可确定该缸的气缸压力。通过测起动电源——蓄电池的电压降，也可获得气缸压力。这是因为起动机工作时，蓄电池端电压的变化取决于起动机电流的变化。当起动电流增大时，蓄电池端电压降低，即起动电流与电压降成正比，因此起动时蓄电池的电压降与气缸压力也成正比，所以通过测蓄电池电压降也可以测得气缸压力。

（3）气缸压力的检测方法　以捷达车发动机为例，测量气缸压力时，发动机润滑油温度至少为30℃，具体步骤如下：

1）拔下点火线圈及火花塞高压线，用专用扳手拧下火花塞。

2）将加速踏板踩到底，使节气门全开。

3）将气缸压力表或其专用检测仪装入火花塞孔。

4）用起动机带动发动机运转，直至气缸压力表或检测仪显示的压力值不再上升，记录此值。

捷达发动机气缸压缩压力值应为1～1.3MPa，压力极限值为0.75MPa，各缸间压力差最大允许值为0.3MPa。

五、冷却系统检查（冷却液凝固点）

1）将折光棱镜对准光亮方向，调节目镜视度环，直到标线清晰为止。

2）调整基准：测定前，首先使用标准液（纯净水）、仪器及待测液体基于同一温度。掀开盖板，然后取2～3滴标准液滴于折光棱镜上，并用手轻轻按压平盖板，通过目镜看到一条蓝白分界线。旋转校准螺栓使目镜视场中的蓝白分界线与基准线重合（0%）（注：光学仪器出厂时已调校好，可直接使用）。

3）测量：用柔软绒布擦净棱镜表面及盖板，掀开盖板，取2～3滴被测溶液滴于折光棱镜上，盖上盖板轻轻按压，里面不要有气泡，然后通过目镜读取蓝白分界线的相对刻度，即为被测液体的测量值。

4）测量完毕后，直接用潮湿绒布擦干净棱镜表面及盖板上的附着物，待干燥后，妥善保存起来。

5）在测量蓄电池液时，注意不要洒在皮肤和眼睛上，以防烧伤，测试后仔细擦净仪器。

六、润滑系统检查（润滑油压力、油面）

1. 根据发动机的故障征兆，确认润滑油压力过低为润滑系所致

首先区分是机油压力指示系统故障还是润滑系油路故障。

观察机油压力表、警告灯或报警器，如果指示信号不一致，则可能是指示系统或报警系统有故障。可检查油压表与传感器的连接状况，若正常，拆下传感器导线，打开点火开关，使导线与机体搭铁。若油压表指针急速上升，说明油压表良好；如油压表指针不动或微动，说明油压表失效。若油压表良好，应检查传感器的工作性能。

现代轿车除设有油压指示系统外，还设有油压报警系统，如捷达轿车设有两个压力开关

（高、低压开关）、一个压力警告灯和一个压力报警蜂鸣器。报警系统失效，应主要检测两个报警开关。捷达车的两个报警开关位于滤清器支架上，低压开关（30kPa）为褐色，是常闭的；高压开关（180kPa）为白色，是常开的。检测方法如下：

1）拆下180kPa白色高压开关，将其拧入测试仪 V.A.G1342，然后将测试仪装入机油滤清器支架上的油压开关处，并将测试仪的褐色导线3搭铁，捷达车机油压力开关的检测如图1-63所示。

2）用 V.A.G1594 辅助接线把二极管电笔接到蓄电池正极和30kPa褐色油压开关B上，发光二极管必须亮。

3）起动发动机，慢慢提高转速，压力达14～45kPa时，发光二极管必须熄灭，否则应更换低压开关。

4）将二极管电笔接到高压开关A上，压力达到160～200kPa时，发光二极管必须亮，否则更换高压开关。

5）继续提高转速，达到2000r/min且润滑油温度到80℃时，油压至少应达到200kPa。转速再进一步提高，润滑油压力不可超过700kPa，否则，应更换机油滤清器支架上的安全阀。

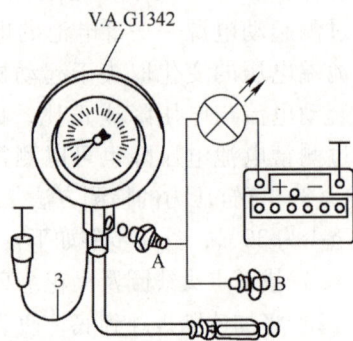

图1-63　捷达车机油压力开关的检测
A—高压开关　B—油压开关

注　意

若怀疑油压指示或报警系统出现故障，也可采用换件测试法进行确诊。

2. 拔出机油尺，检查油面高度、润滑油黏度和润滑油质量

若油面过低，应检查有无泄漏部位，并按规定添加润滑油。用手指检查润滑油黏度，同时检查润滑油质量，观察是否混入汽油或水分；如果润滑油变稀（混入汽油）或成乳膏状（混入水分），应及时更换，并查明原因，排除故障。

3. 拆下机油滤清器，起动发动机，观察喷油情况

若喷油有力，说明机油泵工作正常，应检查机油滤清器的滤芯、旁通阀是否堵塞，视情更换。

4. 若喷油无力，应拆检机油泵

检查机油泵齿轮副的端面间隙、径向间隙和啮合间隙，并进行油压、泵油量等性能检测。

润滑系的安全阀多安装在机油泵上，拆检机油泵时必须检查安全阀是否失效。有的安全阀安装在主油道上（外装式），此类安全阀的检查，应在拆检机油泵前进行。

5. 若润滑系正常，则需检查曲轴主轴承和连杆轴承、凸轮轴轴承等配合间隙

因配合间隙过大造成润滑油压力过低时，往往伴随有发动机异响产生，分解发动机之前，应注意听诊。

七、燃油供油系统检查（燃油压力、真空调节）

发动机正常工作时，燃油压力一般为0.2～0.3MPa，且随进气压力的增大而增大。若油压不正常，说明燃油系统有故障，通常需检测燃油压力。

1. 安装燃油压力表

（1）燃油压力的释放　为了便于下次起动和改善热起动，在发动机熄火后，燃油管路在一定时间内仍保留有一定的燃油压力（保持油压）。在拆卸燃油管道或更换供油部件时，应先释放燃油管路内的油压。方法如下：

1）拔下燃油泵继电器或熔丝，也可拔下燃油泵导线插接器。起动发动机2~3次，确保完全卸压（或发动机起动后自然停机），最后重新连接好。

2）将棉丝或其他吸油性物品垫在油管接头下或包住接头螺母，然后慢慢拧松接头螺母，使汽油被棉丝等物品吸附，最后将管接头重新拧紧。

（2）安装燃油压力表　若油路中有油压检测阀，可将油压表直接接在油压检测阀上；没有油压检测阀的可拆下进油管，将三通管接头串接在进油管中，然后在三通管上接上油压表，如图1-64所示。

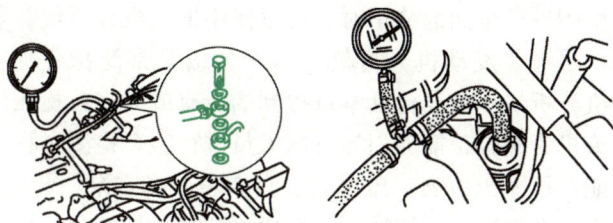

图1-64　燃油压力表的安装

（3）燃油压力的预置　拆卸燃油管路后，为保证正常起动发动机，应按下述方法预置油压。

1）接好所有燃油管道接头，拔下燃油泵继电器，短接电源端和油泵控制端，接通点火开关，人为接通燃油泵运转，以建立起油压。

2）在"OFF"和"ON"位置反复转动点火开关，使燃油泵反复接通运转，建立起油压。

2. 测量静态油压

利用故障诊断仪接通燃油泵，或短接燃油泵检查插接器，或直接用跨接线接通燃油泵；点火开关置"ON"，燃油泵运转；油压应与规定相符，一般约为0.3MPa。若油压过高，应检查燃油压力调节器和回油管；若油压过低，应检查燃油量是否充足，检查燃油泵、燃油压力调节器和燃油管路是否泄漏，检查燃油泵滤网和燃油滤清器是否脏堵。

3. 测量工作油压

1）发动机怠速运转时，燃油压力约为0.25MPa。

2）断开油压调节器真空软管，油压应升高50kPa左右，即燃油压力约为0.3MPa。

3）短时夹住回油管，油压应升高2~3倍。若油压过低，说明燃油泵有故障，可能是燃油泵磨损或安全阀关闭不严导致漏油。

4）增大节气门开度，油压应升高到280kPa左右。

4. 测量保持油压

如宝来、捷达等车，发动机熄火（燃油泵停转）10min后，油压不应低于200kPa。若油压过低，说明燃油系统中有泄漏。目测检查燃油管路是否有泄漏；夹住回油管，若油压正常，说明燃油压力调节器泄漏；若油压仍然过低，同时夹住回油管和进油管（夹住燃油泵和油压表之间的油管），若油压正常，说明燃油泵单向阀泄漏（油压下降较快）；若油压仍然过低，说明喷油器泄漏。

注　意

不同的发动机，燃油系统的压力值有所不同，检测时应符合维修手册的要求。

知识与能力拓展

发动机分析仪简介

当需要对发动机性能进行全面的分析时，可以使用发动机分析仪。发动机分析仪集成了所有必要的检测设备。尽管"发动机分析仪"这个术语常常泛指任何多功能的检测仪表，大致一台完整的发动机分析仪，应当包括本章提到的所有或大多数检测仪器的功能。大部分发动机分析仪是以计算机为基础，能够引导维修人员进行整个检测过程。大多数的分析仪具有以下仪表的工作性能：压缩压力表、压力表、真空表、真空泵、转速表、正时灯/正时探测器、电压表、欧姆表、电流表、示波器、计算机诊断仪、排气分析仪。

使用发动机分析仪，能够对蓄电池、点火系统、充电系统、初级和次级点火电路、电子控制系统、燃油系统、排气系统及发动机总成进行检测。分析仪通过各种接线、感应夹、探头和插头连接到这些系统中。从这些连接线中得到的数据由分析仪内部的计算机进行处理。

有些计算机控制的发动机分析仪按照一些特定车型的参数规范编程，诊断故障码也装入分析仪的存储器中。根据来自各接线和插头的输入信号，微处理器可以识别发动机所有主系统中磨损、调整不当或出现故障的部件。分析仪还可以列出可能引起故障的原因，并提示或引导维修人员按照设计好的故障诊断步骤一步步来验证和清除故障。

汽车信息可以通过类似于计算机键盘的装置输入到分析仪中去。参数规范、指令和检测结果都显示在 CRT 显示屏上。有些分析仪以图表的形式在显示屏上显示检测结果，分析仪的打印机还能够打印出屏幕上显示的信息。

课后思考

1. 发动机自诊断系统的功能是什么？
2. 发动机异响的故障原因是什么？
3. 简述影响进气系统真空度的因素。
4. 气缸密封性的常用检测方法有几种？各有何优、缺点？
5. 简述冷却系冰点检测的重要性。
6. 发动机润滑系的常见故障有哪些？
7. 燃油供给系统不供油的主要原因是什么？

任务4　汽车常用举升起重设备的使用

学习目标

1）能按照职业技能等级证书标准要求，遵守日常车间安全规定和作业流程。
2）能按照安全管理条例整理工具和设备。
3）能正确使用卧式千斤顶和汽车架。
4）能正确使用举升机举升车辆。

任务载体

车辆不论是更换备胎，还是在维修车间里做维护，都会使用举升设备将汽车举升起来，可安全规范地操作常用的举升设备对每一位维修人员来说却并非易事，本任务将重点介绍常见举升设备的规范。

相关知识

在汽车维修时常常要将汽车举升起来，以便维修人员可到汽车下面作业，通常用各种千斤顶等举升机械进行。

一、千斤顶

千斤顶是一种最常用、最简单的起重工具，按照所能顶起的质量可分为3t、5t、8t、10t、15t、20t等多种不同规格，按照其工作原理分为液压式和机械式两类，两种千斤顶都有体积小、重量轻的优点。目前广泛使用的是液压式千斤顶。

1. 机械式千斤顶

机械式千斤顶（图1-65）由于起重量小，操作费力，只用于一般机械维修工作。机械式千斤顶常用的有立式和桥式两种。立式千斤顶采用棘轮提升汽车，由于较为笨重，适于车间内使用，常用规格为3t和5t。桥式千斤顶采用螺杆转动带动杆系形变的原理来举升车辆，其举升质量较小，但轻巧方便，较适合轿车的检修。

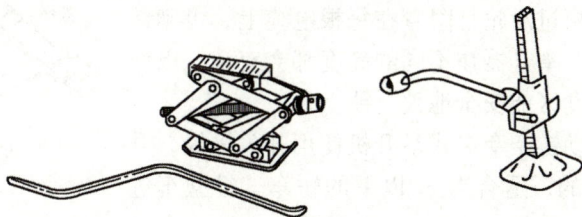

图1-65　机械式千斤顶

2. 立式液压千斤顶

液压式千斤顶结构紧凑，工作平稳，有自锁作用，故使用广泛。其缺点是起重高度有限，起升速度慢。按照所能顶起的质量可分为 3t、5t、10t 等多种规格，目前广泛使用的是立式液压式千斤顶，如图 1-66 所示。

3. 卧式液压千斤顶

卧式液压千斤顶尺寸较大、不宜随车携带，但其行程较长、使用更方便，是汽车维修企业常用的设备，如图 1-67 所示。

图 1-66 立式液压千斤顶

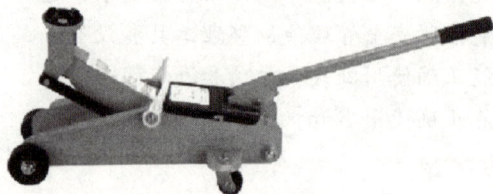

图 1-67 卧式液压千斤顶

二、安全支架

安全支架（图 1-68）常用作地面上不同重量物件的举升。举升车辆时，千斤顶、汽车架支撑在汽车底盘部件上，如车架、桥壳等。跟千斤顶一样，安全支架也有一个额定升举能力，使用时切勿超过这个值。

三、举升机

举升机主要有单柱式、双柱式、四柱式、龙门式等类型，一般采用电动液压操纵系统驱动，设有双保险自锁保护装置，具有升降平稳、安全可靠、使用方便等特点。

1. 单柱式

单柱式举升机是起重机的旧类型，其液压缸埋在底舱，如图 1-69 所示。

2. 双柱式举升机

双柱式举升机（图 1-70）又称地上起重机，用来抬起汽车且让工人们可以在车下进行修理工作。这类起重机许多在顶部的两个柱之间都有交叉，为车下工作提供了宽敞的区域。

由于扁平的链条穿过滑轮且附着在每根电缆上，可确保汽车能被均匀地抬起。举升器在不同的高度都会有锁，以便汽车在几个工作的高度区能安全地被上锁。

电动液压式或电动链条牵引式举升机使用开关操纵，升降方便。立柱是固定的，适合对 3t 以下的轿车、轻型车进行专业维修。

图 1-71 所示为用双柱式举升机支起汽车时的支点位置。

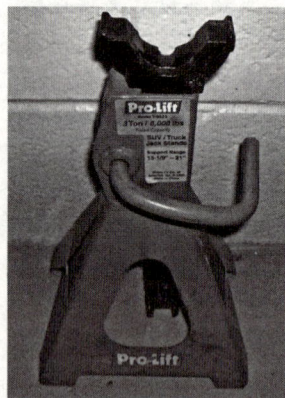

图 1-68 安全支架

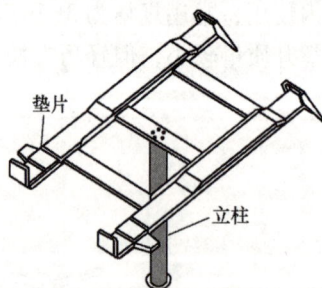

垫片

立柱

图 1-69 单柱式举升机

注意，顶举车体时，应尽可能使支臂伸出长度相近，并使车体前后保存平衡。安装支臂时，小心不要碰到制动管和燃油管。

图 1-70　双柱式举升机

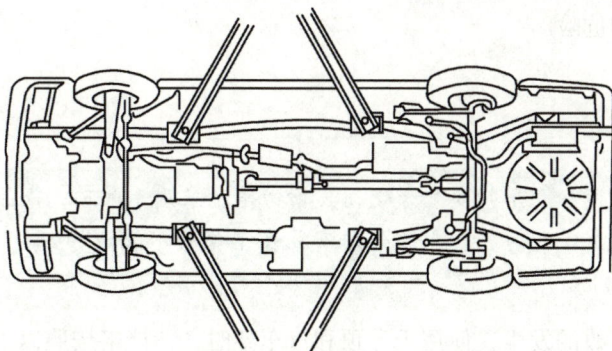

图 1-71　双柱式举升机支起汽车时的支点位置

3. 剪刀式举升机

剪刀式举升机（图 1-72）是专为制动或轮胎服务使用的，适合在车下工作且有限定性高度。剪刀式支架便于四轮定位的测量和调整。

4. 四柱式举升机

四柱式举升机提升质量可达 8t，稳定性好，能满足载货汽车等较大车辆的维护之用。其缺点是占用场地大，适合综合性汽车修理厂使用。

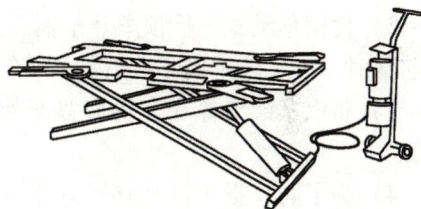

图 1-72　剪刀式举升机

四、起重吊车

在发动机整体拆装过程中，离不开吊车。它具有移动使用方便，吊装能力强等特点，在汽车维修企业应用广泛。经常使用的吊车有门式、悬臂式、单轨式以及梁式四种类型。在汽车拆装实训中使用最多的是悬臂式吊车，分为机械式和液压式两大类。

1）机械式悬臂吊车通过手柄转动绞盘以及棘轮，以收缩或放长铁链使重物上升或下降，可做短距离移动。

2）液压式悬臂吊车吊起时，由于液压泵的作用，使压力油进入油缸内，推动顶杆外移，使重物吊起；打开放油阀，工作缸内的油流回油箱，压力降低，使重物下降，其外形如图 1-73 所示。

图 1-73　液压式悬臂吊车外形

技能操作

一、千斤顶和汽车架安全操作规则

移动式千斤顶是一种简便的汽车局部举升器。使用时应确保千斤顶的支撑垫片正确支撑在汽车底盘支撑点上。升举前要用楔块将车轮楔住，楔块放在不举升车轮的前后部，防止车辆前后移动。操作千斤顶的驱动手柄时，液压泵随之转动，将液压压入液压缸。在液压的作用下液压缸柱塞向上移动，带动千斤顶垫片将汽车举高。在卸载液压油，降下汽车时，应缓慢转动操作手柄或卸荷操纵杆。

车辆举升后，用汽车架支撑好，同时要将千斤顶移开，决不能用千斤顶做支承。如果不移开千斤顶，而千斤顶的操作手柄又露在外面，工作时就有可能碰到手柄，将千斤顶卸荷，造成车辆突然落下的危险。

⚠ 警 告

支承车辆时千斤顶和汽车架要配合使用，切勿单独采用千斤顶，而且要确保汽车架支撑在车辆正确的支撑点上。同时，汽车架必须安放在平整的水泥地面上，千万不能放在脏的、凹凸不平的砾石地面上。

为了防止安全事故的发生，使用千斤顶和汽车架时，请严格按照以下安全操作规程：

1）未将汽车架牢靠固定好前，切勿在车下工作。

2）使用移动式千斤顶举升车辆前，要确保举升臂准确支撑在车辆支撑点。局部举升汽车前部时，为了防止损坏散热器，切勿将举升臂支撑在散热器支架下方。

3）将汽车架支撑在车辆底盘车架、桥壳等牢固部件上，确保汽车架与支撑部件牢靠接触。

4）为了防止把车辆从移动式千斤顶移到汽车架时车辆和千斤顶移动，汽车架不能倾斜，并要支撑在底盘下面，并确保所有支撑脚都与地面接触。

二、发动机吊装机安全操作规则

汽车维修时经常要把发动机吊离发动机舱，这时就要用到发动机吊装机（图1-74）。发动机吊装机通过一个吊具与发动机相连。将吊具安装到发动机时，要确保连接处螺栓强度足够，并将螺栓旋紧，防止吊装时自行松开。吊装前请先查阅汽车维修说明书，说明书上一般都有介绍发动机的最佳承力点的内容。

发动机吊装机的支腿和支撑臂一般都是可伸缩的。为了防止发动机和吊装机倾斜，吊装机支腿应尽量张开。而支撑臂伸得越长，吊装机的举升能力就越低，这一点使用时应该注意。将支腿和支撑臂调节到适当位置后，一定要插上锁止销。

图1-74　发动机吊装机

在吊装发动机时一定要专心。将发动机吊离发动机舱后应立即把发动机放到地板上或装到发动机台架上，切勿单独用吊装机支承发动机。

三、举升机的使用

1. 举升机安全操作规则

举升机用于整车的升举，以方便汽车维修技术人员在车下工作。举升汽车时，要先确定正确的举升支撑位置，一般汽车维修手册都有说明。一些举升机的动力机构是由电动机带动的液压泵，而有些举升机是直接用维修车间里的压缩空气作为动力源，这种举升机有一个控制杆和一个开关，控制杆用于控制压缩空气与举升缸的通断，开关控制液压泵的电动机。将车辆升举悬空后，一定要关上锁止阀，否则举升立柱有可能会缓慢降下。

使用举升机举升汽车时，一定要格外小心。为了防止汽车从举升机上掉下，砸坏车、砸伤人，举升支撑臂必须支撑在正确的支撑位置上，否则也会损坏汽车支撑处的零件。每台汽车都设计有几处专门的支撑位置，用于全车的举升。维修时如果需要把汽车从地面举升起来，都必须先查阅汽车维修手册，找准支撑位置。一般情况下，车架和承载式车身的举升支撑点如图1-75所示，图中仅仅是简单的说明，具体情况请参照汽车制造维修说明书。开动举升机前应阅读使用说明书，学会正确使用，操作时应严格按照操作规程。

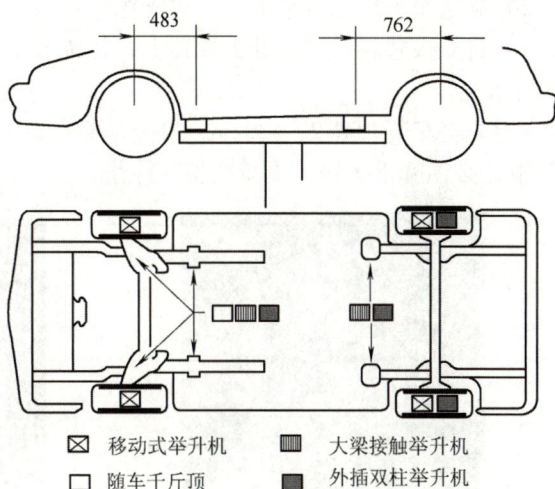

图1-75 承载式车身的举升支撑点

⚠ **警 告**

使用举升机、千斤顶举升重物时，重物的重量切勿超过设计的额定升举力。如果千斤顶的额定升举力为2t，就不能用它举升5t的物体，否则对人、对车都是很危险。

在将车辆开到举升机上面时，要预先留出位置，切勿推翻或碰撞举升机、连接器或支承，否则有可能损坏举升机、车辆和车轮。

⚠ **警 告**

在升起车辆的下面工作时，始终要把举升机锁定好，否则工作时举升机会下滑。切勿使用锁定机构损坏的升举机。

升举之前，要确保车辆准确定位，按规定对准车辆的升举支撑点，确保支撑器与车辆完全接触。举升汽车前，请先晃动下车辆，检查支撑是否平稳牢靠，再将车辆升到合适的位置。

举升汽车前，请先关好车门、发动机舱盖、行李舱盖。车辆内有人时切勿升举汽车。

车辆举升的高度，不能高于其安全值。在升举的汽车上拆装零部件或总成时，可能会改变车辆的质量分布。所以拆装时要注意车体的平衡与晃动，最好事先阅读相关防护手册。

降下举升机前，确保把所有工具和其他设备从车辆下面移开，尤其是确保无人站在车辆的下面。切勿在车辆下面放置氧乙炔罐。在将车辆降到地面前切勿打开锁定机构。

2. 举升机举升车辆

1）参照维修说明书，找准车辆举升支撑点。

2）确定车辆质心或平衡点，将支撑臂移到车辆质心处。

3）将支撑垫移动到举升支撑器上，并调节支撑垫的高度（图1-76），直至车辆与支撑臂安全接触。

4）先将车辆举高20～30cm，检查车辆是否平稳牢固（图1-77）。如果车辆支撑不稳或有异响，必须降下车辆，重新调整支撑垫。

图1-76　调整支撑垫高度

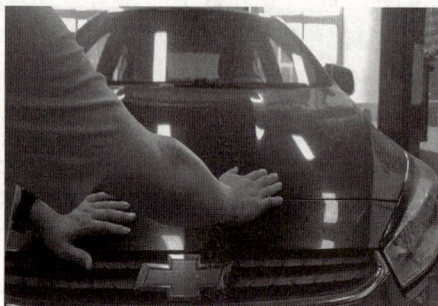

图1-77　检查车辆支撑的稳定性

5）车辆举升到适当高度后，应锁止举升机锁定机构（图1-78），锁定机构未锁止前，切勿到车辆下面。

6）降下车辆前，先打开锁定机构（图1-79），并将控制阀扳到低档，车辆降到地面后，将连接垫片放到车轮两侧。

图1-78　锁止举升机锁定机构

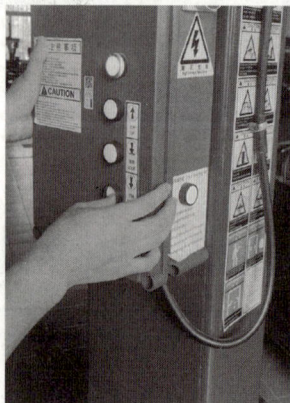

图1-79　打开锁定机构落下举升机

知识与能力拓展

千斤顶安全使用与维护注意事项

1）使用千斤顶，要弄清其额定的承载能力，千斤顶的顶举能力一定要大于或等于重物的重量，否则易发生危险。

2）汽车在起顶或下降过程中，禁止在汽车下面进行作业。

3）下降时应缓缓拧松液压开关，使汽车缓慢下降，汽车下降速度不能过快，否则易发生事故。

4）千斤顶要放在坚实的地面上，如果必须在松软路面上使用千斤顶顶起汽车作业，应在千斤顶底座下加垫一块有较大面积且能承受压力的材料（如木板等），防止由于汽车重压工作时，场地基础下沉或千斤顶歪斜发生危险。同时保证千斤顶与汽车接触位置正确、牢固。

5）千斤顶把汽车顶起后，当液压开关处于拧紧状态时，若发生自动下降故障，则应立即查找原因，及时排除故障后方可继续使用。

6）千斤顶遇到操作力过大时，应检查原因，不要强行施力，更不允许接长操纵手柄来操作，这样容易使千斤顶超载。

7）如果顶举坚硬物体，在物体与千斤顶之间应垫防滑的垫料。

8）要求用几台千斤顶来同时顶举一件大且重的物体时，必须核准各个千斤顶可能承受的最大载荷，同时应保证千斤顶同步起升或下降。

9）液压千斤顶也不能做长时间支承重物，因为时间一长，会由于千斤顶泄漏而使重物坠落。需要较长时间支承重物时，应在重物下面垫以安全支架，这样，万一千斤顶有泄漏也可保证安全。

10）如发现千斤顶缺油时，应及时补充规定油液，不能用其他油液或水代替。

11）千斤顶必须垂直放置，以免因油液渗漏而失效。

12）千斤顶不能用火烘热，以防皮碗、皮圈损坏。

13）维护螺旋千斤顶应经常在螺旋纹加工面上涂以防锈油脂。液压千斤顶应根据制造厂的要求灌注合适的、足量的工作介质，根据使用情况每隔半年至一年清洗一次，滤清杂质。

14）千斤顶存放时，应将滑塞杆或螺柱、齿条降到最低位置，加工面涂以防锈油，并放在干燥处，以防生锈。发现千斤顶零件有裂纹时应停止使用。

课后思考

1. 怎样正确使用液压吊车？

2. 如何正确使用两柱式举升机？

学习情境2 汽车维修接待与PDI检查

任务1 汽车维修接待

学习目标

1) 了解汽车维修接待流程的意义。
2) 按照职业技能等级证书中维修接待标准掌握汽车维修接待流程和接待技巧。
3) 将爱岗敬业精神融入汽车维修业务接待工作，遵守职业道德规范和职业准则。
4) 能够运用汽车维修业务接待员的礼仪。

任务载体

一位客户前往4S店进行轿车的维护作业，作为前台接待人员如何做好这一工作？

相关知识

一、维修接待的意义

1. 代表企业的形象

汽车维修企业的特征主要是由企业精神、企业效率、企业信誉及经营环境等组成。良好的企业形象会在公众中产生深刻的认同感和信任感，进而转化为巨大的经济效益。维修业务接待员在客户中的形象就是企业特征的直接反映，是企业的"窗口"代表，其言谈举止、待人接物、服务水平等直接关系到企业形象的好坏。

2. 影响企业的收益

维修业务接待员要在维修前对待修车辆进行估价，对在维修过程中所发生的费用进行统计核实，并向客户解释相关费用的收取标准，听取客户的意见并向上级部门反映，在双方完全认同的条件下收取相关费用。其维修估价的合理性、收费结算过程的流畅性、发生费用结算纠纷处理的灵活性，都直接影响着企业的信誉、企业的收入和企业的效益。

3. 反映企业技术管理的整体素质

维修业务接待员在接车、估价等过程中所表现出的解决问题和处理问题的能力，直接体现了企业技术水平的高低。其从接车到交车的全过程中，有关工作的条理性、周密性和灵活性直接体现了企业服务和管理水平的高低。

4. 沟通维修企业与车主之间的桥梁

维修业务接待员有许多不同的名称，如接待专员、服务顾问、维修顾问、诊断顾问等，这个角色之所以重要是因为他是顾客进厂接触到的第一个人，如果服务好、顾客信赖高，也可能是顾客在服务厂唯一接触的人。因为顾客的时间有限、专业知识不足，所以很容易将爱车交给业务接待员后就放心等待结果。因此，从理论上讲，来厂维修的客户是由业务接待员从头到尾完成接待工作的。如果维修业务接待员服务好，则顾客对企业信赖度就高。

另外，在顾客的信任下，随着业务接待员专业能力的不断加强，其所扮演的角色就是如何建议顾客做最好的维修项目，以保障车辆的长期使用。因此，业务接待员的专业性为顾客所依赖，同时只要说服力强，就可以对顾客做最合适的建议，这既是维修企业重要的业绩来源，同时又有助于业绩的稳定提升。

维修业务接待员需掌握汽车维修企业的工作流程及工作进度，其目的是为确认顾客的车辆维修进度，了解能否在顾客认知的时间内顺利完成，或者是提早告知顾客车辆的状况，使顾客能有心理准备。

最后，维修业务接待员还必须站在顾客的立场，为顾客检查爱车，使顾客从进厂到交车能接受完整的服务，以达到顾客满意，从而提高顾客满意度。最终提高顾客对汽车品牌的忠诚度和对汽车维修企业的忠诚度。

二、车辆维护业务接待基本流程

为了提高汽车4S店服务水平、工作效率、工作质量和经济效益等，汽车4S店都有一套相对完善的工作流程，大体包含以下几方面：预约、接待、报修（填写修理单）、组织生产、质量控制（过程监督）、交车（竣工验收）和跟踪服务等。

技能操作

一、业务接待工作程序

业务接待工作从内容上分为两个部分：迎接客户送修程序与恭送客户离厂程序。工作程序具体内容如下：

1）业务厅接待前来公司送修的客户。

2）受理业务：询问客户来意与要求；技术诊断；报价，决定是否进厂或预约维修或诊断报价；送客户离厂。

3）将接修车清洗送入车间，办理交车手续。

4）维修期间，维修增项意见征询与处理：征询客户意见、与车间交换工作意见。

5）将竣工车从车间接出：检查车辆外观技术状况及有关随车物品。

6）通知客户接车，准备客户接车资料。

7）业务厅接待前来公司取车的客户，引导客户视检竣工车，汇报情况，办理结算手续，恭送客户离厂。

8）对客户跟踪服务。

二、业务接待工作内容规定

1. 业务厅接待前来公司送修或咨询业务的客户

1）见到客户驾车驶进公司大门，立即起身，带上工作用具（笔与接修单）走到客户车辆驾驶室边门一侧向客户致意（微笑点头）；当客户走出车门或放下车窗后，应先主动向客户问好，表示欢迎（一般讲"欢迎光临!"）。同时做简短自我介绍。

2）如客户车辆未停在本公司规定的接待车位，应礼貌引导客户把车停放到位。

3）简短问明来意，如属简单咨询，可当场答复，然后礼貌地送客户出门并致意（一般讲"请走好"、"欢迎再来"）。如需诊断、报价或进厂维修，应征得客户同意后，进接待厅商洽；或让客户先到接待厅休息，我方工作人员检测诊断后，再与客户商洽。情况简单的或客户要求当场填写维修单或预约单的，应按客户要求办理手续。

4）如属新客户、应主动向其简单介绍我公司维修服务的内容和程序。

5）如属维修预约、应尽快问明情况与要求，填写维修单、预约单，并呈交客户；同时礼貌告之客户"请记住预约时间"。

工作要求：接待人员要文明礼貌，仪表大方整洁、主动热情，要让客户有"宾至如归"的第一印象。客户在客厅坐下等候时，应主动倒茶，并示意"请用茶"，以表示待客礼貌真诚。

2. 业务答询与诊断

在客户提出维修养护方面诉求时，接待人员应细心专注聆听，然后以专业人员的态度和通俗的语言回答客户的问题。

在客户车辆需做技术诊断才能做维修决定时，应先征得客户同意，接待人员才可以开始技术诊断。

当接待人员对技术问题有疑难时，应立即通知技术部专职技术员迅速到接待车位予以协助，以尽快完成技术诊断。

技术诊断完成后应立即打印或填写诊断书，应明确车辆故障或问题所在，然后把诊断情况和维修建议告诉客户，同时把检测诊断单呈交客户，让客户进一步了解自己的车况。

工作要求：在这一环节，接待人员要态度认真细致，善于倾听，善于专业引导；在检测诊断时，动作要熟练，诊断要明确，要显示公司技术上的优越性、权威性。

3. 业务洽谈

1）与客户商定或提出维修项目，确定维修内容，收费定价、交车时间时，确定客户有无其他要求，将以上内容一一填入进厂维修单，请客户过目并决定是否进厂。

2）客户审阅进厂维修单后，同意进厂维修的，应礼貌地请其在客户签字栏签字确认；如不同意或预约进厂维修的，接待人员应主动告诉并引导客户到收银处办理出厂手续，领出厂通知单，如有诊断或估价的，还应通知客户交纳诊断费或估价费；办完手续后应礼貌送客户出厂，并致意"请走好，欢迎再来"。

工作要求：与客户洽谈时，要诚恳、自信、为客户着想，不卑不亢、宽容、灵活、要坚持"顾客总是对的"的观念。对不在厂里维修的客户，不能表示不满，要保持一贯的友好态度。

4. 业务洽谈中的维修估价

与客户确定维修估价时，一般采用"系统估价"即按排除故障所涉及的系统进行维修收费。

对一时难以找准故障所涉及系统的，也可以采用"现象估价"，即按排除故障现象为目标进行维修收费，这种方式风险大，接待及技术人员定价时应考虑风险价值。

针对维修内容技术含量不高的、市场有相应行价的或客户指定维修的，可以用项目定价的方法，即按实际维修工作量收费，这种方式有时并不能保证质量，应事先向客户做必要的说明。

维修估价洽谈中，应明确维修配件是由公司还是由客方供应，用正厂件还是副厂件；并应向客户说明：凡客户自购配件，或坚持要求关键部位用副厂件的，接待员应表示在技术质量方面不做担保，并在进厂维修单上说明。

工作要求：这一环节中，业务接待人应以专业人员的姿态与客户洽谈，语气要沉稳平和，灵活选用不同的方式估价，要让客户对公司有信任感。应尽可能说明本公司价格的合理性。

5. 业务洽谈中的承诺维修质量与交车时间

业务洽谈中，要向客户明确承诺质量保证，应向客户介绍公司承诺质量保证的具体规定。要在掌握公司的现实生产情况下承诺交车时间，并留有一定的余地。特别要考虑汽车配件供应的情况。

工作要求：要有信心，同时要严肃，特别要注意公司的实际生产能力，不可有失信于用户的心态与行为。

6. 办理交车手续

客户在签订维修合同（即维修单）后，接待人员应尽快与客户办理交车手续。

接收客户随车证件（特别是二保、年审车）并审验其证件有效性、完整性、完好性，如有差异应及时与客户说明，并做相应处理，请客户签字确认差异。

接收送修车时，应对所接车的外观、内饰表层、仪表、座椅等做一次视检，以确认有无异常；如有异常，应在进厂维修单上注明。

对随车的工具和物品应清点登记，并请客户在随车物品清单上签字（详见随车物品清单），同时把工具与物品装入为该车用户专门提供的存物箱内。

接车时，对车钥匙（总开关钥匙）要登记、编号并放在统一规定的车钥匙柜内。

将当时油表、里程表显示的数字登记入表。如即时将车送于车间修理的，车交入车间时，车间接车人要办理接车签字手续。

工作要求：视检、查点、登记要仔细，不可忘记礼貌地请客户在进厂维修单上签名。

7. 礼貌送客户

客户办完一切送修手续后，接待员应礼貌告知客户手续全部办完，礼貌暗示可以离去。如客户离去，接待员应起身致意送客，或送客户至业务厅门口，致意："请走好"。

工作要求：热情主动、亲切友好、注意不可虎头蛇尾。

8. 为送修车办理进车间手续

1）客户离去后，迅速清理进厂维修单（这时通过电脑，一些车辆统计报表也同时登记），如属单组作业的，直接由业务部填列承修作业组；如属多组作业的，应将"进厂维修单"交车间主管处理。

2）由业务接待员通知清洗车辆，然后将送修车送入车间，交车间主管或调度，并同时交随车的进厂维修单，并请接车人在进厂维修单指定栏签名，并写明接车时间，时间要精确到10min。

工作要求：认真对待、不可忽视工作细节，更不可省略应办手续。洗车工作人员洗完车后，应立即将该车交业务员处理。

9. 追加维修项目处理

业务部接到车间关于追加维修项目的信息后，应立即与客户进行电话联系，征求对方对增项维修的意见。

同时，应告之客户由增项引起的工期延期。得到客户明确答复后，立即转达到车间。

如客户不同意追加维修项目，业务接待员即可口头通知车间并记录通知时间和车间受话人。

如同意追加，即开具"进厂维修单"填列追加维修项目内容，立即交车间主管或调度，并记录交单时间。

工作要求：咨询客户时，要礼貌；说明追加项目时，要从技术上做好解释工作，事关安全时要特别强调利害关系；要冷静对待此时客户的抱怨，不可强求客户，应当尊重客户选择。

10. 查询工作进度

业务部根据生产进展，定时向车间询问维修任务完成情况，询问时间一般定在维修工期进行到70% ~80%的时候。询问完工时间，维修有无异常；如有异常，应立即采取应急措施，尽可能不拖延工期。

工作要求：要准时询问，以免影响准时交车。

11. 通知客户接车

1）做好相应交车准备：车间交出竣工验收车辆后，业务人员要对车做最后一次清理；清洗、清理车厢内部，查看外观是否正常，清点随车工作和物品，并放入车上。结算员应将该车全部单据汇总核算，此前要收缴车间与配件部有关单据。

2）通知客户接车：一切准备就绪之后，即提前1h（工期在两天之内）或提前4h（工期在两天以上包括两天）通知客户准时来接车，并致意："谢谢合作！"；如不能按期交车，也要按上述时间或更早些时间通知客户，说明延误原因，争取客户谅解，并表示道歉。

工作要求：通知前，交车准备要认真；向客户致意、道歉要真诚，不得遗漏。

12. 对取车客户的接待

1）主动起身迎候取车的客户，简要介绍客户车辆维修情况，指示或引领客户办理结算手续。

2）结算：客户来到结算台时，结算员应主动礼貌地向客户打招呼，示意台前座位落座，以示尊重；同时迅速拿出结算单呈交客户；当客户同意办理结算手续时，应迅速办理；当客户要求打折或其他要求时，结算员可引领客户找业务主管处理。

3）结算完毕，应即刻开具该车的出厂通知单，连同该车的维修单、结算单、质量保证书、随车证件和车钥匙一并交到客户手中，然后由业务员引领客户到车场做随车工具与物品的清点和外形视检，如无异议，则请客户在进厂维修单上签名。

4）客户办完接车手续，接待员送客户出厂，并致意："××先生（小姐）请走好。祝一路平安！欢迎下次光临！"

工作要求：整个结算交车过程、动作、用语要简练，不让客户觉得烦琐。清点、交车后客户接收签名不可遗漏。送客要至诚。

知识与能力拓展

一、汽车维修业务接待员的素质要求

1. 品格素质要求

1）忍耐与宽容是优秀接待人员的一种美德。在工作中要像对待朋友那样对待客户，要有很强的包容心，包容客户的一切，树立"客户就是上帝"这一现代服务理念。

2）不轻易承诺，说了就要做到。业务接待员必须要注重自己的诺言，一旦答应客户，就应尽力做到。

3）勇于承担责任。工作中出现问题和失误时，同事之间不应相互推卸责任，而要勇于承担责任，积极主动解决问题以消除客户的不满和抱怨。

4）拥有博爱之心，真诚对待每一个人。这个博爱之心是指"人人为我，我为人人"的思想境界，热爱客户就像热爱自己一样。

5）谦虚是做好客户服务工作的要素之一。对业务接待员而言，谦虚很重要。一个业务接待员拥有较强的专业知识，靠专业知识和技能提供服务，面对相对外行的客户极易产生自满，这是客户服务的大忌。

6）强烈的集体荣誉感。客户服务强调的是团队精神，企业的业务接待员需要互相帮助，必须要有团队精神，强烈的集体荣誉感也是对业务接待员品格方面的要求。

2. 技能素质要求

1）良好的语言表达能力。良好的语言表达能力是实现与客户沟通的必要技能和技巧。

2）丰富的行业知识及经验。丰富的行业知识及经验是解决客户问题的必备武器，业务接待员要成为产品的专家，能够回答客户提出的问题。

3）熟练的专业技能。熟练的专业技能是客户服务人员的必修课。每个业务接待员都需要学习多方面的专业技能。

4）优雅的形体语言表达技巧。掌握优雅的形体语言表达技巧，能体现出业务接待员的专业素质。举手投足、说话方式、笑容都能说明业务接待员是否足够专业。

5）思维敏捷，具备对客户心理活动的洞察力。它是做好客户服务工作的关键所在，也是对业务接待员技能素质的起码要求。

6）具备良好的人际关系沟通能力。业务接待员具备良好的人际关系沟通能力，与客户之间的交往会变得更顺畅。

7）具备专业的客户服务电话接听技巧。专业的客户服务电话接听技巧是业务接待员的另一项重要技能，业务接待员必须掌握怎么接客户服务电话和怎么提问的技巧。

8）良好的倾听能力。良好的倾听能力是实现客户沟通的必要保障。与客户交谈时应"说三分，听七分"，学会倾听、善于倾听，应借助目光、体态与客户产生互动。只有互动

式的倾听才能真正实现与客户的有效沟通。

3. 综合素质要求

1）"客户至上"的服务观念。"客户至上"的服务观念要始终贯穿于客户服务工作的始终，因此，需要具备一种"客户至上"的、整体的服务观念。

2）工作的独立处理能力。优秀的业务接待员必须能独当一面，具备工作的独立处理能力。

3）各种问题的分析解决能力。优秀的业务接待员不但需要做好客户服务工作，还要善于思考，提出工作的合理化建议，有分析解决问题的能力，能够帮助客户去分析解决一些实际问题。

4）人际关系的协调能力。人际关系的协调能力是指在客户服务部门中，协调好与员工、同事间的关系；若同事之间关系紧张，会直接影响到客户服务的工作效果。

二、汽车维修业务接待员的职业道德规范

汽车维修业务接待员职业道德规范是在汽车维修职业道德的指导下，结合业务接待员工作的特性形成的，一般可归纳为真诚待客、服务周到、收费合理、保证质量。

1. 真诚待客

真诚待客是指要主动、热情、耐心地对待来厂修理的车主或驾驶人，认真聆听和记录客户的述说。耐心、诚实、科学地回答客户提出的每一个问题，理解客户的要求，最大限度地满足客户的期望并与之达成共识。

2. 服务周到

服务周到是指在维修的全过程中向客户提供全方位的优质服务。汽车维修业务接待员在维修前应该认真倾听客户对车故障的描述，初步诊断出汽车故障，对维修内容、估算费用和竣工时间进行详细说明，并得到客户的认同，还要向客户提供有关汽车维护等方面的建议和其他有关信息。在维修过程中要及时与车间沟通，确保修理项目合理，避免重复收费和无故增加一些不必要的修理项目。需要增加维修项目时，要耐心、详细地向客户说明，同时要征得客户认可。随时了解维修进度，督促维修车间按时完工，如发现不能按时完工，要及早通知客户，说明原因，取得客户的谅解。结算前要向客户详细说明维修内容及维修费用的组成，并征得客户认可。交车时要简要介绍修车过程中的一些特殊情况，车子现在的状况及使用中应注意的问题等。在维修后应该建立健全汽车维修技术档案，并及时回访。

3. 收费合理

收费合理是指汽车维修企业在承接汽车维修业务时，要做到价格公道，付出多少劳务，就收取多少费用，严格按照交通行政管理部门制订的、备案的或企业公布的汽车维修工时定额和收费标准核定企业的维修价格。

4. 保证质量

质量主要是指保证修车的质量。修车过程中各道工序要严格按照技术要求和操作规程进行生产。使用的原材料及零配件的规格、性能要符合规定的标准。要按规定的程序严格进行检验与测试，使汽车故障完全排除，原来丧失的功能得以恢复，让车辆使用寿命得以延长等。

三、汽车维修业务接待员的职业准则

职业准则是从事一定职业的人长期在职业工作中必须遵守的规则。这些规则通常有准点

准时、言而有信、以客户为中心、以同事为客户、理解第一、忍让为先、微笑服务。

1. 准点准时

做到准时是一个基本的礼节问题，它代表着对一个人的尊重。为做到准时，必须遵守以下规则。

1）制订一份作息时间表。严格按照规定时间来控制自己何时起床，何时赶班车，下班后何时休息等。

2）制订一份工作时间安排表。严格按照规定时间完成各项具体工作，如何时完成统计报表，何时整理新客户资料，何时向经理汇报工作等。

3）日常工作中要有条有理。一切先后有序，按部就班，井井有条。

4）与客户或同事会面，首先要做到准时，一般来说要提前10~15min到达。

5）当出现不准时情况时，一是要查明原因，如与客户会面迟到的原因是交通堵塞、行驶路线搞错等；二是要找出纠正办法，如调整时间、改变行驶路线等。

2. 言而有信

与客户打交道，最重要的一点就是必须遵守诺言。如果对客户的许诺不能兑现，通常两次以后，客户就会离开另谋他厂。为了养成言而有信的职业习惯，通常应该注意以下几个方面。

1）没有把握的事不得随意应承。即便是有把握的事，也要经过周密地、反复地考虑，才能说"可以"。

2）在没有弄清楚客户所需要的信息的情况下，不能随意答应客户的要求。

3）当时不能回答的问题，不能说"这事我没办法帮助您"，应晚些时候再给客户一个肯定的答复。

4）对已许诺过的客户，把姓名、许诺的事项等记录在备忘录上，便于随时查看落实情况，以免遗忘。

3. 以客户为中心

由于业务接待员的工作具有重复性，有时会感到厌烦，很容易把客户看作是对工作的干扰，这很容易导致客户的抱怨。要树立以客户为中心的理念，把客户看作是工作中不可缺少的一部分。为了切实做到以客户为中心，要养成为客户做些分外的、力所能及的服务的习惯。为客户所做的分外服务对企业接待员来说可能是举手之劳，但对客户来说却是解决了他的难处。关键时的一点微小服务可能给客户留下深刻印象，无形中会加固客户对企业的信任感。

4. 以同事为客户

例如，一位客户咨询的信息业务接待员不清楚，那么可以与同事联系沟通。若平时相处得很好，他就会很负责地告诉你有关信息。这种间接服务就在于平时是否将同事作为客户对待，同事有没有从自己这儿得到周到、热情的服务。只有平时将同事作为客户对待了，同事才会将自己也作为客户对待，二者是相互的。

5. 理解第一

一个人无论服务技能多么娴熟，都难免有使客户产生不悦的情况。在这种情况下，要养成对客户表示理解的习惯。当遇到客户充满不悦时，尽管自己不同意他的观点，但也要对客户表示理解。可以使用以下的用语来表示对客户的理解："我理解您为什么那样想""我了解您的想法""您说的我都听到了""出了这种事,真对不起"等。

6. 忍让为先

在工作中,无论工作多么出色,也难免遇到吹毛求疵的客户。当这种情况出现时,一定要记住,必须遵守忍让为先的原则,要以高度的涵养妥善处理好与这类客户的关系。切记在客户怒气冲天时,不可运用过激的语言与其针锋相对;否则,不但问题得不到解决,而且会越来越糟糕,最后变得难以收拾。

7. 微笑服务

微笑服务是情感服务。微笑服务是业务接待中最基本的服务手段。微笑具有沟通感情、传递信息的作用。业务接待员必须养成微笑服务的习惯。在与客户面对面的情况下要做到微笑服务,接听电话时更要采用微笑服务。大多数客户在评价一个业务接待员服务质量好坏时,常常以微笑服务做得怎么样来衡量。

四、汽车维修业务接待员的礼仪规范

1. 车辆维护业务接待员应具备的条件

根据各汽车4S店的调查现状和汽车工业的发展水平来看,一个合格的汽车维修业务接待员必须具备下列条件。

1)具有汽车维修专业大专以上文化程度,或者取得中级维修工技术证书,以及具有在维修岗位5年以上的工作经验。

2)品貌端正、口齿伶俐,会说普通话,有时还要求会讲当地方言、具有较强的语言表达能力和随机应变能力。

3)熟悉汽车维修、汽车材料、汽车配件知识及汽车保险知识,并有一定的实践经验。

4)接受过业务接待技巧的专业培训。

5)熟悉汽车维修价格结算的工艺流程、工时单价和工时定额,具有初步的维修企业财务知识。

6)有驾驶证,会使用企业内的维修软件。

7)接受过专业培训,经主管部门考核合格,熟悉国家和汽车维修行业的有关价格、法律、法规和政策。

8)具有高度的责任心、良好的职业道德和心理素质。

2. 车辆维护业务接待员礼仪规范

(1)仪表端庄、整洁具体要求

1)按季节统一着装,整洁、得体、大方。

2)衬衫平整干净,领子与袖口不脏。

3)穿西服应佩戴领带,并注意西服与领带颜色相配。领带不得弄脏、破损或歪斜松弛。

4)胸卡佩戴在左胸位置,卡面整洁、清晰。

5)穿西服可以不扣纽扣,如果扣,正确的扣法是只扣上边一粒,下边则不扣。

6)胸部口袋只是装饰,不能装东西,如遇隆重场合,仅可装作为胸饰的小花等。其他口袋也不可装许多东西,否则很不雅观。

7)穿深色皮鞋,每日擦亮,不穿破损、带钉和异形的鞋。

8）工作期间不宜穿大衣或过分臃肿的服装。

9）女性服务顾问服装淡雅得体，不可过分华丽。

（2）仪容洁净、自然具体要求

1）头发干净整齐，让所有的客户都有一个好印象。作为服务中心的一员应当有合适的发型。要经常清洗，保持清洁，发型普通，不染发。男性服务顾问不留长发，女性服务顾问不留披肩发。

2）面部清洁，男性服务顾问应经常剃胡须。女性服务顾问要化淡妆，不能浓妆艳抹，不用香味浓烈的香水。

3）指甲不能太长，要注意经常修剪。女性服务顾问不留长指甲，不做美甲、不涂有色指甲油。

4）口腔保持清洁，上班前不喝酒、不吃有异味的食品。

（3）基本举止规范

1）握手。主动热情地伸向客户表达诚意，但对女客户不可主动先伸手，更不可双手握。

2）微笑。对客户在任何情况下都要保持微笑。

3）打招呼。主动与客户打招呼，目光注视客户。

4）安全距离。与客户保持1m左右的距离。

5）做介绍。先介绍主人，后介绍客人。

6）指点方向。紧闭五指，指示方向，不可只伸一根或两根手指。

7）引路。在客人的左侧为其示意前进方向。

8）送客。在客人的右侧为其示意前进方向。

9）交换名片。双手接客户名片，仔细收藏好，不可随意放在桌上；递送名片要双手送出，同时自报姓名。

（4）业务接待员的礼仪要求

1）客户来到，应面带微笑，主动热情地问候招呼："小姐（先生），您好，我能为您做些什么？"务必使客户感到业务接待是乐于助人的。

2）对待客户应一视同仁，依次接待，认真问询，做到办理前一个，接待第二个，招呼后一个。在办理前一个时要对第二个说："谢谢您的光临，请稍等"；招呼后一个时要说："对不起，让您久等了"，使所有客户感到不受冷落。

3）接待客户时，应双目平视对方脸部三角区，专心倾听，以示尊重和诚意。对有急事而来意表达不清的客户，应劝其先安定情绪后再说。此时可说："请您慢慢讲，我在仔细听。"对长话慢讲、语无伦次的客户，应耐心、仔细听清其要求后再回答。对口音重、说话难懂的客户，一定要弄清其所讲的内容与要求，不能凭主观推测和理解，更不能敷衍了事将客户拒之门外。

4）答复客户的问询，要做到百问不厌，有问必答，用词、用语得当，简明扼要，不能说"也许、可能、好像是、大概是"之类模棱两可或是含混不清的话。对一些难以回答的问题，不要不懂装懂，随意回答，也不能草率地说"我不知道"，更不能不耐烦地说"你问我，我问谁"等。应该实事求是地说"非常抱歉，这个问题现在无法解答，让我了解清楚后再告诉您，请您留下联系电话"。

5）客户较多时，应先问先答，急问快答，不先接待熟悉的客户，应依次接待，注意客户表情，避免怠慢，使不同的客户都能得到应有的接待和满意的答复。

6）在验看客户的证件资料时，要注意使用礼貌用语，验看完后要及时交还，并表示谢意，说："××小姐（先生），让您久等了，请您收好，谢谢。"

7）对有意见的客户要面带微笑，以真诚的态度认真倾听，不得与客户争辩或反驳，而要真诚地表示歉意，妥善处理。对个别有意为难、过分挑剔的客户，仍应坚持以诚相待，注意服务态度，要热情、耐心、周到，动之以情，晓之以理。

8）及时做好客户资料的存档工作，以便查阅、检索和对客户进行有针对性的服务。

9）坚持服务电话跟踪，及时与客户电话跟踪询问，以体现对客户的尊重。

（5）接听电话时的礼仪要求

1）接打电话时，要坐端正，不要嚼口香糖、吃东西或喝水等，否则客户会感觉到你是在敷衍了事，不尊重他（她）。

2）接打电话前，要准备好笔和记录本，方便通话时记下要点。

3）电话来时，听到铃声响三声之内要接听。开始通话需说"您好"，并自报××维修服务中心、部门及职务。要认真细心听对方的讲话，同时在记录本上记下要点。未听清时，及时告诉对方。结束通话需礼貌道别，待对方挂断电话，自己再放下话筒。

4）接打电话时，语音要贴切、自然，吐字清晰，语速适当。

5）客户来电话查询，应热情帮助解决问题，如不能马上回答，应与来电话的客户讲明等候时间，以免让客户久等，引起误会。

课后思考

1. 汽车维修的基本流程是什么？
2. 如何接待有购车意向的用户？

任务 2 汽车销售前 PDI 检查

学习目标

1）了解汽车的整体构造。
2）按照职业技能等级证书标准要求了解发动机舱和汽车底盘 PDI 检查项目。
3）能够独立完成新车销售前的 PDI 检查。
4）能够完成 PDI 检查项目表的填写。

任务载体

当达成购车协议后，销售顾问将 PDI 检查表交付给维修技术人员，维修技术人员根据 PDI 检查表项目内容及要求，对即将被销售的轿车进行售前检查，完成待售车辆的车辆标识和整车的检查。

相关知识

2-1 汽车PDI的检查

一、汽车销售前检查（PDI）

PDI（Pre Delivery Inspection）是车辆的售前检查，即售前检测证明，是车辆在交付用户前的最终检查程序，也是新车在交车前必须通过的检查。因为新车从生产厂到达经销商处经历了很长的运输路途和长时间的停放，为了向顾客保证新车的安全性和原厂性能，PDI必不可少。越是高档车辆，其电子自动化程度越高，PDI项目的检查也就越多。例如，未做PDI的新车，会始终在运输模式运行。这种模式只能简单行驶，很多系统没有被激活。强行使用会导致功能不全，甚至会严重损害车辆，给车辆及驾驶人的安全造成极大的危害。正常情况下，各种车辆在使用过程中都要进行正规的维护。PDI项目范围很广，其中一些细微的检查也许车主连想都没有想过，如蓄电池是否充放电正常，钥匙记忆功能是否匹配，舒适系统是否激活，仪表灯光功能是否设置到原厂要求等。技术人员所做的一切，为的是向顾客确保车辆的安全性和驾驶的舒适性。

二、汽车基本构造

汽车一般由发动机、底盘、车身和电气设备四个部分构成，汽车结构示意图如图2-1所示。

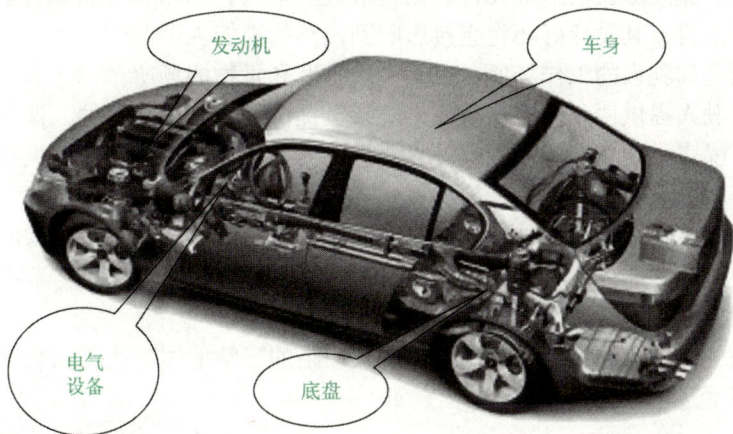

图2-1 汽车结构示意图

汽车的动力来自发动机，发动机借助工质的变化将燃料燃烧所产生的热能转变为机械能。底盘支撑、安装汽车底盘悬架、变速器、车身、发动机及其他部件，形成汽车的整体造型，并接受发动机的动力，使汽车产生运动，保证汽车正常行驶。汽车车身是汽车的覆盖件，汽车电器与汽车发动机、底盘以及车身的结合实现汽车的电气化功能。汽车发动机、汽车底盘、汽车车身以及电器设备组成了一辆完整的汽车。

1. 发动机

发动机（图2-2）是汽车的心脏，为汽车的行走提供动力，汽车性能好坏取决于发动机的动力性、经济性、环保性。简单讲发动机就是一个能量转换机构，即将汽油（柴油）的热能，通过在密封气缸内燃烧气体膨胀时，推动活塞做功，转变为机械能，这是发动机最基本原理。

2. 底盘

底盘的作用是支撑、安装汽车发动机及其各部件、总成，形成汽车的整体造型，并接受

发动机的动力，使汽车产生运动，保证汽车正常行驶。底盘（图2-3）由传动系、行驶系、转向系和制动系四部分组成。

图2-2　发动机

图2-3　底盘

3. 车身

汽车车身包括车窗、车门、驾驶舱、乘客舱、发动机舱和行李舱等。车身的造型有厢形、鱼形、船形、流线形及楔形等几种，结构形式分单厢、两厢和三厢等类型。车身造型结构是汽车的形体语言，其设计好坏将直接影响到汽车的性能。

汽车车身既是驾驶人的工作场所，也是容纳乘客和货物的场所。

车身应对驾驶人提供便利的工作条件，对乘员提供舒适的乘坐条件，保护他们免受汽车行驶时的振动、噪声，废气的侵袭以及外界恶劣气候的影响，并保证完好无损地运载货物且装卸方便。汽车车身上的一些结构措施和设备还有助于安全行车和减轻事故的后果。

车身应保证汽车具有合理的外部形状，在汽车行驶时能有效地引导周围的气流，以减少空气阻力和燃料消耗。此外，车身还应有助于提高汽车行驶稳定性和改善发动机的冷却条件，并保证车身内部良好的通风。

汽车车身是一件精致的综合艺术品，应以其明晰的雕塑形体、优雅的装饰件和内部覆饰材料以及悦目的色彩使人获得美的感受，点缀人们的生活环境。

4. 电气设备

电气设备（图2-4），由电源系统、用电设备等组成。此外，在现代汽车上愈来愈多地装用各种电子设备：微处理机、中央计算机系统及各种人工智能装置等，显著地提高了汽车的性能。

图2-4　电气设备

汽车电源系统由蓄电池和发电机并联组成，用于向汽车点火系、起动系、灯光、信号等全车电器设备供电。

技能操作

一、作业前准备和车辆识别检查

车辆维护之前要做好如下安全和准备工作：

1）整理好工具、工作台，准备好备品、维修手册等资料。

2）将车辆正确驶入维护工位。

3）用车轮挡块挡住车轮。

4）在驾驶人座位处。放上座椅套，放上地毯热，放上转向盘罩，放上变速杆套，放上驻车制动套。发动机舱盖开启把手如图2-5所示，通过拉动发动机舱盖开启把手打开发动机舱盖。

5）在车辆的前部。放上翼子板布，打开发动机舱盖，放上前盖。

车辆标识检查主要包括车辆合格证、VIN、发动机号、产品标牌与车辆出厂检验单是否相符。相符即在新车检查表车辆标识检查区域勾选合格。

二、检查发动机舱盖安全挂钩

发动机舱盖的检查方法：

1）将车辆换至驻车档或空档，设定为驻车制动。拉起位于仪表板下角处的发动机舱盖开启把手，发动机舱盖将弹起稍许。

图2-5　发动机舱盖开启把手

2）站在车前。在正中偏右的位置，把手指伸入发动机舱盖前缘下，然后向左移动手指，会碰到发动机舱盖锁扣的拉杆。拨动此拉杆，直至其松开发动机舱盖后掀开发动机罩。

3）如果不必拨动发动机舱盖锁扣也能开启发动机舱盖，或者发动机舱盖锁扣移动不灵活或不能弹回原位，则应清洗发动机舱盖的机构并加注润滑油。

如果检查合格，应在相应表格记录。

三、蓄电池的检查

1. 目视检查蓄电池的充电观察孔的颜色

绿色：蓄电池电量充足。

无色：蓄电池电解液低于临界，蓄电池可能损坏。

黑色：蓄电池充电量小或没有电，需要充电。

2. 记录蓄电池的制造日期，使用专用工具检查蓄电池电压

1）使用万用表检查蓄电池静态电压。

在点火开关关闭的条件下测试蓄电池正、负极间的电压，蓄电池电压不小于12.5V，蓄电池良好；蓄电池电压小于12.5V，需要查找原因并解决。

2）使用专用解码仪检查蓄电池电压关闭点火开关；按照专用解码仪的使用说明进行操作，此时不需要从车上拔下蓄电池或断开蓄电池的接线。测试结果包括蓄电池的测试电流、容量及测试电压最小值（极限值=9.5V），如测试结果电压低于9.5V，应更换蓄电池。

3. 检查蓄电池的接线柱紧固情况

1）检查紧固情况检查蓄电池接线柱电缆是否紧固，如有松动拧紧蓄电池接线柱螺母，检查蓄电池安装是否牢固，如不牢固，拧紧蓄电池安装支架的螺栓。注意：蓄电池正极接线柱安装不牢固，应先断开蓄电池负极线以避免短路事故的发生。

2）拧紧力矩：蓄电池接线柱电缆紧固螺母拧紧力矩为5N·m；蓄电池支架螺栓拧紧力矩为10N·m。

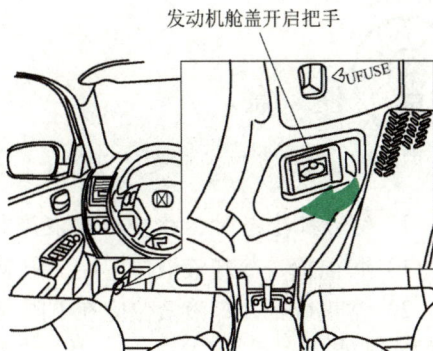

2-2　蓄电池的检查

四、检查发动机及发动机舱

目视检查发动机及发动机舱是否存在渗漏及损坏，拆除发动机舱盖后从上方检查发动机及发动机室是否存在渗漏及损坏。检查下列系统的管路、软管以及接口是否渗漏、磨损或脆裂：燃油供给系统，冷却及加热系统，制动系统。将车辆升起，拆除隔声板后从下方检查上述各项。

注 意

检查过程中发现的问题必须解决。

1. 发动机冷态时，检查冷却液液位（图2-6）

1）售前检查冷却液液位应在上限 Max 处。

2）常规维护冷却液液位应在下限 Min 与上限 Max 之间。若冷却液液位过低，应添加适量的冷却液。

2. 检查发动机润滑油油位（图2-7）

图2-6　冷却液液位检查图

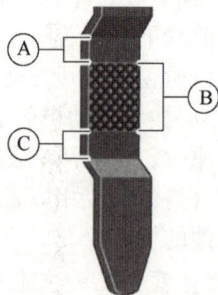

图2-7　发动机润滑油油位检查

（1）检查条件

1）发动机润滑油温度至少在60℃以上。

2）车辆必须水平放置。

3）发动机熄火后等待几分钟，以便润滑油流回到油底壳。

（2）检查步骤

1）拔出机油尺，用干净的擦布擦净后重新插回。

2）再次拔出机油尺，读取润滑油油位。

（3）机油尺标记说明

1）A：润滑油油位上限（此时不可再添加润滑油）。

2）B：可加注润滑油（最多加注到位置A）。

3）C：润滑油油位下限（此时必须加注润滑油，可加注到B区，最多加注到位置A）。

注意：加注润滑油时不得使润滑油油位超过位置A。

3. 检查制动液液位（图2-8）

1）售前检查制动液液位必须处于上限 Max。

2-3　驾驶舱和发动机舱的检查

2）注意事项：

① 制动液有毒，并且具有腐蚀性，因此不得使制动液接触油漆表面。

② 制动液有吸湿性，可从周围空气中吸收水分，因此，必须保证制动液罐的密封性。

4. 检查转向助力系统液压油（助力油）油位（图2-9）

图2-8 制动液液位检查图

图2-9 转向助力系统液压油油位

1）冷态时不起动发动机，摆正前轮；油位应在下限 Min 附近（±2mm 范围之内）。

2）暖机时（50℃以上）起动发动机，摆正前轮；油位应在下限 Min 与上限 Max 之间。

3）检查步骤：

① 拧下带油尺的助力油罐盖。

② 用一块干净的擦布擦净油尺后重新拧紧。

③ 再次拧下该罐盖并读取油位。

4）注意事项：

① 转向助力液压油油位若超出规定范围，则必须将多余部分抽出。

② 转向助力液压油油位若低于规定范围，则必须首先检查系统是否有渗漏。

③ 确定系统无渗漏后才可添加规定型号的液压油（助力油）。

5. 检查风窗清洗液液位

1）点火钥匙在 M 档，打开风窗喷淋开关，应有液体喷出。

2）如不能喷出应补充同规格牌号风窗清洗液。

 **注 意**

先向风窗玻璃上喷水，防止刮水片干刮；只需少许添加风窗清洗液以保证功能正常。

五、检查汽车底部

1. 拆除前悬架运输锁块（图2-10）

某些车型其前后悬架装有运输锁块（可通过车内后视镜上的警告标签确认）。操作步骤：减轻螺旋弹簧负载（可通过用举升机举升车辆来实现）。

1）向下压辅助弹簧。

2）拆除锁块（每处有两块）。

3）向上推辅助弹簧直至与弹簧座结合良好。

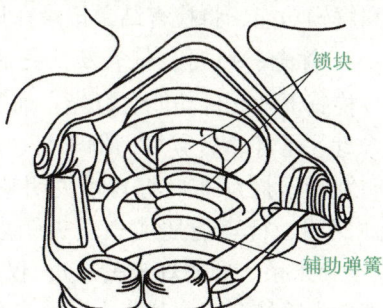

图2-10 拆除前悬架运输锁块

2. 拆除后悬架运输锁块

操作步骤同上。

注意：

1）拆除运输锁块时不必拆卸车轮。

2）操作时应保证弹簧表面不受损伤。

3. 目视检查汽车底部是否存在渗漏及损坏

检查以下系统是否存在渗漏及损坏（图2-11）

图 2-11 检查汽车底部

机械部分：转向系统，护套，制动系统，软管，油底壳等。

储液部分：底护板，车轮罩，控制臂，横拉杆等。

六、汽车内部与车身的检查

1. 车门（儿童锁）、行李舱的检查

检查车门能否正确锁止解锁，儿童锁打开后是否能从内部开启车门（儿童锁在后排车门侧，打开儿童锁，车门不能从内部开启），检查行李舱、燃油箱加注盖能否正常开启、锁止，将检查结果记录在检查表相应位置。

2. 油箱锁盖的开启功能检查

按下驻车制动下方的操作按钮，油箱锁盖应能开启（图2-12）。

3. 天窗和车窗的检查

检查车窗和天窗的开启和关闭是否连贯、顺畅、有无异响，其中车窗检查，除检查各车门电动控制开关外，还需检查左前门（驾驶人侧）总控功能，以及总控的车窗锁止和解锁功能，将检查结果记录在检查表相应位置。

4. 灯光、照明、仪表及开关的功能检查

检查下列元件功能。灯光：前照灯、前雾灯、转向灯、警告灯、尾灯、后雾灯、倒车灯、制动灯、驻车灯；车内照明及指示灯（车内灯自动关闭功能）、杂物箱照明、烟灰缸照明、行李舱照明、点火钥匙照明等。警报蜂鸣器（安全带未系、照明灯未关等）；仪表板上的所有开关；驾驶人信息系统；组合仪表上的所有显示器、计数器、指示灯及照明；双音喇叭。

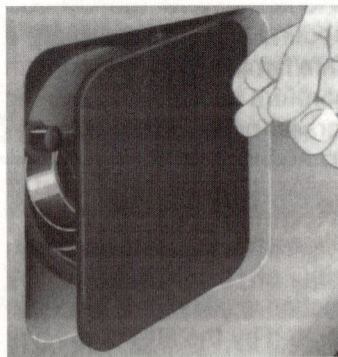

图 2-12 检查油箱锁盖的开启功能

5. 所有电气设备、显示器、驾驶人操作控制系统功能检查

检查下列元件功能：风窗刮水/清洗系统，前照灯清洗系统；点烟器；电动外后视镜（加热、调整）；中央门锁；电动座椅调节；座椅加热；收音机。

6. 初始化和调整

对下列元件进行初始化和调整：仪表板 ECU 初始化；时间、日期、语言、温度及距离单位；前照灯（发动机运转时）；座椅位置；安全带；导航；蓝牙电话。

七、路试检查

1. 路试

路试所能测试的范围取决于车辆装备以及当地条件，路试前应读取故障码，确保试车前无故障记录。

试车时必须检测以下内容：行李舱自动锁止；内外后视镜；驾驶位置（转向盘、座位）；驻车制动；暖风/空调/气流调节；车辆行车参数；超速报警器；定速巡航。

行车过程应检查以下项目：换档情况，离合器运行情况；发动机性能（加速、减速）；直线行驶，转弯行驶情况；车辆制动时的情况；里程表计数功能；车辆无异响；驻车雷达。

在检查表上检查以上项目的记录，如有异常，需在要进行的维修位置进行登记，试车后进行维修。

2. 路试后检查

路试后需要检查以下项目：发动机怠速转速（常规怠速和空调怠速）；在举升机上检查排气管的固定和外观；各系统的密封性；转向防尘罩，球头和传动轴状况；使用专用诊断工具检查有无故障码，维护提示归零。

八、新车交付前清洁

1. 安装附件

新车检查完毕后，应安装天线、点烟器、赠送的装饰品（座椅套、转向盘套、地毯等），清理检查随车物品（随车物品包括千斤顶、便携工作灯、灭火器、车辆说明书、维护手册、合格证、拆胎扳手、千斤顶加力杆等）。

2. 清洁车辆内部和除尘

使用抹布对车辆内部进行清洁，并除去保护5件套（座椅保护套、转向盘套、地毯防护热、变速杆套、驻车制动手柄套），将垃圾和使用过的防护套件清理出工位。

3. 清洁车辆外部

1）去除四个车门把手、门槛处的防护胶布。

2）使用清水清洗车身外部。

3）检查全车油漆。检查时应仔细，检查车表面油漆是否有刮擦痕迹及油漆缺陷（包括车顶），应保持油漆外保护膜。

4）检查座椅外观、功能，整理规范。

4. 售前检查表的填写

以上任务每步操作都应在操作完毕后在检查表上进行记录，如部分车型不具备表中装备和功能，则取消相应操作，检查合格项目，在合格项目方框打"√"。

维修技术人员完成所有项目后，在检查表右下方红色区域新车准备员签字区签名，并记

录下检查日期。检查表一式两份（车间留存一份、销售处留存一份）。

知识与能力拓展

一、车辆识别代号（Vehicle Identification Number，VIN）

车辆的铭牌是一个由 17 位字母、数字组成的编码，这就是车辆的 VIN，又称 17 位识别代号。车辆识别代号经过排列组合，可以使车型生产在 30 年之内不会发生重号现象，它具有对车辆的唯一识别性，因此将其称为"汽车身份证"。车辆识别代号中含有车辆的制造厂家、生产年代、车型、车身形式、发动机以及其他装备的信息，如图 2-13 所示。

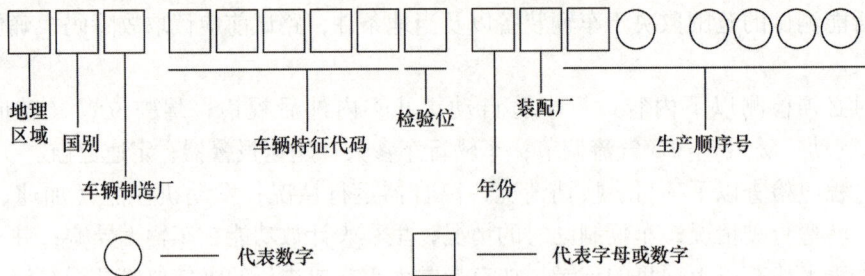

图 2-13　车辆识别代号示意图

（1）1~3 位（WMI）　世界制造厂识别代号，表明车辆是由谁生产的。必须经过申请、批准和备案后方能使用。

1）第一个字符是表示地理区域，如非洲、亚洲、欧洲、大洋洲、北美洲和南美洲。

2）第二个字符表示一个特定地理区域内的一个国家或地区。国家代码按表 2-1 规定使用。

表 2-1　标示国家的代码

国家	代码	国家	代码	国家	代码
美国	1,4	中国	L 及 H	英国	G
加拿大	2	泰国	M	法国	F
墨西哥	3	日本	J	意大利	I
巴西	5	韩国	K	瑞典	S
澳大利亚	6	德国	W	西班牙	E

3）第三个字符表示某个特定的制造厂，由各国的授权机构负责分配。

如果某制造厂的年产量少于 1000 辆，其识别代码的第三个字码就是 9。此时，车辆指示部分的第三、四、五位字码将与第一部分的三位字码一起作为世界制造厂的识别代号。

对于年产量不少于 1000 辆的制造厂，世界制造识别代号由以上所述的三位字码组成。

（2）4~9 位（VDS）　车辆特征，由六位字码组成，如果制造厂不用其中的一位或几位字码，应在该位置填入制造厂选定的字母或数字占位。第 4~8 位部分应能识别车辆的一般特性，其代号顺序由制造厂决定。

轿车：种类、系列、车身类型、发动机类型及约束系统类型。

MPV：种类、系列、车身类型、发动机类型及车辆额定总重。

载货车：型号或种类、系列、底盘、驾驶室类型、发动机类型、制动系统及车辆额定总重。

客车：型号或种类、系列、车身类型、发动机类型及制动系统。

第9位为校验位，通过一定的算法防止输入错误。

（3）第10位 车型年份，即厂家规定的型年（Model Year），不一定是实际生产的年份，但一般与实际生产的年份之差不超过1年。

（4）第11位 装配厂。

（5）12~17位 生产顺序号，一般情况下，汽车召回都是针对某一顺序号范围内的车辆，即某一批次的车辆。其中车型年款代码指示年份，按表2-2中规定使用。

表2-2 标示年份的代码

年份	代码	年份	代码	年份	代码	年份	代码
1991	M	2001	1	2011	B	2021	M
1992	N	2002	2	2012	C	2022	N
1993	P	2003	3	2013	D	2023	P
1994	R	2004	4	2014	E	2024	R
1995	S	2005	5	2015	F	2025	S
1996	T	2006	6	2016	G	2026	T
1997	V	2007	7	2017	H	2027	V
1998	W	2008	8	2017	J	2028	W
1999	X	2009	9	2019	K	2029	X
2000	Y	2010	A	2020	L	2030	Y

二、VIN举例

在编码 TJ1GK12E7S9092125 中，J 表示国别为日本，T 表示制造商为丰田汽车公司，1 表示车辆类别为乘用车，G 表示发动机为 1MZ-FE3.0L V6，K 表示车辆品牌为佳美，1 表示汽车种类为 MCV10L 型，2 表示汽车系列为 LE 系列，E 表示车身类型为 4 门轿车，7 表示检验位，S 表示车型生产年份为 1995 年，9 表示装配厂为日本，092125 表示汽车的生产序号。

三、车型标牌（包含 VIN）的位置

1）除挂车和摩托车外，标牌应固定在门铰链柱、门锁柱或与门锁柱接合的门边之一的柱子上，接近于驾驶人座位的地方；如果没有这样的地方可利用，则固定在仪表板的左侧。如果那里也不能利用，则固定在车门内侧靠近驾驶人座位的地方。

2）标牌的位置应当是除了外面的车门外，不移动车辆的任何零件就可以容易地读出。

3）我国轿车的 VIN 大多可以在仪表板左侧、风窗玻璃下面找到。

课后思考

1. 如何接待有购车意向的用户？
2. 停车行驶三个月的汽车如何进行蓄电池维护？
3. 如何对新车进行 PDI 完整检查？

学习情境3

汽车的维护

任务1 汽车日常维护

学习目标

1）了解汽车维护的目的。

2）按照职业技能等级证书标准要求掌握汽车出车前、行车中和收车后的维护作业项目。

3）了解我国的汽车维护制度。

4）了解不同车型的定期维护周期。

任务载体

驾驶人员在驾驶车辆过程中，要对汽车的整体性能予以把握，日常维护是最佳的了解汽车整体状况的方式，本任务将详细介绍汽车的日常维护作业。

相关知识

一、汽车维护的目的

随着现代汽车制造业的不断进步，新技术、新工艺、新材料得到广泛应用，使得汽车的技术性能和使用寿命都有了很大的提高。但是作为机电产品，即使性能及其卓越的汽车在使用过程中，出于各部件发生摩擦、振动、冲击以及环境的影响，汽车各总成、机构及零件逐渐产生不同程度的松动、变形、疲劳、腐蚀、老化和损伤，随着行驶里程的增加，逐渐老化，故障增多。汽车动力性、安全性、经济性下降，甚至出现意外事故。

汽车行驶一定的里程和时间后，根据汽车维护技术标准，按规定的工艺流程、作业范围、作业项目和技术要求所进行的预防性作业即为汽车维护。实践证明，对汽车进行可靠的维护作业，是延长其使用寿命、防止机件早期损坏、减少运行故障的最佳措施。即"七分维护，三分修理"。汽车维护的意义就是针对上述客观情况，在以预防为主的思想指导下，结合汽车各部总成、机构、零件发生自然松动和磨损的规律，通过合理的维护使汽车的技术状况或工作能力得以维持，使用寿命得以充分延长。汽车维护的目的在于保持车辆外观整洁，延长机件的使用寿命，减少不应有的损坏，而且可以及时发现和消除故障隐患，同时实现下述功能：

1）确保汽车经常处于良好的技术状况，随时可以出车，提高车辆完好率。

2）在正常的使用条件下，汽车在运行中不至于因中途损坏而停歇，同时不至于因机件事故而影响行车安全。

3）确保汽车各部件总成的技术状况尽可能保持均衡状态，从而延长大修间隔里程。

4）确保汽车运行中燃料、润滑材料、零配件及轮胎的消耗费用达到最低水平。

5）减小车辆的噪声与排放污染物对环境的污染。

二、汽车维护的原则

我国现行的汽车维护原则是"预防为主，强制维护"。预防为主的设备管理原则世界通行，只有做好事前的预防性工作，才能使设备经常保持良好的技术状况，降低故障率，降低消耗，延长使用寿命。现行的汽车维护原则将过去的定期维护改为强制维护，这是为了进一步强调维护的重要性和必要性，使运输单位和个人更加重视车辆的维护，防止因追求眼前利益而未及时进行维护，从而导致车况严重恶化，影响安全行驶。

三、汽车维护的作业规范

维护作业包括清洗、检查、补给、润滑、紧固、调整等内容。一般除主要总成发生故障必须解体外，不得对车辆总成进行解体，这就明确了维护和修理的界限。车辆进行维护时，不能对其主要总成大拆大卸，只有在发生故障需要解体时方允许进行解体。很明显，与过去的维护制度比较，现行的维护制度有以下特点：

1. 取消了整车解体式的三级维护

经生产实践证明，对主要总成大拆大卸的工艺方法是不科学的，也是不符合技术经济原则的。同时，"三级维护"作业内容既有维护的作业又有修理的作业，不便于维护与修理的区分。

2. 没有对各级维护周期做统一规定

由各省、自治区、直辖市按车型并结合本地区具体情况制定各自的维护周期，但需遵照统一的车辆维护技术规范以保证车辆正常维护的质量。

3. 对季节性维护做了规范

当车辆进入冬、夏两季运行时，一般结合二级维护对车辆进行季节性维护。

技能操作

一、出车前的日常维护

1）检视、清洁驾驶室内外、后视镜与风窗玻璃（图3-1）。

2）检查转向装置和横、直拉杆等连接部位是否牢固可靠，制动器、离合器的工作情况是否良好（图3-2）。

3）检视轮胎气压及外观，检查汽车主要外露部位的螺栓、螺母是否齐全有效且紧固可靠（图3-3）。

4）检视燃油、润滑油、液压油液量是否符合要求；冷却液、制动液不足时应及时补充（图3-4）。

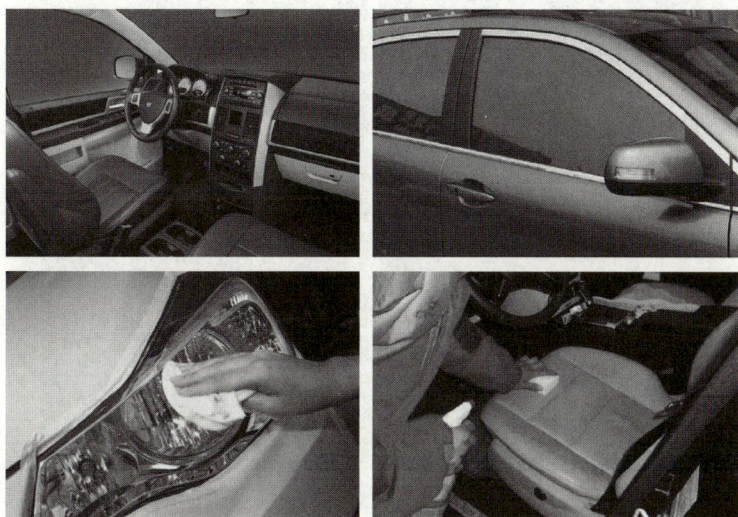

图3-1 检视驾驶室内外、后视镜与风窗玻璃

图3-2 检查离合器、制动器的工作情况

图3-3 检视轮胎气压

5）检视蓄电池电解液的液面高度（图3-5）。

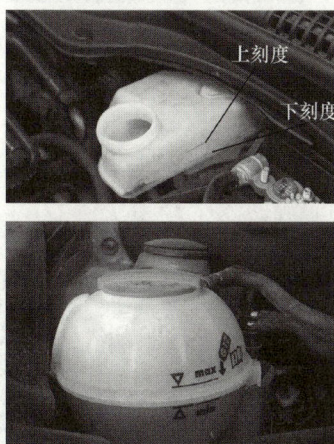

上刻度

下刻度

图3-4 检视各液面高度

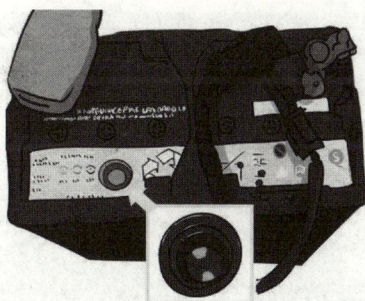

图3-5 检视蓄电池电解液的液面高度

6）检视照明、信号、喇叭、刮水器、后视镜、门锁等是否齐全有效（图3-6）。

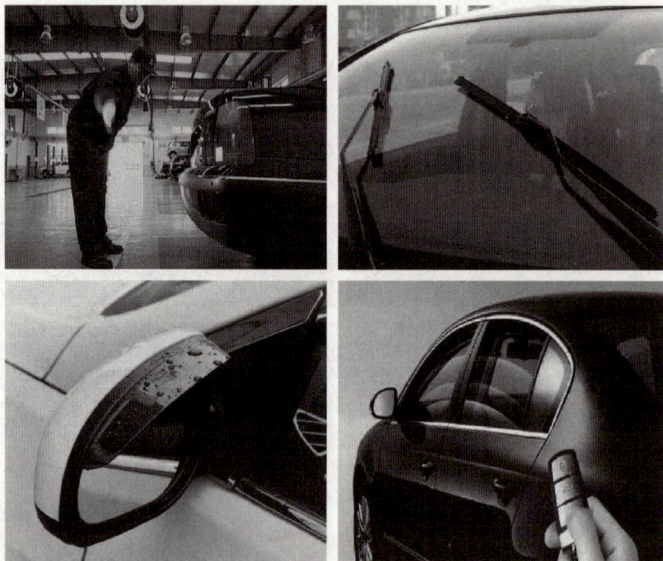

图3-6　检视照明、信号、喇叭、刮水器、后视镜、门锁是否齐全有效

二、行车中的日常维护

1）检视车辆有无漏水、漏气、漏油、漏电现象（图3-7）。

2）检视轮胎外表及气压情况，并清除胎纹中的杂物（图3-8）。

3）检视制动器有无拖滞发热现象，检视钢板弹簧有无折断，卡子有无脱落、缺损，U形螺栓是否紧定可靠。

4）检视横、直拉杆球头销连接和锁止情况；对于发动机前置后轮驱动的载货汽车还应检视传动轴各凸缘连接螺栓、中间轴承支架螺栓的紧固承盖板锁片，以及万向节十字轴轴承盖板锁片保险情况（图3-9）。

图3-7　检视车辆泄漏现象

图3-8　检视轮胎外表

图3-9　检视横、直拉杆球头销

三、收车后的日常维护

1）检视各连接装置、钢板弹簧的卡子和U形螺栓松动情况（图3-10）。

2）清洁汽车外表及驾驶室内部；检视轮胎气压，并清除胎纹中杂物（图3-11）。

图3-10　钢板弹簧的卡子和U形螺栓松动情况

图3-11　清洁汽车外表

3）清洁蓄电池外部，检查接线柱与电缆的连接情况，冬季气温如果低于-30℃，露天停放的车辆应拆下蓄电池放入室内保温（图3-12）。

4）及时补充燃油、润滑油等工作液（图3-13）。

图3-12　检查蓄电池接线柱与电缆

图3-13　补充润滑油

5）检视冷却系，夏季需定期换冷却液，冬季应及时放冷却液或采取必要的防冻措施（图3-14）。

6）整理车辆证件、随车工具及附件等物品（图3-15）。

图3-14　换冷却液

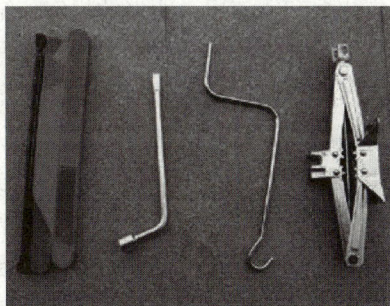

图3-15　整理随车工具

7）对于有储气筒的车子，应放净储气筒中的积水、油污，并关好开关（图3-16）。

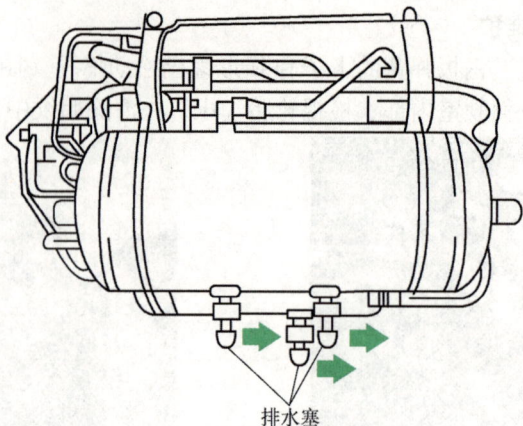

排水塞

图 3-16　放净储气筒中的积水

知识与能力拓展

一、我国的汽车维护制度

根据交通运输部《汽车运输业车辆技术管理规定》，车辆维护应贯彻预防为主，强制维护的原则，即汽车维护必须遵照交通运输管理部门规定的行驶里程或时间间隔，按期强制执行，不得拖延，并在维护作业中遵循汽车维护分级和作业范围的有关规定，以保证维护质量。

在汽车的使用过程中，由于汽车的新旧程度及使用地区条件的不同，在各个时期对汽车维护的作业项目也不同。根据 GB/T 18344—2016《汽车维护、检测、诊断技术规范》有关规定，汽车维护可分为日常维护、一级维护和二级维护三类。维护作业以清洁、检查、紧固、润滑、调整和补给六大作业为主，维护范围随着行驶里程的增加逐步扩大，内容逐步加深。

二、汽车定期维护周期的确定

GB/T 18344—2016《汽车维护、检测、诊断技术规范》中明确规定：汽车一级维护、二级维护周期的确定应以汽车行驶里程间隔为基本依据；对于不便用行驶里程间隔统计、考核的汽车，可用行驶时间间隔确定一级维护、二级维护周期。汽车一级维护、二级维护行驶里程应依据车辆使用说明书的规定，结合汽车使用条件的不同，由各地省级交通主管部门确定；汽车一级维护、二级维护的时间间隔依据汽车使用强度和条件的不同，参照汽车一级维护、二级维护行驶里程周期确定。汽车一级维护、二级维护周期主要依据车辆使用说明书的有关规定，结合汽车使用条件和汽车使用强度等因素来确定。

1. 车辆使用说明书的有关规定与维护周期

在每一辆汽车的随车文件中，车辆使用说明书是一份必不可少的使用技术资料。其中，对该车型的强制维护的分级、周期及各级维护的作业内容都有明确规定，并要求车辆在使用过程中应按照使用说明书的要求严格执行，尤其是初驶过程中应到制造厂指定的特约维修站进行车辆维护。

2. 发动机润滑油更换周期与维护周期确定

汽车发动机润滑油的合理更换周期，也是确定整车维护周期的重要参照依据。因为润滑油更换合理与否，将直接影响发动机，乃至整车的使用寿命和油品的使用经济性。我国汽车用户对发动机润滑油更换的原则主要是以汽车制造厂推荐的换油周期为标准。

3. 汽车使用条件与维护周期

汽车使用条件包括汽车运行地区的地理环境、气候、风沙条件，汽车运行强度和燃料、润滑材料的品质等。应根据汽车使用条件的不同，结合汽车使用说明书的要求确定汽车一级维护、二级维护的周期。

课后思考

1. 汽车定期维护的意义是什么？
2. 车辆行驶过程中，冷却液温度指示表突然指向高温区域，驾驶人如何采取措施？

任务 2　汽车走合期的维护

学习目标

1. 了解走合期的作用及检查的重要性。
2. 按照职业技能等级证书标准要求熟悉走合期的检查内容。
3. 在作业过程中逐步树立质量优先意识。

任务载体

一辆刚购置的帕萨特新领驭轿车，车主想了解走合期该车的维护与维护的周期。

相关知识

新车或大修竣工的汽车投入使用的初期称为汽车走合期（磨合期）。汽车走合期里程一般为 1000～1500km，有的车型为 2000～3000km。汽车走合期的维护操作可分为汽车走合前的维护、汽车走合中期的维护和走合后的维护。

技能操作

一、汽车走合前的维护

汽车走合前的维护是为了预防汽车出现事故和损伤，保证汽车顺利完成走合期的作业。

1. 清洁

清洁全车，检查汽车部位的连接情况。汽车外露的螺栓、螺母必须紧固稳妥。

2. 检查、添加燃油和润滑油

应在润滑部位按规定加注足够的润滑油或润滑脂（图3-17）；使用规定牌号的汽油或柴油。

3. 检查补充冷却液

应检查补充散热器的冷却液（图 3-18），并检查排除全车的漏油、漏气、漏水和漏电现象。

图 3-17 添加润滑剂

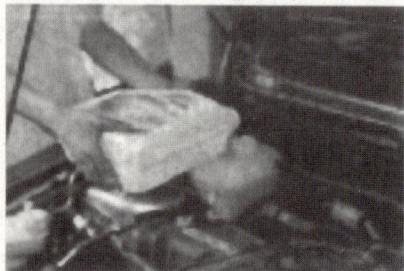

图 3-18 添加冷却液

4. 检查底盘的技术状况

检查变速器换档是否灵活；检查转向机构各部位有无松动和发卡现象；检查和调整轮胎气压。

5. 检查制动性能

检查制动系统的性能，试车检查制动系统的制动距离，有无制动跑偏和制动滞后等现象；如不符合要求，应排除。

二、汽车走合中期的维护

汽车行驶 500km 左右进行走合中期维护，主要是对汽车各部技术状况开始变化部分进行一次及时的维护，以恢复汽车良好的技术状况，保证汽车走合顺利进行。

1. 润滑

充分润滑全车各个润滑点。

2. 检查

检查制动效能和各连接处、制动管路的密封程度，必要时加以调整和紧固。

3. 紧固

新车行驶 150km 后，需检查一次全车外部螺栓、螺母紧固情况；行驶 500km 时，则应将前、后轮轮毂螺母紧固一次。

汽车在走合期行驶过程中，注意观察各总成的温度情况，并随时检查和排除"四漏"情况。

三、汽车走合后的维护

汽车走合期结束后，应到指定的汽车维修站进行走合期维护。通过维护对汽车进行全面的检查、紧固、调整和润滑作业，使汽车达到良好的行驶状态。

1）检测气缸压力，清除燃烧室内的积炭。

2）清洗变速器、驱动桥、转向器并更换润滑油；拆卸变速器壳下面的放油塞，排泄变速器壳内润滑油；通过油面检查螺塞孔，将规定的润滑油注入变速器壳内，一直注到油面检查螺塞为止。

3）清洗润滑油道，更换润滑油及机油滤清器。

4）检查和调整制动性能，更换制动液。

5）检查调整离合器踏板的自由行程，按规定力矩检查底盘和传动部分的各部分连接情况。

6）紧固前、后悬架的螺母，检查后悬架弹簧固定螺栓及螺母有无松动；检查、紧固车身、车厢各部分连接件。

知识与能力拓展

针对汽车维护与维护业务，国家制定了相应的法律法规及标准。常用的法规及标准有《道路运输车辆维护管理规定》和《机动车维修管理规定》等。

课后思考

处于走合期的汽车如何正确驾驶？

任务3 汽车换季性维护

学习目标

1）了解车辆季节性养护的要点。
2）能够正确进行车辆的换季养护。

任务载体

一位顾客购买了一辆帕萨特 B5 二手轿车后，在入冬前想提前做一些预防性的维护工作，具体的工作内容不是太清楚，想全面了解轿车在换季前的维护作业项目。

相关知识

季节、气候的变化，必然导致汽车运行条件的变化。为了使汽车在不同的地区、不同的季节里都能可靠地工作，在季节转换之前，结合定期维护，并附加一些相应的作业项目，使汽车能适应变化了的运行条件，这种附加性维护称为季节维护或换季维护。

季节维护主要有换入夏季和换入冬季两种情况。一是换入夏季维护，二是换入冬季维护。冬季来临，气温降低，尤其是北方天寒地冻，气温大多在零摄氏度以下，还经常会碰到风雪天气。冬季行车安全性应该是首先需要考虑的问题，因为每年冬季来临的时候，也到了汽车碰撞事故的高发期。在安全驾驶的前提下，对车辆正确的维护也是必不可少的。

技能操作

一、汽车冬季的使用和维护

1. 冬季轮胎的维护

（1）冬季使用冬季轮胎的必要性 冬季轮胎除了能提供在非常光滑的路面行驶时所需

的牵引力外，更重要的是它能帮助驾驶人更安全地操控车辆，以避免意想不到的危险。

（2）使用冬季轮胎注意事项　注意在同一车轴上必须安装同一规格、厂牌、结构、花纹的冬季轮胎。冬季轮胎磨损至轮胎纵向沟槽中所设的磨损指示标志时（即所剩花纹沟深1.6mm时）应停止使用，并更换新胎。使用正确的充气压力延长轮胎寿命，胎压务必在轮胎冷却后检查。轮胎气压不可太高，但是也不可过低。

2. 冬季车身维护

在入冬前，最好能给车身上一层质量较高的保护层，如封釉或镀膜等，以抵御酸性雨、雪、盐水的侵蚀。

雪后及时洗车，会对汽车起到很好的保护作用。但洗车最好使用温水，不要用冷水直接冲洗。尤其是发动机升温后，车前部温度较高，用冷水清洗会造成急速降温，这样骤冷骤热对车身涂面非常不利，更不能用冷水直接冲洗发动机。

3. 冬季汽车底盘维护

汽车底盘一般是人们最容易忽略也是最容易遭到腐蚀的部位，它同样会影响汽车的使用寿命。常年行驶的汽车，底盘上必然会附着一层厚厚的油污，局部还会生锈，严重影响散热，腐蚀车体。冬季除了气候寒冷的因素外，一些北方城市播撒的融雪剂中的一些化学药剂的某些成分对汽车底盘也会造成一定的腐蚀。因此每年入冬前最好对底盘做一次封塑处理。做完封塑处理后的底盘不挂水，能有效杜绝雪水的侵蚀。

4. 冬季风窗玻璃维护

在冬季，使风窗玻璃保持清晰是安全行车的基本条件。平时，也可以在风窗玻璃内侧涂擦一些防雾剂，以防止玻璃起雾。同时还要重点检查有关加热装置，如风窗出风口、侧窗出风口、后窗电热器等，使其处于良好状态。对于玻璃上结的冰，可用柔软毛巾蘸温水擦洗，还可准备一个塑料刮片，将很难擦洗掉的冰轻轻刮掉。

注意千万不能用热水冲洗玻璃，更不能用滚烫的开水浇泼，否则容易引起玻璃炸裂。车窗被冻住时不要强行开关，电动车窗尤其要注意，应待其自然融化后再使用。冬季正确的除雾方法是用冷风除雾而不是热风。前风窗玻璃和车窗都应用冷风除雾，注意调节出风口及送风角度，后车窗可用除雾加热装置。

5. 冬季天窗维护

冬天的早晨要等车内温度上升，并确认解冻后再打开天窗。洗车时，即使是使用温水清洗，若水迹未能完全擦净，洗车后应打开天窗，擦干周围的水分。

汽车天窗密封条表面经过喷涂或植绒处理，为避免被冻住，喷涂处理的胶条最好能用软布擦干，再涂上滑石粉，切勿沾上油污。电动天窗设有滑轨，冬季时应经常清理滑轨四周，避免沙粒沉积，每次清理后如能再涂抹少许润滑油则效果更佳。

6. 冬季防起动困难

冷起动困难的主要原因是发动机温度太低，所以平时只要注意对发动机进行保温，不让寒风直接吹进发动机室，就可以避免这一现象。

最简单易行的方法就是在冬季停车时要注意车头的方向，最好让车头对着建筑物，利用建筑物来挡住寒风，防止发动机被寒风吹袭而过冷。如有条件，在夜间停车时，可将车头对着朝阳方向，使清晨的阳光能尽早照射到车头上，以帮助发动机升温，这样汽车发动时就会容易得多了。

冬季应保持蓄电池有充足的电力，长期短途行驶的，要适当在高速上行驶一段时间，给蓄电池充充电。此外，还应定期检查电路连接处，保证没有松动、腐蚀等现象。每次起动时间不要超过5s，3次起动不了就不要再强行起动了，应该找专业维修人员排除故障。

7. 冬季制动的维护

冬季要经常检查制动，看制动液液面是否正常，注意制动有无变弱、跑偏，必要时清理整个制动系统的管路部分。雨雪天气后，制动盘片上会有雪水，晚间如果使用驻车制动，第二天早上可能盘片被冻上，要注意清理，缓慢制动。冰雪路面切忌急踩制动踏板。

8. 冬季其他部位的维护

入冬前应对车灯做一次全面检查：检查所有照明及转向灯、紧急警告灯等汽车灯具是否能够正常工作；检查各种电路是否老化；检查各类熔丝是否松动；检查暖风水管及暖风水箱，看暖风水箱有无漏水，出风口出风是否正常；还要注意风扇运转情况等。

二、汽车夏季的使用和维护

1. 夏季发动机室维护

（1）防汽油、冷却液过度蒸发 高温下，汽油和冷却液的蒸发都将增加。这时就需要车主随时检查，注意燃油箱盖要盖严，还要注意防止油管渗油。对于散热器的液位，制动总泵内的制动液液面高度都要注意经常检查。一旦发现有异样或是不合规范时，要及时添加和调整。

（2）及时更换夏季润滑油 温度高，润滑油易受热变稀，抗氧化性变差，易变质，甚至造成烧瓦、烧轴等故障。因此，应将曲轴箱和齿轮箱里换上夏季用润滑油，并经常检查润滑油量、油质情况，如有异样应及时加以更换。

（3）防发动机过热现象 为防止发动机产生过热现象，对汽车散热系统要经常进行全面检测，如查看风扇是否正常、散热器是否有渗漏，是否缺少冷却液等。若散热器漏水，需及时修补或更换；若散热器缺液，需及时补充；若冷却液出现浑浊变质则需要更换。还应注意风扇传动带不能沾润滑油，以防打滑，且传动带要尽量保持松紧适度。长途行驶途中要注意适时休息，尽量选择阴凉处，并打开发动机舱盖通风散热。平时也应多关注仪表板内的冷却液温度表变化，若冷却液温度表指针偏高，应尽快检查。

（4）防冻液不可少 夏季在散热器里装上防冻液，就不容易被汽车散热器"开锅"所困扰了。此外，防冻液还有防锈、除垢的作用。夏季里，千万不要轻易把防冻液倒掉，也不要向防冻液内加水，这样做会影响防冻液的技术性能，到了冬季，再使用就很麻烦。

2. 夏季车身维护

（1）做好涂面保护 为防止酸性的潮气对涂面造成的损害，最简单易行的办法就是给汽车上一层保护膜，防止涂面褪色老化，比如打蜡、封釉、镀膜等。

（2）做好天窗维护 入雨季之前，天窗经历了整整一个冬天春天风沙的侵蚀，在框架、密封条的缝隙里会存有许多沙土，如果不及时清理，在雨季到来时，会降低天窗的密封性，从而引起漏水现象。此时只需打开天窗，用软布和棕毛刷仔细清理一下框架里的沙土，就可以避免因被沙粒卡住而引起的漏水。

（3）防止车身锈蚀 车辆的前风窗处通常设有流水槽及排水孔，可以及时排掉雨水及洗车的积水，当车辆经过冬天、春天后，流水槽往往沉积了许多泥土及树叶，这时极易堵住排水孔，应及时疏通排水孔，以免排水不畅造成积水。当汽车在泥泞路面行驶以后，一定要及时进行清洗。在清洗时要仔细检查和洁净车门以及车身底部的水孔，特别是要及时清洗车辆下侧的空隙处，以彻底消除潮气的藏匿之处。此外，涂层剥落要及时修复，防止时间长了产生锈蚀。

（4）门窗密封要严密，晴天开门晒太阳　雨季到来前，应对汽车门窗的密封条进行一次全面检查，当密封条密封不严时应及时更换。雨季气候闷热，再加上空气潮湿，是各种病菌繁衍生长的黄金季节。因此要特别注意加强汽车内室的防菌工作，使汽车内室保持干爽卫生，尤其是对汽车坐垫、出风口这些卫生死角更要做好清扫工作。要保持车内环境的干爽整洁，平时还应注意检查车内覆盖物的湿度。一旦遇到天气放晴，最好能将车辆停在日光下接受日晒。打开车门及车窗，让室内空气对流一番，被晒热的车身很快就会排除内部淤积的水汽。此外，阳光中的紫外线还具有杀菌消毒的功能。

（5）经常进行车内消毒　雨季是传染病多发季节，车主们常常在车内喷点消毒液进行杀菌灭毒，但是这种方法有时会对汽车内饰等部件造成损坏，而且还会产生水汽，使车内本已有的潮气又大大增加。因此，雨季最好能使用光触媒、臭氧等方法进行消毒。

（6）避免在积水中行驶　雨天汽车应尽量避免在积水中行驶，以免污水溅入车辆发动机舱盖内的电气部分。路过水坑时，要降低车速。如果车辆在积水中行驶，一旦发生发动机熄火情况，切忌立即起动发动机，以免将水吸入发动机内而造成损坏。

三、车辆春秋季节的养护

春秋季节是冬夏季节的过渡阶段，尤其是北方地区春季时间相对要短一些。这时要对车辆做好入夏和过冬的准备，及时换油、换液。同时，春秋季节空气干燥，温差大，风沙大，尤其最近几年北方地区总有几天的沙尘天气。这样的气候条件下，车身容易产生静电，漆面容易被划伤，车身就成了重点维护的对象。

📖 知识与能力拓展

一、汽车 4S 店含义

汽车工业已经成为我国国民经济的支柱产业，汽车市场的竞争不仅是汽车产品的竞争，而且有极大部分是售后服务的竞争。为了提高企业的竞争力，各大汽车制造商几乎都在采取加盟的方式纷纷在各大、中城市建立规范化、标准化、系统化的汽车 4S 店（整车销售 Sale、零配件供应 Sparepart、售后服务 Service、信息反馈 Survey）。据统计汽车 4S 店售后服务业务中有 60% ~70% 的工作为常规维护工作。

二、汽车 4S 店 5S 工作制

为了建立使顾客 100% 满意的质量保证体系，改进业务流程、削减库存、遵守交车期，强化成本竞争力，积累与提高生产技术力，提高新技术的推广速度，提高人才素养和环境安全以及构筑企业文化基础等，目前大部分汽车 4S 店正在推行 5S 工作管理机制。5S 工作制指整理（Seiri）、整顿（Seiton）、清扫（Seiso）、清洁（Seiketsu）、素养（Shitsuke）。

三、5S 工作制的要求

1. 仪表及礼仪

统一规范的着装要求，良好的坐姿、站姿，电话礼仪，整洁、明亮、大方、舒适的接待

环境。

2. 整洁的办公室

台面整洁，文具单一化管理，公用设施、设备标志责任人。

3. 生产工具管理

采用单一化管理，简洁实用。

4. 站场管理

分区画线，员工工作井然有序，工作环境清洁明亮。

5. 工作速度和效率

最佳的速度和零不良率。

6. 空间效率

对现场分区画线，对各场地的利用率予以分析，增加有限空间的利用价值。

7. 严明的小组督导

上班前经理、班组长对员工进行检查督导，工作过程中，对发现的问题及时开展小组督导，下班前对全天的工作进行总结。

8. 工作评估

自我评估与综合考核评价相结合。

四、工作制的内容和具体措施

1. 整理的措施

整理（Seiri）工作现场，区别要与不要的东西，只保留有用的东西，撤除不需要的东西。

2. 整顿的措施

整顿（Seiton）要用的东西，按规定位置摆放整齐，并做好标识进行管理。

3. 清扫的措施

清扫（Seiso）是将汽车4S店不需要的东西清除掉，保持工作现场无垃圾，无污秽状态。

4. 清洁的措施

清洁（Seiketsu）是维持以上整理、整顿、清扫后的局面，使工作人员觉得整洁卫生。

5. 素养的措施

素养（Shitsuke）是让每个员工都自觉遵守各项规章制度，养成能正确地执行各项决定的良好习惯。

五、新增项目安全

维护工作环境的安全及培养全员防灾、防公害的相关技能。安全设备措施：

1）工作区域照明设备及灯光充足。

2）消防设施定期维护。

3）厂内车辆调度的行车限速适当。

4）喷漆、清理粉尘或敲击工作要戴上护具。

5）使用千斤顶顶车后确保使用顶车架以避免危险。

6）设置急救箱并让全员了解放置位置。

7）厂房内逃生路线标示明确。

课后思考

1. 下大雪后如何维护自己的汽车？
2. 下大雨后如何维护自己的汽车？

学习情境4

汽车发动机的维护

任务1 进排气系统的维护

学习目标

1）按照职业技能等级证书标准要求掌握空气滤清器的更换方法及注意事项。
2）掌握进气管的检查项目和检查方法。
3）掌握节气门的检查方法。
4）掌握怠速调节器的检查方法。
5）掌握三元催化转化器的检查与维护。
6）按照职业技能等级证书标准要求掌握排气管和消声器的检查与维护。
7）掌握蒸发排放控制系统的检查方法。
8）掌握炭罐的检查及更换方法。
9）掌握燃油箱盖的检查方法。
10）树立认真负责的责任意识。

任务载体

一辆帕萨特新领驭轿车行驶15000km，需要进行整车维护，具体到进、排气系统如何检查与维护呢？

相关知识

空气滤清器是对空气进行净化的装置，它由壳体和滤芯组成，滤芯（图4-1）布置在壳体内。大气中有各种异物，如灰尘、沙粒等，它们会加速发动机的磨损，从而降低发动机的使用寿命。

如果滤芯阻塞严重，将使进气阻力增加，发动机功率下降，发动机运转状态变坏，也容易产生积炭，因此应该经常检查空气滤清器滤芯。

进气管用于连接节气门体与空气滤清器。当进气管出现破损或连接松动时，将出现漏气现象，导致发动机不能正常工作。

节气门是电控燃油喷射系统最重要的部件。它的前部是空气滤清器，后部是发动机缸体，是汽车发动机的"咽喉"。汽车加速是否灵活，与节气门是否清洁有密切的关系。

怠速控制执行器（ISCA）（图4-2）安装在节气门体上，用于控制节气门的旁通进气量，保持节气门闭合时发动机转速恒定。它根据发动机的负荷和状态调节怠速转速，起动时提供空气，当其出现脏污时会影响怠速转速的稳定性。

图4-1 空气滤清器滤芯

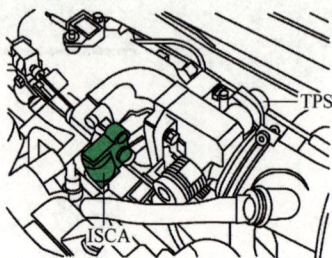

图4-2 怠速控制执行器

废气排放控制系统使用三元催化转化器将三种污染物：碳氢化合物（HC）、一氧化碳（CO）和氮氧化物（NO_x）转换为无害物质。

汽油发动机的催化转化器是一个三元催化转化器，如图4-3所示。它氧化一氧化碳（CO）和碳氢化合物（HC），从氮氧化物（NO_x）中分离出氧。这种三元催化转化器分为调色板型和单块型两种。

排气系统指收集并且排放废气的系统，包括排气歧管、排气管、消声器、尾管等。

消声器用来消除排气的噪声，使汽车行驶时更安静。一般消声器中会有数个膨胀室，发动机排放出来的废气经过膨胀室后，排气脉冲缓和，从而使噪声消除。然而，由于气体在消声器内经过的路径复杂，降低了排气的顺畅性，所以也会略微影响发动机的性能。

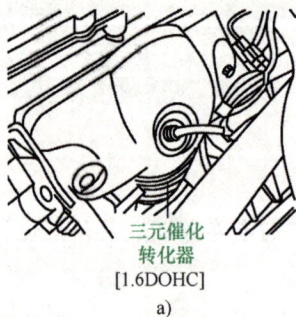

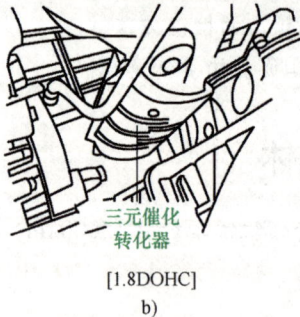

三元催化
转化器
[1.6DOHC]
a)

三元催化
转化器
[1.8DOHC]
b)

图4-3 三元催化转化器

蒸发排放控制系统可防止储存在燃油箱内的燃油蒸发生成燃油蒸气进入到大气中。燃油箱内的燃油蒸发时，燃油蒸气穿过通风软管或管路进入活性炭罐内，活性炭罐暂时把燃油蒸气保存在木炭内。一定工况下，ECM利用进气歧管内的真空把收集的燃油蒸气吸入燃烧室。

清除控制电磁阀（PCSV）安装在连接活性炭罐的通道和进气歧管之间。此电磁阀为占空比式电磁阀，由 ECM/PCM 信号控制。为把活性炭罐吸收的燃油蒸气吸入进气歧管，ECM/PCM 控制 PCSV 打开；否则，通道保持闭合。蒸发排放控制原理如图4-4所示。

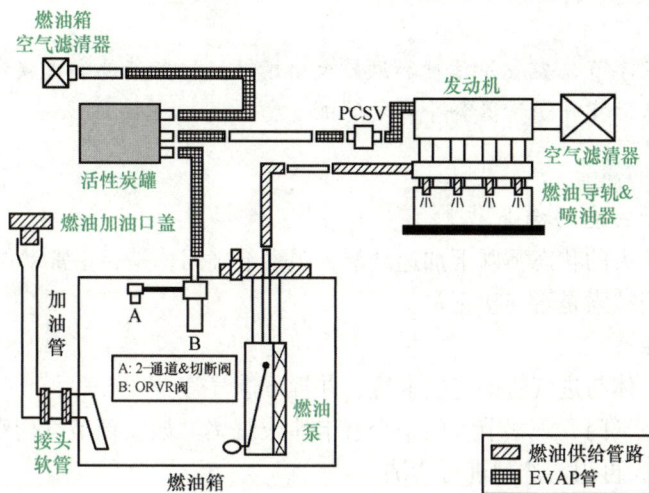

图4-4 蒸发排放控制原理

技能操作

一、空气滤清器的检查

1）拧下空气滤清器盖上部的固定螺栓。

2）拆下空气滤清器盖夹子。

3）用抹布或压缩空气清除空气滤清器盖内部灰尘，并确保进气壳中没有水分残留。

4）检查或更换空气滤清器滤芯。安装时需要注意其方向。

5）按拆卸的相反顺序安装。

二、进气管的检查

1. 外观检查

检查进气管是否存在破损和变形。

2. 连接状况检查

1）检查进气管连接卡箍是否松动，如图4-5、图4-6所示。

2）晃动进气管，检查连接是否可靠。

3）在发动机运转状态下，检查连接处是否存在漏气现象。

4-1 空气滤清器的更换

图4-5 进气管与空气滤清器连接卡箍

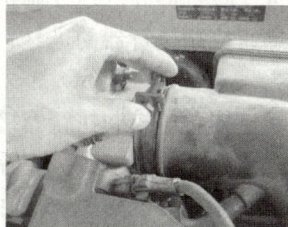

图4-6 进气管与节气门体连接卡箍

注 意

1）应视地区及季节（空气清洁度和风沙大小情况）进行清洗和更换空气滤清器。

2）使用不合格的空气滤清器会导致发动机过度磨损。

三、节气门体的检查

1. 节气门联动功能的检查

1）在发动机熄火的状态下踩下加速踏板，观察节气门体是否正常动作。

2）检查节气门拉索是否连接正常。

2. 节气门的检查

1）拆卸节气门体与进气管的连接卡箍，并拆下进气管。

2）用手转动节气门，观察节气门是否有卡滞或脏堵。如发现节气门存在脏堵现象，需要拆下节气门总成，再用清洗剂进行清洗。

3）装复节气门体和进气管，将卡箍安装到位后紧固。

3. 怠速控制执行器的检查

利用解码仪检查怠速控制执行器是否处于正常的工作范围，当发现怠速控制执行器工作不良时，需拆卸检查并清洗。其清洗步骤如下：

1）关闭点火开关，分离怠速控制执行器（图4-7）的线束接口。

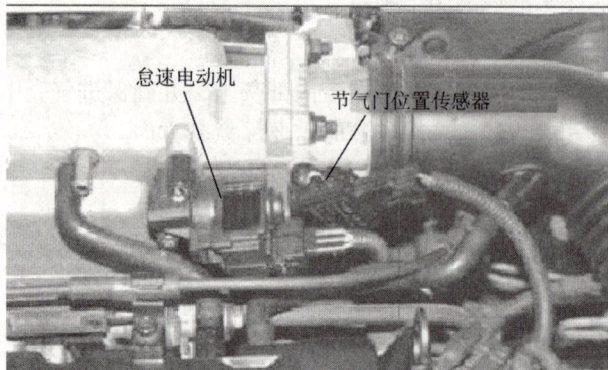

怠速电动机

节气门位置传感器

图 4-7　怠速控制执行器

2）从进气歧管拆卸怠速控制执行器。

3）向怠速控制执行器的进气口喷2～3次清洁剂。注意应在怠速控制执行器直立状态下喷洗清洗剂，如图4-8所示。

4）重新连接怠速控制执行器接口。

5）打开点火开关，过2～3s后再关闭，然后重新分离怠速控制执行器接口。

6）重复操作3次步骤3-5的内容。

7）吹气后，用干净的抹布擦拭怠速控制执行器的进气口和出气口。

8）重新安装怠速控制执行器。注意更换新的密封垫片，如图4-9所示。

图4-8　怠速控制执行器清洗

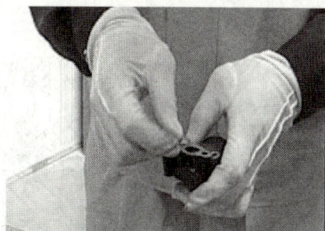

图4-9　更换密封垫片

9）连接怠速控制执行器接口。

10）打开点火开关（IG ON），用解码仪调出故障码（DTC）并消除。

11）起动发动机，在怠速状态确认发动机工作正常。

四、三元催化转化器的检查

1. 外观检查

1）检查三元催化转化器表面是否有凹陷。如有明显的凹痕和刮擦，则说明三元催化转化器的载体可能受到损伤。

2）检查三元催化转化器外壳上是否有严重的褪色斑点或略有呈青色或紫色的痕迹，在三元催化转化器防护罩的中央是否有非常明显的暗灰斑点。如有，则说明三元催化转化器曾处于过热工作状态，需做进一步的检查。

2. 三元催化转化器前后温度的检查

三元催化转化器在正常工作状态下会因氧化反应产生大量的反应热，因此可通过温差对比来判断催化转化器性能的好坏。

1）起动发动机，预热至正常工作温度，将发动机转速维持在2500r/min 左右。

2）将汽车举升，用数字式温度计测量三元催化转化器进口和出口的温度。数字式温度计需尽量靠近三元催化转化器50mm 内；三元催化转化器出口的温度应至少高于进口温度10% ~15%。

五、排气管的检查

1. 损坏和安装状况检查

1）检查排气管是否损坏。

2）检查消声器是否损坏。

3）检查排气管支架上的O形圈是否损坏或脱离。

4）检查垫片是否损坏。

4-2　检查排气系统

2. 排气管渗漏检查

通过观察接头周围是否存在任何炭黑，检查排气管连接部分是否渗漏废气。

3. 松动检查（HDC1.6L）

1）前消声器A（图4-10）的拧紧力矩：39.2 ~58.8N·m。

2）中央消声器A（图4-11）的拧紧力矩：39.2 ~58.8N·m。

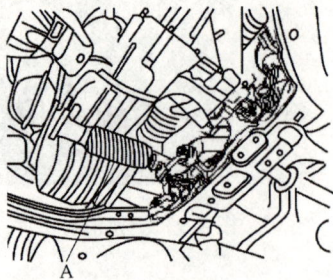

图 4-10 前消声器

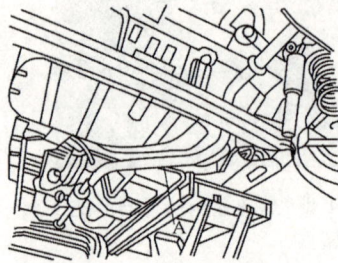

图 4-11 中央消声器

3）主消声器 A（图 4-12）的拧紧力矩：39.2～58.8N·m。

4）在中间消声器和主消声器之间安装卡箍的拧紧力矩：21.1～22.1N·m。

① 对正中间消声器和主消声器上的标记（图 4-13）。

② 卡箍安装位置 A 必须高于两标记实际标记的高度线，如图 4-13 所示。

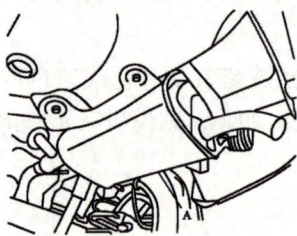

图 4-12 主消声器

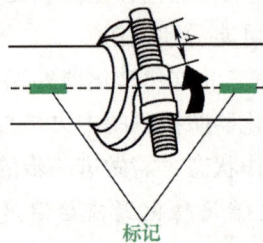

图 4-13 消声器对正标记

注 意

卡箍不要重复使用。

知识与能力拓展

1. 汽油蒸气排放控制系统的检查

1）从节气门体上分离蒸气软管，连接真空泵与节气门体的管接头。

2）使用真空泵抽取真空的情况下检查下列内容：

① 发动机冷机状态（发动机冷却液温度 <60℃），检查活性炭罐电磁阀的密封性能，见表 4-1。

表 4-1 活性炭罐电磁阀密封性能检查

发动机工作状态	应用真空	结　果
怠速	50kPa	若保持真空，说明性能良好；否则说明活性炭罐电磁阀密封性下降
3000r/min		

② 发动机暖机状态（发动机冷却液温度 >80℃），检查活性炭罐的工作性能，见表4-2。

表4-2 活性炭罐的工作性能检查

发动机工作状态	应用真空	结　　果
怠速	50kPa	若保持真空，说明怠速状态下，活性炭罐电磁阀工作性能良好
3min 内发动机以 3000r/min 的转速运转	施加真空	若真空释放，说明性能良好
发动机以 3000r/min 的转速运转 3min 以后	50kPa	若间歇性地保持真空，说明性能良好

2. PCV 阀的检查

1）关闭点火开关，拔下蓄电池负极导线。

2）拔下 PCV 阀插接器 A，如图 4-14 所示。

3）从 PCV 阀上拔下与进气歧管相连接的蒸气软管 B。

4）连接真空泵到管接头后，施加真空。

5）通过蓄电池向 PCV 阀供电，检查 PCV 阀的工作状况，见表 4-3。

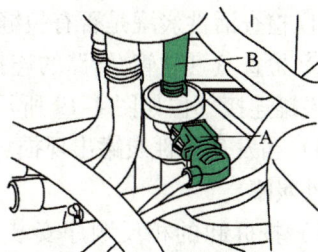

图 4-14 拔下 PCV 阀插接器

表4-3 PCV 阀工作状况检查

蓄电池电压	气　　门	真　　空
连接	打开	释放
断开	关闭	维持

6）测量 PCV 阀的线圈电阻（规定值为 14.0～18.0Ω）。

7）按拆卸的相反顺序安装，并检查管路连接处是否安装牢固、是否存在漏气现象。

3. 活性炭罐的检查

1）拆卸后坐椅。

2）打开维护盖 A，如图 4-15 所示。

3）分离燃油蒸气软管 A 和蒸气管快接插接器 B。分离燃油蒸气管路快接插接器 B 后，因为它与卡扣固定在一起，所以释放卡扣 C，如图 4-16 所示。

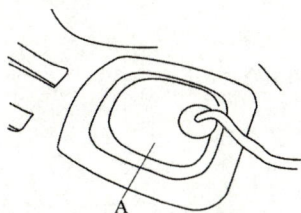

图 4-15 维护盖

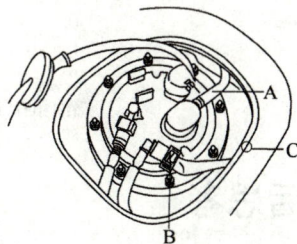

图 4-16 燃油蒸气软管及插接器

4）从燃油箱空气滤清器分离燃油蒸气软管 A 后，朝汽车末端方向拉下活性炭罐，如图 4-17 和图 4-18 所示。

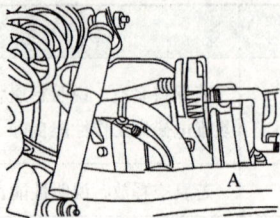

图 4-17　蒸气软管

图 4-18　活性炭罐

5）目视检查下列项目：

① 检查活性炭罐是否有裂缝或泄漏。

② 检查蒸气软管/管路的连接处是否松动、扭曲或损坏。活性炭罐连接部位如图 4-19 所示。

6）当发现活性炭罐出现损坏或已经到了更换期限时，更换活性炭罐。

7）按拆卸的相反顺序安装，并检查各连接部位是否可靠、是否存在漏气现象。

4. 燃油箱盖的检查

1）燃油加油口盖装配了一个棘轮拧紧装置，减少了错误安装的可能性，并密封燃油加油口。在加油口盖和加油管管颈彼此接触后，棘轮发出响亮的咔嗒声时表明密封已设定。

2）检查燃油箱盖空气阀是否良好，如图 4-20 所示。

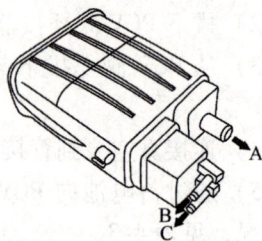

图 4-19　活性炭罐连接部位

A—活性炭罐，连接大气
（经由燃油箱空气滤清器）
B—活性炭罐，连接燃油箱
C—活性炭罐，连接进气歧管

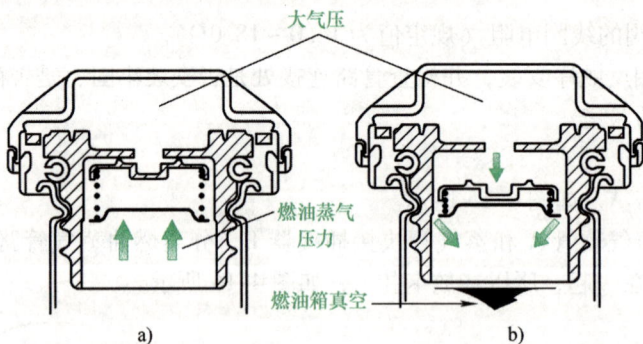

图 4-20　燃油箱盖

a）燃油箱在压力状态下　b）燃油箱在真空状态下

课后思考

一个维修作业小组如何合理地分工来进行进、排气系统的维护？

任务 2　燃油供给系统的维护

学习目标

1）掌握更换燃油滤清器的注意事项。
2）按照职业技能等级证书标准要求能够正确更换燃油滤清器。
3）掌握燃油管路的检查项目。
4）掌握燃油箱外观检查项目。
5）掌握线束及插接器连接状况的检查。
6）掌握传感器及执行器安装状况的检查。
7）树立环保意识。

任务载体

在日常的维修工作中，发现刚更换不久的燃油泵发生故障。许多实际的维修案例表明，导致燃油泵过早发生故障的主要原因是燃油系统中出现了像尘土、铁锈或水垢之类的燃油污染物。为保证新的燃油泵能够正常工作足够长的时间，就必须彻底清洁燃油供给系统所有部件。

相关知识

燃油滤清器的作用是过滤燃油中的杂质，当其长时间使用后会出现脏堵现象，如果不及时更换，将会影响发动机的正常工作。

燃油滤清器与燃油泵总成一起安装在燃油箱内，其安装位置分别如图 4-21 和图 4-22 所示。在更换燃油滤清器时，必须先拆卸燃油泵总成，然后才能更换燃油滤清器。

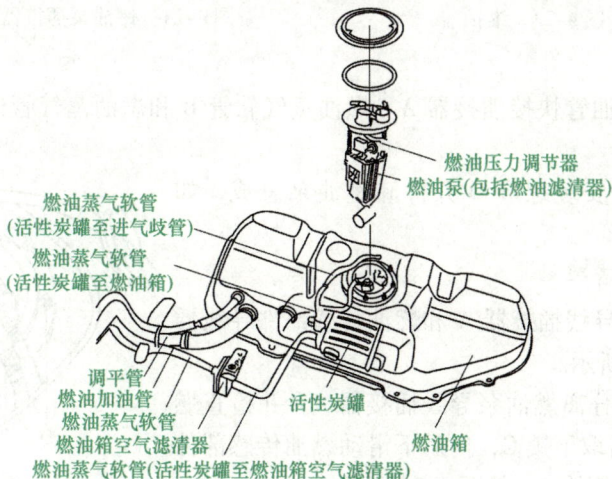

燃油压力调节器
燃油泵(包括燃油滤清器)
燃油蒸气软管
(活性炭罐至进气歧管)
燃油蒸气软管
(活性炭罐至燃油箱)
调平管
燃油加油管
燃油蒸气软管
燃油箱空气滤清器
燃油蒸气软管(活性炭罐至燃油箱空气滤清器)
活性炭罐
燃油箱

图 4-21　燃油泵总成安装位置

燃油管路在燃油系统中的作用是输送燃油,当其出现变形或漏油时,会降低汽车行驶过程中的安全性和经济性,必须定期检查。

燃油箱在燃油系统中的作用是储油,在使用过程中必须保证安装得牢固可靠,且无裂纹和漏油现象;否则,需要维护或更换。

发动机线束和插接器的连接状况、传感器和执行器的安装是否可靠,都影响到发动机的正常工作,在汽车维护过程中,必须对以上内容进行检查,并通过读取故障码来判断汽车是否处在正常的工作状态。

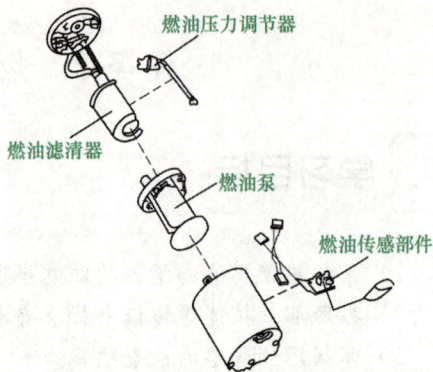

图 4-22 燃油滤清器安装位置

技能操作

一、内置式燃油滤清器的更换

1. 准备工作

1) 拆卸后坐垫。

2) 打开维护盖 A,如图 4-23 所示。

3) 分离燃油箱油泵插接器 A,如图 4-24 所示。

4) 起动发动机,直到燃油管路内的燃油耗尽。

5) 发动机熄火以后,将点火开关打到 OFF 位,拔下蓄电池负极端子。

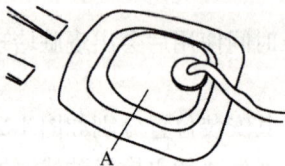

图 4-23 维护盖

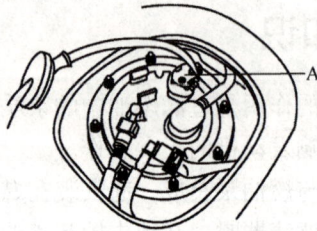

图 4-24 燃油泵插接器

2. 拆卸燃油泵

1) 分离燃油供油管快接插接器 A、燃油蒸气软管 B 和燃油蒸气管快接插接器 C,如图 4-25 所示。

2) 拆卸燃油泵安装螺母 D 并拆卸燃油泵总成,如图 4-26 所示。

3. 更换燃油滤清器

1) 分离燃油泵导线插接器 A 和燃油传感部件导线插接器 B,如图 4-27 所示。

2) 从燃油泵上分离燃油泵导线插接器 A,并检查燃油泵线束插头,然后取下锁 C,向后下滑动燃油传感部件 B,以拆卸燃油传感部件 B,如图 4-28 所示。

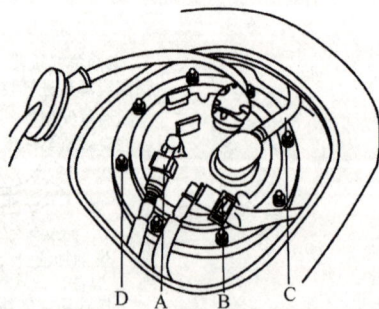

图 4-25 分离软管及插接器

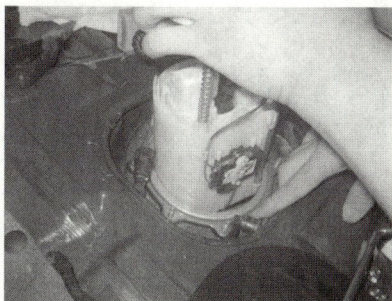

图4-26　燃油泵总成拆卸

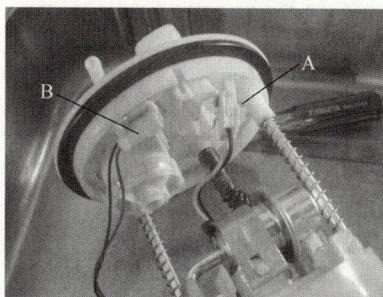

图4-27　燃油泵导线插接器

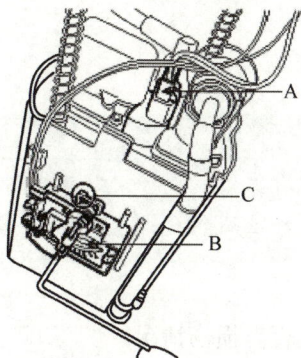

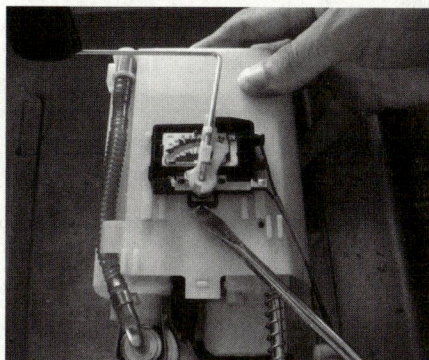

图4-28　燃油泵导线插接器

3）取下盖后，拆卸燃油压力调节器和软管总成，如图4-29所示。

4）取下三个固定挂钩后，拆卸储液罐盖，如图4-30所示。

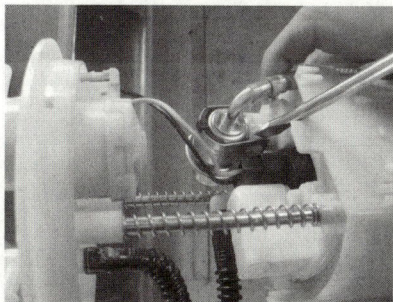

图4-29　燃油压力调节器及软管总成

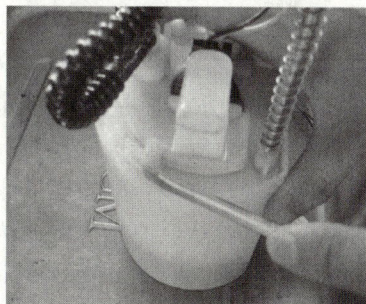

图4-30　拆卸储液罐盖

5）取下两个固定挂钩后，从燃油滤清器上拆卸燃油供油管，如图4-31所示。

6）拆卸燃油泵总成，然后取下两个固定挂钩，上提抽出燃油滤清器，如图4-32所示。

7）更换燃油滤清器、滤网和密封圈。注意各个更换配件的安装位置。

8）安装燃油滤清器及燃油泵，按照拆卸的相反顺序安装。燃油泵安装螺母拧紧力矩为20~29N·m。

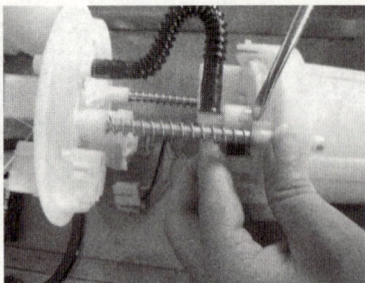

图 4-31 燃油供油管

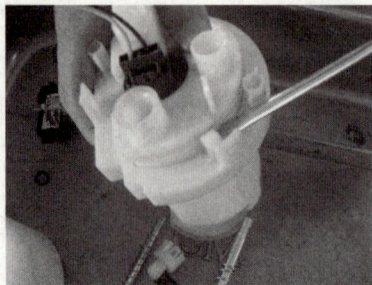

图 4-32 燃油滤清器

注 意

1）安装燃油泵总成时，小心不要缠住密封环。

2）为防止残留的汽油滴漏，将毛巾垫在旧燃油滤清器下。

3）在更换燃油滤清器时，应使火焰或火花远离工作区域。

4. 燃油管路的检查

1）目视检查软管、钢管、连接部分是否漏油、是否有损伤情况。

2）目视检查连接部分、限位器是否松动。

3）目视检查钢管、软管是否有接触车体或其他部分的情形。

5. 燃油箱的外观检查

1）检查燃油箱是否存在变形、裂纹、锈蚀、漏油等。

2）检查燃油箱装配螺栓和螺母。如果发现螺栓、螺母有松动，要按规定力矩拧紧。

二、外置型燃油滤清器的维护

在对外置型燃油滤清器进行维护时，应该检查与燃油滤清器相连接的油管和油路（图4-33），检查其外表面是否出现了因路面上的沉淀物、铁锈、润滑油和划痕等而产生的损伤。如果有必要的话，更换损坏的部件。现在许多新型的燃油滤清器本身附带有两条橡胶软管，橡胶软管从燃油滤清器的两侧引出和汽车上的油路连在一起。如果新买的燃油滤清器附带有这种橡胶软管，则更换燃油滤清器时，应该舍弃原来的橡胶软管，而使用新的橡胶软管。

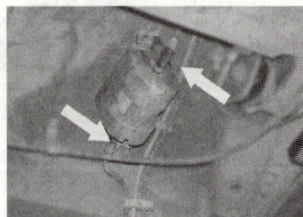

图 4-33 外置型燃油滤清器

三、更换燃油滤清器的方法

1）松开油路和燃油滤清器结合处的夹紧装置。

2）将燃油滤清器从油路中拆下来，紧接着用塞子塞住油路，以防止燃油溢出。

3）大部分安装在油路中的燃油滤清器都标有两个箭头（一个是燃油流入箭头，另一个是燃油流出箭头），用箭头来表明燃油经过燃油滤清器时的流向（图4-34）。安装燃油滤清器时，一定要使箭头的方向指向发动机，即油液是流向发动机的。

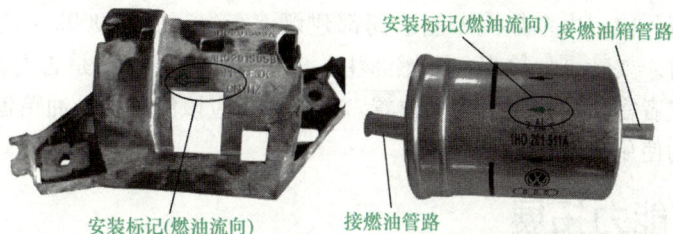

安装标记(燃油流向)　接燃油箱管路

安装标记(燃油流向)

接燃油管路

图 4-34　燃油滤清器安装示意图

油路中所使用的夹紧装置是专门设计的，应在橡胶软管和燃油滤清器结合处把这两个部件紧紧地夹住，以达到密封的效果。与普通的夹紧装置相比，这种夹紧装置不会切入橡胶软管，因此也不会对橡胶软管造成伤害；同时，这种夹紧装置还能承受很高的油压。相比之下，普通的蜗杆式夹紧装置很容易损坏橡胶软管而造成燃油泄漏。还应确保橡胶软管夹紧装置安装在正确的位置。

四、电子控制系统的检查

1. 插接器的检查

检查插接器的连接状态，是否有接触不良的端子，导线安装是否牢固，是否有弯曲、破裂或锈蚀的端子，然后确认插接器是否固定牢固。检查时，沿垂直和水平方向轻轻晃动插接器和导线线束，如图 4-35 所示。其检查要点包括以下几点。

1）插接器的连接状态：固定插接器。

2）当插接器分离时：轻轻拉动线束，检查端子是否错误或芯线是否破损；目视检查是否生锈、污染、变形、弯曲。

3）检查端子拧紧状态：将端子接好后，检查端子的拧紧状态。

4）轻轻拉动每根导线，确认导线与端子连接牢固。

2. 导线线束的检查

1）在分离导线线束前，检查导线线束位置和折皱情况，以便正确地进行修复。

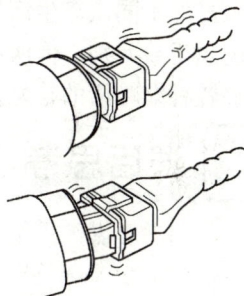

图 4-35　插接器检查

2）检查导线线束是否扭曲、拉开或松动。

3）检查导线线束的温度是否异常。

4）检查导线线束是否靠近部件的尖锐边缘，或者处在转动、移动或摆动部件的边缘。

5）检查导线线束与其他安装部件间的连接情况。

6）如果导线线束的覆盖层损坏，要重新固定、维修或更换线束。

五、油箱盖的养护

油箱盖是汽车上燃油蒸气排放系统中非常重要的组成部分。在 1996 年以及此后出现的与第二代随车自诊断系统（OBD Ⅱ）相兼容的汽车上，如果油箱盖存在缺陷（松动或油箱盖丢失），都会引起车载故障指示灯（MIL）闪亮报警，同时，还会在汽车电子控制模块中储存燃油蒸气排放系统的初始诊断故障码（DTC）。

汽车燃油供给系统中出现的大部分问题都是由于燃油滤清器和油路结合不当，或者油箱盖密封不良引起的。拧紧油箱盖时，有时会明显地感到很费力，这可能是由于螺纹错扣引起的。正常情况下，拧紧油箱盖后会发出像棘轮机构发出的"咔嗒、咔嗒"声，听到这种声音说明油箱盖安装到位。大多数汽车制造商都建议汽车每行驶 50000km 就要检查一次油箱盖。检查油箱盖时，要特别地检查一下燃油注入口颈部两处的螺纹是否有损伤或螺纹错扣，并确保密封垫片或者密封圈处于正确的位置。另外，还应该注意的是油箱盖的使用是否满足汽车制造商要求的使用规范。

知识与能力拓展

汽车维修手册的内容涵盖了车辆的各种技术标准、拆装步骤、注意事项等。维修手册一般会根据维修项目分为若干本，常见的有发动机、底盘与汽车电器等各部分的维修手册。

1）按所要查询的项目选择合适的手册。
2）按查询内容查阅总目录，选择相应的章节。
3）查询相应章节的子目录。
4）按编号找到相关页数。
5）查阅具体内容。以维护提示器为例，介绍如何使用伊兰特轿车维护工艺手册指导这项维修作业的正确进行。操作步骤如下：

①查询伊兰特轿车维护手册总目录。
②翻到伊兰特轿车相关项目所在页面。
③翻到维护工艺手册所定页数，查得内容。

虽然不同汽车生产厂商生产的汽车的结构、型号、性能大小、相同，汽车维修手册的内容也是千差万别，但所有汽车维修手册里使用的符号、汽车缩略语却是统一的。熟练记忆、理解各种缩略语的符号及其含义对汽车维修工来说非常重要。

课后思考

为何要对燃油供给系统进行免拆清洗？

任务3　点火系统的维护

学习目标

1）掌握火花塞的检查与更换方法。
2）掌握点火线路的检查与维护方法。
3）在工作中树立安全意识。

任务载体

一辆桑塔纳 2000 轿车行驶了 120000km，在涉水后，出现发动机发抖的现象，车主怀疑是点火系统遇水后造成的故障。

相关知识

火花塞（图4-36）接收点火线圈的高电压并产生火花，点燃气缸内的混合气。高电压在中心电极和搭铁电极的间隙内产生电火花。

1. 点火系统

点火系统在高电压下产生火花，在最佳的点火正时点燃气缸内的混合气。根据所收到的各个传感器的信号，发动机电子控制单元（ECU）对点火系统实施控制，达到最佳的点火正时。

2. 点火线圈

点火线圈如图4-37所示。点火线圈组件可提高蓄电池电压（12V）以产生点火所必需的超过10kV的高电压。初级线圈和次级线圈靠得很近。当在初级线圈上间断地施加电流时，就产生互感现象，利用这个机理，在次级线圈内产生高电压。点火线圈能产生高电压，此高电压随线圈绕组的个数和尺寸的变化而变化。

图4-36 火花塞

图4-37 点火线圈

技能操作

一、检查火花塞

1）用压缩空气除去火花塞周围气缸盖上的灰尘，如图4-38所示。

2）断开火花塞上的高压线，如图4-39所示。注意只能用力拉火花塞盖。

图4-38 清除火花塞的灰尘

图4-39 断开火花塞上的高压线

3）使用火花塞套筒拆卸火花塞，如图4-40所示。

注 意

1）拆装火花塞要等到发动机温度下降后再进行。

2）不要让杂质进入火花塞孔。

4）检测火花塞电极。电极状态说明见表4-4。

图4-40　拆卸火花塞

表4-4　电极状态说明

状态	暗色沉积物	白色沉积物
说明	1）混合气浓 2）进气量小	1）混合气稀 2）点火时间提前 3）火花塞拧紧力矩不足

5）检查电极间隙A，如图4-41所示。标准无铅电极间隙为1.0~1.1mm。

6）更换火花塞。用火花塞套筒及扭力扳手安装新火花塞，如图4-42所示。紧固力矩：20~30N·m。

4-3　火花塞的更换

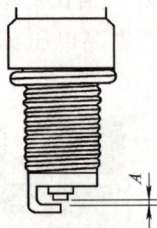

图4-41　电极间隙

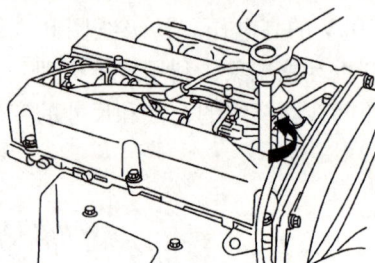

图4-42　更换火花塞

提　示

使用的工具有火花塞套筒、扭力扳手。

二、点火高压线的检查

1. 目视检查

目视检查高压线是否有龟裂、损伤、接点氧化等情况，如图4-43所示。

2. 高压线的电阻值检测

测量高压线的电阻值，如图4-44所示，若电阻值超过规定值，则更换。

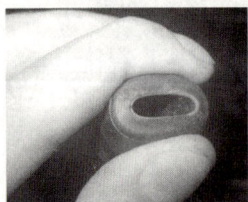

图4-43　检查高压线

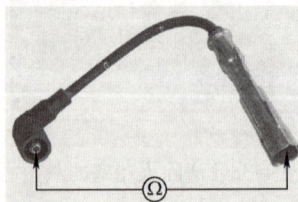

图4-44　测量高压线电阻

三、点火线圈的检查

1. 初级线圈的电阻值检测

测量初级线圈的电阻值，如图4-45所示，若电阻值超过规定值，则更换。

2. 次级线圈的电阻值检测

测量次级线圈的电阻值，如图4-46所示，若电阻值超过规定值，则更换。

图 4-45　测量点火线圈一次绕组的电阻值

图 4-46　测量点火线圈二次绕组的电阻值

知识与能力拓展

发动机点火系统的类型点火系统可以分为：蓄电池点火系统、晶体管点火系统、微机控制点火、磁电动机点火系统。

1. 蓄电池点火系

它是传统点火系，蓄电池或发电机提供低压直流电，借点火线圈和断电器产生高压电，通过配电器按工作顺序把高压电送到各缸的火花塞，产生电火花点燃可燃混合气。

2. 晶体管点火系

它也叫半导体点火系。以蓄电池、发电机为电源，借助点火线圈和晶体管元件将低压电变成高压电。

3. 微机控制的点火系

由点火线圈和微机控制装置产生的点火信号，将电源的低压电变成高压电。它取消了分电器，由微机系统直接进行高压电的分配，是现代最新型的无分电器点火系。

4. 磁电动机点火系

由磁电机本身直接产生高压电，而不需要另设低压电源。在中、高速时，产生的电压高，工作可靠，在发动机低转速时，产生的高压电低，不利于发动机起动，所以多用于某些高速满负荷下工作的竞赛汽车以及某些不带蓄电池的摩托车发动机上。

课后思考

独立点火系统是如何进行维护的?

任务4　润滑系统的维护

学习目标

1) 学会检查发动机的润滑油液位。
2) 按照职业技能等级证书标准要求掌握发动机润滑油的更换。
3) 按照职业技能等级证书标准要求掌握机油滤清器的更换方法和检查项目。
4) 做好废旧润滑油的回收工作，增强环保意识。

任务载体

发动机润滑油对发动机性能有重要的影响，所以在行车前都应检查发动机润滑油量。对于走合期满的汽车来说，及时规范地更换发动机润滑油是非常必要的。本任务将详细地介绍如何规范地更换发动机的润滑油。

相关知识

　　汽车发动机用的润滑油分为汽油机润滑油和柴油机润滑油两个系列，在汽车中起润滑、冷却、清洗、密封和防锈蚀的作用。

　　润滑油的正确选用（特别是在冬天）对发动机的润滑效果会起到至关重要的作用，所以在选用润滑油时必须清楚润滑油等级的分类方式及其表示含义。目前常用的润滑油等级分类有 ILSAC 等级、API 等级和 SAE 黏度等级。

　　1. ILSAC 等级

　　ILSAC 是 International Lubricant Standardization and Approval Committee（国际润滑剂标准化和批准委员会）缩写。目前，ILSAC 规定汽油机润滑油的规格为 GF-1、GF-2、GF-3 和 GF-4，除了分别满足 API SH、SJ、SL、SM 的所有要求外，还要通过 ILSAC 规定的 EC 节能要求。简单地说，GF 规格就是 API 规格加节能要求。

　　2. API 等级

　　API 是美国石油学会的英文缩写，API 等级代表发动机润滑油质量的等级。它采用简单的代码来描述发动机润滑油的工作能力。

　　API 等级发动机润滑油分为两类：S 开头系列代表汽油发动机用油；C 开头系列代表柴油发动机用油；S 和 C 两个字母同时存在时，则表示此润滑油为汽、柴通用型。在 S 或 C 后面的字母表示的意义是：从 A 一直到 L，随着字母的递增，润滑油的性能会更好，润滑油中会有更多用来保护发动机的添加剂。字母越靠后，质量等级越高。国际品牌中润滑油级别多是 SF 级别以上的。

　　3. SAE 黏度等级

　　SAE 是 Society of Automotive Engineers（美国汽车工程师协会）的缩写。SAE 黏度等级 SAE15W-40、SAE5W-40 中，W 表示 Winter（冬季），其前面的数字越小说明润滑油的黏度越低，流动性越好，代表可供使用的环境温度越低，在冷起动时对发动机的保护能力越好；W 后面（一横后面）的数字则是润滑油耐高温性能的指标，数值越大说明润滑油在高温下的保护性能越好。较高黏度的润滑油对运动系统的阻力也相对较高，不但耗费功率、增加油耗，而且润滑油容易氧化、影响冷起动的保护。如 SAE40、SAE50 这样只有一组数值的是单级润滑油，不能在寒冷的冬季使用。如 SAE15W-40、SAE 5W-40 这样两组数值都有的是多级润滑油，适合从低温到高温的广泛区域，黏度值会随温度的变化而变化。

　　机油滤清器的功用是及时地滤除润滑油中各种杂质和胶质，防止润滑油路的堵塞，保障主油道油液的清洁。当机油滤清器长时间使用而未按要求定期更换时，其内部的滤纸将被润滑油中的杂质堵塞，使滤清器的过滤效果下降、润滑油的流通阻力增大，最终导致发动机的润滑效果不良而损坏发动机。

技能操作

一、发动机润滑油的检查

　　1. 润滑油液位的检查

　　1）将汽车停放在平坦的地面上，将车轮挡块安装到位，保证汽车稳定停靠。

　　2）起动发动机并让发动机达到正常工作温度。

　　3）停止发动机并等待约 5min，使润滑油流回油底壳。

　　4）打开发动机舱盖，拉出油尺，擦干净后再全部插回去。润滑油标尺在发动机中的位置如图4-47所示。

5）拔出润滑油标尺，检查油量。油量应在"F"与"L"之间，如图4-48所示。

图4-47　发动机润滑油标尺

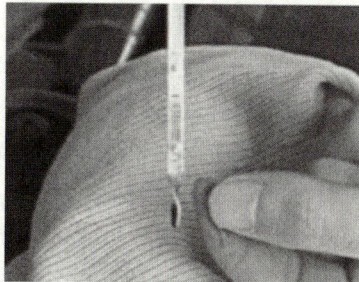

图4-48　润滑油标尺刻度

6）如果发现油量靠近或在"L"位置，应补充润滑油，直到油量到达"F"位置，千万不能过量。

2. 润滑油质量的检查

1）检查发动机润滑油是否变质、进水、轻微变色。

2）如果质量明显不良，需要更换润滑油。

二、发动机润滑油的排放

更换发动机润滑油时，需要将汽车举升到适合操作的高度，在举升之前需要打开润滑油加注口盖。为了防止异物通过润滑油加注口进入发动机，需要用干净的布将其遮盖住，然后进行下列操作。

图4-49　打开润滑油加油口盖

1. 预热发动机

1）把汽车停在平整的地面上，起动发动机，进行发动机暖机。

2）关闭发动机，拉紧驻车制动器手柄，打开汽车发动机舱盖和润滑油加油口盖，如图4-49所示。

2. 举升汽车

1）将汽车停靠到位，放置举升托臂。

2）操纵举升机举升汽车。当车轮离开地面时停止举升，以一定的力量按动汽车前后部，检查车身是否稳固。

3）在车身稳定的情况下，继续操纵举升机，将汽车举升到适合操作的最高位置。

3. 排放润滑油

1）清洁地面，防止有水或油造成打滑，影响安全操作。

2）如图4-50所示拆卸润滑油放油螺塞排放润滑油，如图4-51所示将润滑油收集到回油

图4-50　排放润滑油

图4-51　将润滑油收集到回油桶

桶。此时，需要特别注意防止热车后的润滑油将手烫伤，还需要放置好容器位置，防止漏油。

4. 更换密封垫

放完润滑油后，更换放油螺塞密封垫，用39.2～44.1N·m的规定力矩拧紧。

三、机油滤清器的更换

1）用机油滤清器扳手拆卸机油滤清器，如图4-52所示。

2）检查并清洗气缸体与机油滤清器的安装表面。

3）检查新机油滤清器部件编号是否与旧编号相同。

4）将机油滤清器加满润滑油，用发动机润滑油涂抹在新机油滤清器的O形环上（图4-53）。

图4-52　机油滤清器的拆卸

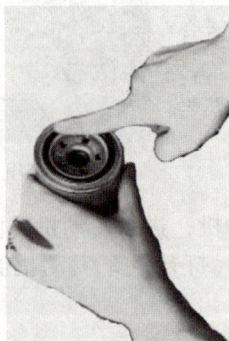

5）用手把新的机油滤清器拧在机油滤清器支座上，直到滤清器O形环与安装表面接触，用机油滤清器扳手把滤清器再拧紧3/4转（图4-54）。为了恰当地拧紧机油滤清器，注意识别滤清器O形环与安装表面初始接触的精确位置。

4-4　机油和机油滤清器的更换

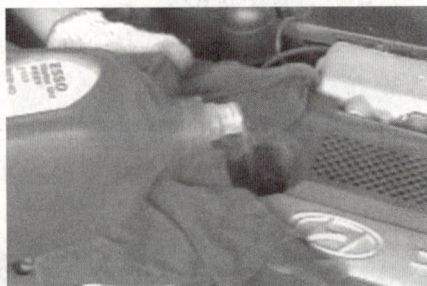

图4-53　在新机油滤清器的
O形环上涂抹润滑油

图4-54　拧紧机油滤清器

四、发动机润滑油的加注

1）从举升机上放下汽车。

2）从发动机润滑油加注口注入规定黏度的润滑油，直至油位达到润滑油标尺上的满油位标记（图4-55）。

图4-55　润滑油的加注

提　示

润滑油加注口在气缸盖罩顶部。

3）盖上润滑油加注口盖，使发动机怠速空转5min后停止运转；再过3min后拔出润滑油标尺，检查油位是否处在正常位置。

注　意

应在润滑油油量不足时加油，油位超过最高油位标记时，需放出过量润滑油。

4）安装润滑油加注口盖。

5）起动发动机并检查是否漏油。

6）重新检查发动机润滑油量。

7）检查漏油情况。发动机润滑系统漏油情况的检查主要包括发动机各种区域的接触面、油封处和放油螺塞。

注　意

1）检查完毕后，应对润滑油加注口及油底壳进行清洁。

2）加注新润滑油时，必须注意防止润滑油外漏造成传感器、执行器的损坏。

3）长时间及反复接触矿物油会导致皮肤的脱落，致使干燥和病变。另外，废发动机润滑油含有潜在的有害杂质，会引起皮肤癌。

4）为了缩短接触时间及降低润滑油与皮肤接触的频率，应穿上防护服并戴上手套；用肥皂和水彻底清洗皮肤，或使用清洁剂去除润滑油（禁止使用汽油、稀释剂或溶剂清洗）。

5）为了保护设备，只能在指定的清除位置清除废发动机润滑油和废机油滤清器。

知识与能力拓展

一、发动机润滑油的作用

发动机润滑系统的功能是将润滑油不断地输送到各运动零件的摩擦表面。润滑油主要有以下作用：

（1）润滑作用　润滑油可使运动零件之间构成油膜接触，减小摩擦阻力和动力损失，并减小机件的磨损。

（2）清洁作用　循环流动的润滑油将摩擦脱落的金属细屑带走，使之不会留在零件之间形成磨料而加剧磨损。

（3）散热作用　循环流动的润滑油将摩擦产生的热量带走，使运动机件不致因升温过高而烧毁。

（4）密封作用　润滑油在活塞环与气缸壁间构成的油膜可起到一定的密封作用，减少漏气。

发动机润滑油对发动机性能有重要的影响，每天都应检测发动机润滑油量。

二、发动机润滑油使用注意事项

选择了合适的润滑油等级和黏度级别后，还要注意正确的使用方法。如果使用不当，同样会造成发动机磨损加剧，甚至出现拉缸、烧轴瓦的故障。因此，使用时注意以下几点：

1）在润滑油黏度级的选择上，不可错误认为高黏度油有利于保证润滑和减少磨损。应当在保证活塞环密封良好、机件磨损正常的条件下，适当选用低黏度的润滑油。只有在发动机严重磨损，或运行条件特别恶劣的情况下，允许使用比该地区气温所要求的黏度级提高一级的润滑油。

2）在选择润滑油的使用级别时，高级润滑油可以在要求较低的发动机上使用，但过多降级使用不合算；切勿把使用级别低的润滑油加在要求较高的发动机上使用，否则会造成发动机早期磨损或损坏。

3）要保持曲轴箱油面正常。油面过低会加速润滑油变质，甚至因缺油引起机件烧坏；油面过高会从气缸和活塞的间隙中窜进燃烧室，使燃烧室上积炭增多。正常油面应在满刻度标志和1/2刻度标志之间，不可过多或过少。

4）保持曲轴箱通风良好。通风装置单向阀（PVC阀）易沉积油泥而堵塞，造成曲轴箱内压力过高，油气和废气逆向流入空气滤清器，污染滤芯，同时增加对曲轴箱内润滑油的污染。

5）保持空气滤清器和机油滤清器的清洁，并及时更换滤芯，保持润滑油清洁。

6）应进行在用润滑油的质量监测，尽可能实行按质换油。换油时一定要在热车时进行，加入新油后应发动数分钟，停机3min后，再检查油面。在无分析手段，不能按质换油时，可用按期换油的方法作为过渡。

7）不同牌号的润滑油不可混用，同一牌号但不同生产厂家的润滑油也尽量不要混用。

三、合成润滑油

近些年，合成润滑油变得越来越受欢迎。尽管许多合成润滑油里混有一些石油基润滑油，但是合成润滑油并不是直接以石油作为基本组分的，完全的合成润滑油是以人造化合物为基础制成的。有一些产品指定用合成润滑油，有的厂商则警告不要使用合成润滑油或者按照明确的说明将传统的润滑油换成合成润滑油。

合成润滑油比传统润滑油在减小摩擦力方面更优越。正因为如此用合成润滑油的燃油经济性更好。许多生产合成润滑油的厂商都说使用他们的润滑油能够延长发动机的使用寿命。另外，合成润滑油在较大的温度范围内的黏度更稳定。这使得它成为赛车发动机和高性能发动机的流行选择。合成润滑油的生产商们也声称合成润滑油比石油基润滑油使用的时间长，但他们的换油周期仍得注意要维持汽车的保修。坏的一方面是，合成润滑油的价格比传统润滑油贵。维修发动机时，在使用合成润滑油前，要参考一下保修信息，以确认使用不会使保修无效。

📚 课后思考

发动机润滑油超过最高油位标记时，对发动机的性能有哪些影响？

任务5　冷却系统的维护

🔧 学习目标

1）能按照职业技能等级证书标准要求，正确检查冷却液液位及泄漏情况，掌握冷却液的更换方法。

2）能对冷却系统进行加压，确定泄漏位置。

3）有环保意识，会做好废旧冷却液的回收工作。

任务载体

一辆桑塔纳2000轿车在城市道路行驶中，冷却液温度表指示冷却液温度过高，在高速行驶过程中没有此现象。维修人员怀疑冷却系统出现故障，询问车主得知，购车三年来没有更换过一次冷却液，维修人员为车主更换冷却液后故障现象消失。

相关知识

一、冷却液

冷却液是汽车发动机不可缺少的一部分。它在发动机冷却系统中循环流动，将发动机工作中产生的多余热能带走，使发动机能以正常工作温度运转。当冷却液不足时，将会使发动机冷却液温度过高，而导致发动机机件的损坏。车主一旦发现冷却液不足，应该及时添加。不过冷却液也不能随便添加，因为除了冷却作用外，冷却液还应具有以下功能：

1. 冬季防冻

为了防止汽车在冬季停车后，冷却液结冰而造成散热器、发动机气缸体胀裂，要求冷却液的冰点应低于该地区最低温度10℃左右，以备天气突变。

2. 防腐蚀

冷却液应该具有防止金属部件腐蚀、防止橡胶件老化的作用。

3. 防水垢

冷却液在循环中应尽可能减少水垢的产生，以免堵塞循环管道，影响冷却系统的散热功能。综上所述，在选用、添加冷却液时，应该慎重。首先，应该根据具体情况去选择合适配比的冷却液。其次，添加冷却液。将选择好配比的冷却液添加到散热器中，使液面达到规定位置即可。

二、冷却系统的组成及功用

冷却系由散热器、散热器盖、膨胀水箱、水套、水泵、节温器、冷却风扇、加热器芯等组成，如图4-56所示。

燃烧过程产生的热量会迅速使温度升高到某一点，在这一点上发动机将会受到损伤。冷却系统的功用就是把额外的多余热量散发到大气中去。冷却系统还能使发动机快速升温并为发动机提供一个适当的工作温度，这对于使排放最小化以及保证发动机的工作效率是很重要的。另外，冷却系统还能为驾驶舱供热。

三、冷却系统各主要部件组成及功用

1. 散热器

典型的横流式散热器如图4-57所示，发动机内部循环流动的过程中，吸收了发动机内部的热量，然后流入散热器进液箱，之后冷却液流过散热管到达出液箱。在它流过散热器散热管的时候，热量通过散热片散逸到空气中。散热器芯的结构形式可以是管片式也可以是蜂

窝式。制造散热器芯的材料有青铜、黄铜或铝。铝制散热器芯的散热器通常用尼龙结构的进出液箱。

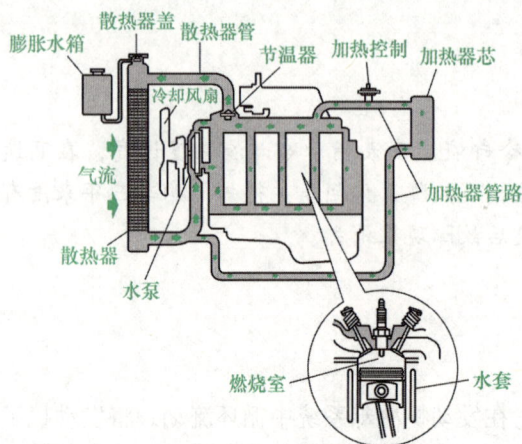

图 4-56　冷却系组成示意图

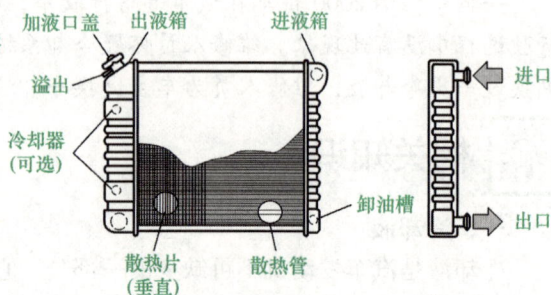

图 4-57　典型的横流式散热器

散热器盖可以密封散热器或者保持和调整散热器的系统压力，散热器盖上的压力阀可以使散热器的压力保持在规定范围之间。如果压力超过散热器盖的预定值时，散热器盖上的密封衬垫打开，一部分冷却液将流入膨胀水箱。散热器盖上还有真空阀。当发动机停机后，冷却液温度下降，系统内会出现真空。真空阀就是用来消除这些真空的。如果真空阀装在冷却系统内部，散热器可能被大气压力压坏。

2. 膨胀水箱

当冷却液受热膨胀时，部分冷却液流入膨胀水箱。

3. 加热器

加热器像一个小型的散热器，通常安装在车厢里一个壳体里边。一些热的冷却液通过软管流入加热器。加热器然后把热量传递给车厢内的空气，从而可以使车厢升温。为了使车厢内的温度升高的更快，采用加热风扇将散发出来的热量吹入车厢。

4. 水泵

水泵是发动机冷却系统的核心。它对冷却液加压，使其在发动机机体内流动，并流入散热器和加热器。水泵是由辅助带、定时带或直接由凸轮轴驱动的。大多数的水泵都采用离心式设计，由旋转的叶轮来带动冷却液（图4-58）。当发动机起动时，叶轮旋转，在离心力的作用下，将冷却液由工作腔内部压向出水管。一旦进入机体，冷却液将绕流气缸进入气缸盖，吸收这些部件产生的热量。如果节温器打开，冷却液就将进入散热器。在叶轮的中心处由于冷却液被甩出而压力下降，散热器中的冷却液在水泵进口与叶轮压差的作用下流入叶轮中心重复这个循环。当由于冷却液的温度太低而使节温器关闭时，冷却液将会经支路循环。冷却液在机体内将保持这样的循环，直到它的温度升高到可以打开节温器。

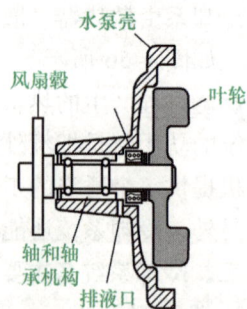

图 4-58　大多的水泵采用叶轮推动冷却液在系统内流动

5. 节温器

节温器的功用就是控制发动机的温度。通常节温器布置在从机体到散热器的出液管路中。当冷却液温度低于平常的工作温度时，节温器关闭，阻止冷却液进入散热器。在这种情形下，冷却液经过支路通道直接流回水泵。

节温器在规定的华氏温度下才能打开。如果这个规定值是 195°F（90.6℃），那么节温器在这个温度下将开始打开。如果超过规定值 20°F（−6.7℃），节温器将完全打开。一旦节温器打开，冷却液就会进入散热器降温。节温器循环的打开和关闭是为了维持适当的发动机温度。

节温器的工作原理是通过位于导热铜杯内的精制的石蜡和粉末金属芯块来实现的。当石蜡受热后，体积开始膨胀。这将引起推杆向外扩张，使阀门打开。

6. 冷却风扇

为了提高散热器的散热效率，安装了冷却风扇，使空气流过散热器芯或散热管。过去在汽车速度较快时，空气经过汽车前栅流经散热器芯能够很好地移除热量。只有车速较低时，才用冷却风扇，因为此时空气流速减慢。由于现代的汽车越来越符合空气动力学，流过车栅的气流量减少，因而冷却风扇的正常工作显得越来越重要。

冷却风扇既可以由发动机机械驱动，也可以由电动机驱动。现在的汽车普遍采用电动风扇，因为它们在需要时才工作，降低了发动机的负载。

7. 散热器盖

当发动机热状态正常时，蒸气阀和空气阀各自在弹簧压力作用下，处于关闭状态。当冷却系统冷却液温度升高，散热器中压力达到一定值（一般为 26～37kPa），在此压力下冷却系统内水的沸点可达到108℃时，蒸气阀开启，水蒸气从蒸气阀经橡胶软管排入膨胀水箱，使散热器内的压力下降到规定值。目前轿车的散热器盖的蒸气阀开启压力设计得很高，可达到98kPa。

当冷却液温度下降，冷却系统内的真空达到 10～20kPa 时，空气阀被大气压力推开，膨胀水箱中的冷却液从橡胶软管进入散热器，以补充散热器中的冷却液，如图 4-59 所示。

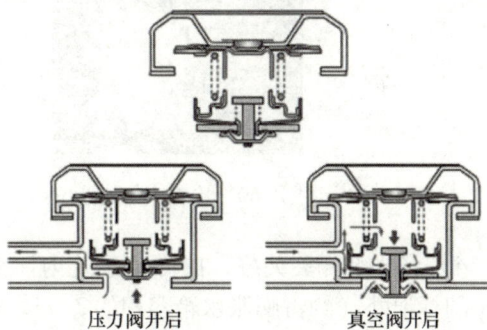

压力阀开启　　真空阀开启

图 4-59　散热器盖

技能操作

一、冷却液的检查

1. 冷却液渗漏检查
检查冷却液是否从散热器、橡胶软管、散热器管和软管夹周围渗漏。

2. 冷却液液位检查
发动机预热后，让发动机冷却下来再拆卸散热器盖，检查冷却液液位是否合适。正常检查冷却液液位时不必拆卸散热器盖。

4-5　冷却液的更换

如果想在发动机仍然发热时拆卸散热器盖，在散热器盖上放一块布并且松开45°（以便释放压力）再拆卸散热器盖。不要立即拆卸散热器盖，否则，冷却液将会溅出。

应每天检查冷却液。在发动机处于冷态时，检查补偿罐中冷却液的液位，冷却液的液位应在 min 和 max 之间，如图 4-60 所示。

参 考

应在散热器冷却时检查冷却液液位。因为如果散热器发热，冷却液将会是高液位。

二、冷却液的更换

1）将汽车放在平地位置，将冷却液放在容器内。

2）拧下散热器盖。如发动机温度过高，则不要急于将散热器盖打开，以防热水烫伤人。检查冷却液的质量。

3）将散热器放水管接头松开，如图 4-61 所示。

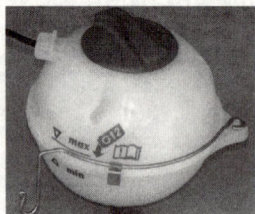

图 4-60　检查冷却液液位　　　　图 4-61　散热器放水管接头

4）将放水开关关好，向冷却系统内注满四季通用的冷却液，并按标准加至膨胀水箱 max 的标记处（约占膨胀水箱容积的 2/3）。不可加满冷却液，必须留有蒸汽的膨胀余地。

5）在冷却液快加满的时候，可将发动机起动 2～3min，使冷却液循环。冷却液循环时会把冷却系统内的空气排出，并使加液口冷却液面降低，这时应按标准补足。

三、管路的检查

1. 外观检查

检查冷却系统管路是否破损和变形。

2. 连接状况检查

1）检查冷却系统管路连接卡箍是否松动。

2）晃动冷却系统管路，检查连接是否可靠。

3）在发动机运转状态下，检查连接处是否存在明显的漏水现象。

3. 检查步骤

1）等到发动机冷却后，小心地拆卸散热器盖并用发动机冷却液注满散热器。

2）将散热器测试器安装在散热器盖上。

3）在散热器上使用压力测试器，如图4-62所示，并加93.16～122.58kPa的压力。

4）检查发动机冷却液是否有泄漏和压力下降情况。

5）拆卸测试器并重新安装散热器盖。

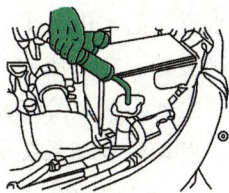

图4-62　散热器压力测试

提　示

检查在冷却液中是否有发动机润滑油，发动机润滑油中是否有冷却液。

四、散热器盖的测试

拆卸散热器盖，用发动机冷却液浸湿它的密封件，并将散热器盖安装在散热器测试器上，如图4-63所示。

提供压力93.16～122.58kPa。

检查压力是否下降。如果压力下降，更换散热器盖。

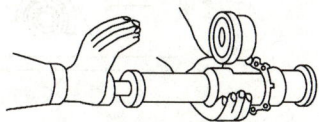

图4-63　测试散热器盖

知识与能力拓展

发动机冷却系统免拆清洗机原理与使用

一、发动机冷却系统免拆清洗机的结构与工作原理

发动机冷却系统免拆清洗机（图4-64）利用高压气体驱动气动泵工作，在气动泵的一端形成真空把散热器中的清洗液吸入气动泵，并经气动泵加压后从气动泵的另一端接口压入发动机机体水套内，使冷却液在具有一定压力的情况下在冷却系统中循环。在整个循环过程中利用脉动液压冲击和清洗液的化学作用，快速地把水道中的水垢清洗干净。工作原理如图4-65所示。

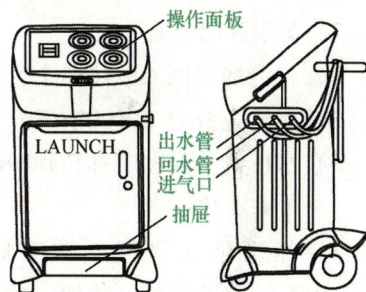

图4-64　发动机冷却系统免拆清洗机

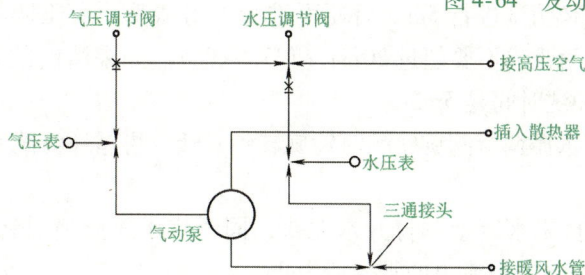

图4-65　发动机冷却系统免拆清洗机原理图

1）打开气压调节阀，气动泵工作，气动泵一端把散热器中的清洗液吸出，并经气动泵加压后经过气动泵的另一端进入机体的水道中，此时清洗液在冷却系统中小断循环，进行循环清洗。

2）当同时打开气压调节阀和水压调节阀时，经气动泵加压的清洗液在进入发动机机体的水道之前，由一个三通接头引入一部分高压空气至管路中，高压清洗液和高压空气在此三通接头处汇合形成冲击清洗液，冲击清洗液在冷却系统中进行循环冲击清洗。

二、发动机冷却系统免拆清洗机的操作使用

发动机冷却系统免拆清洗机的操作面板如图4-66所示。

1. 连接设备

设备连接示意图如图4-67所示。

1）发动机熄火后，等到冷却液温度降到不烫手时，方可进行清洗，以免操作时烫伤。

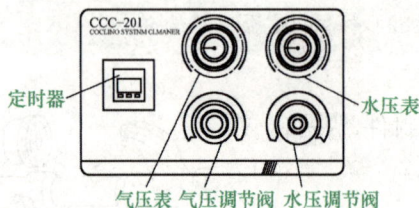

图4-66 发动机冷却系统免拆清洗机的操作面板

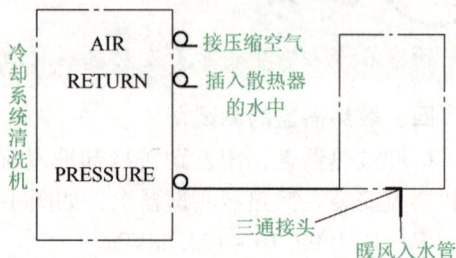

图4-67 设备连接示意图

2）打开汽车散热器盖，找出发动机连接暖风的加热水管，将水管拆下，再接上一个合适的三通接头。

3）将发动机冷却系统免拆清洗机的出水管接在三通接头上，回水管插入散热器的水中。

2. 操作前的准备

1）将清洗液倒入散热器中，将散热器的水加满。

2）将清洗机的AIR（空气）接头与空气压缩机相连。

3）水压调节阀顺时针转到OFF，打开汽车暖风机开关。

3. 清洗操作

1）循环清洗将气压调节阀的旋钮拉起，并顺时针旋转至压力表指示为20psi（137.9kPa）为止，按下旋钮，此时清洗机开始对发动机冷却系进行循环清洗。

2）冲击清洗当循环清洗进行5min后便可进行冲击清洗。水压调节阀旋钮逆时针旋转至20psi（137.9kPa）为止，不要超过20psi（137.9kPa）。如果清洗的是比较旧的车辆，冲洗压力应适当减小，冲洗时间是5min。

3）再循环清洗将水压调节阀旋钮顺时针旋转到OFF，再循环清洗5min即可。

4）更换冷却液：

① 将回水管接到自来水管上，打开水龙头，同时将水压阀逆时针旋转使水压为15psi（103.4kPa），直到从散热器中流出的水变清为止。

② 恢复冷却系的管路连接，然后冷却系统加满水，让发动机运转10min，再将水放掉。

③ 再将冷却系统加满冷却液，更换冷却液的工作就完成了。

课后思考

如何排放冷却系统中的空气？

任务6 正时带的更换

学习目标

1）了解带传动的种类。
2）按照职业技能等级证书标准要求掌握正时带的拆卸步骤和注意事项。
3）掌握正时带的安装步骤和注意事项。
4）了解传动带的检查项目。
5）在训练中增强安全意识。

任务载体

一辆悦动轿车行驶60000km，需要进行正时带更换。

相关知识

带传动是利用张紧在带轮上的柔性带进行运动或动力传递的一种机械传动。根据传动原理的不同，有靠带与带轮间的摩擦力传动的摩擦型带传动，也有靠带与带轮上的齿相互啮合传动的同步带传动。带传动具有结构简单、传动平稳、能缓冲吸振，可以在大的轴间距和多轴间传递动力，且其具有造价低廉、不需润滑、维护容易等特点，在近代机械传动中应用十分广泛。摩擦型带传动能过载打滑、运转噪声低，但传动比不准确（滑动率在2%以下）；同步带传动可保证传动同步，但对载荷变动的吸收能力稍差，高速运转有噪声。

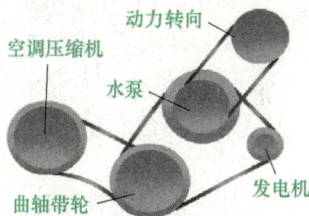

图4-68 汽车传动带

传动带的种类有如下类型。

根据用途不同，有一般工业用传动带、汽车用传动带、农业机械用传动带和家用电器用传动带。摩擦型传动带根据其截面形状的不同又分平带、V带和特殊带（多楔带、圆带）等。汽车传动带，如图4-68所示。

1. 驱动带

驱动带安装在水泵带轮和发电机带轮之间。

2. 空调压缩机传动带

空调压缩机传动带安装在空调压缩机带轮和曲轴带轮之间。

3. 动力转向传动带

动力转向传动带安装在水泵带轮和动力转向泵轮之间。

技能操作

一、正时带的拆卸

1）图4-69所示为拆卸发动机中央盖。

2）拆卸右前轮。

3）拆卸螺栓 B 和右侧盖 A，如图4-70 所示。

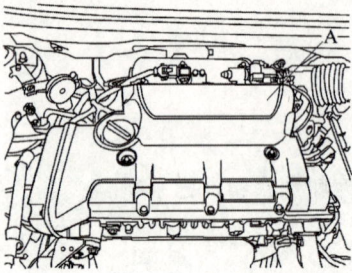

图 4-69 拆卸发动机中央盖

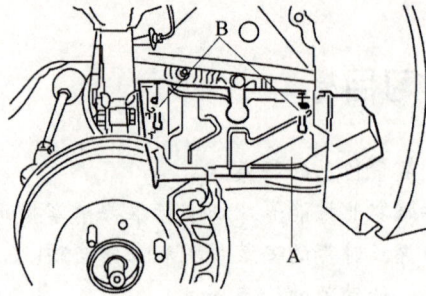

图 4-70 拆卸右侧盖

4）拆卸发动机固定支架。

① 把千斤顶置于发动机油底壳上。

② 拆卸螺栓 C、3 个螺母（B，D）和发动机固定支架 A，如图4-71 所示。

③ 拆卸发动机搭铁线束 E。

④ 拆卸螺栓 B 和固定板 A，如图4-72 所示。

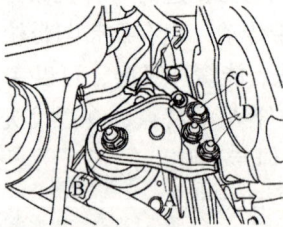

图 4-71 拆卸发动机固定支架

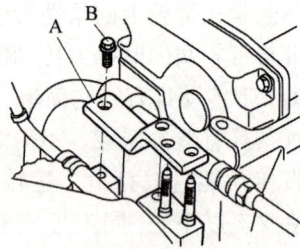

图 4-72 拆卸螺栓 B 和固定板 A

5）拧松水泵带轮螺栓，如图4-73 所示。

6）拆卸交流发电机驱动传动带 A，空调压缩机驱动传动带 B 和动力转向泵驱动传动带 C，如图4-74 所示。

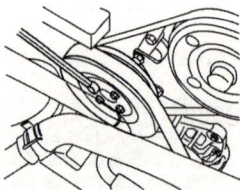

图 4-73 拧松水泵带轮螺栓

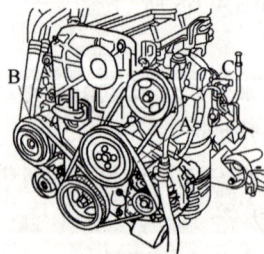

图 4-74 拆卸交流发电机驱动传动带

7）拆卸水泵带轮。

8）拆卸 4 个螺栓 B 和正时带上盖 A，如图4-75 所示。

9）转动曲轴带轮，对齐它的导槽和正时带盖的正时标记"T"。检查凸轮轴链轮的正时标记 A 是否与气缸盖罩的正时标记对齐（1 号气缸压缩 TDC 位置），如图 4-76 所示。

10）拆卸曲轴带轮 A，如图 4-77 所示。拆卸传动带时，拆卸起动机并固定 SST（09231-2B100），如图 4-78 所示。

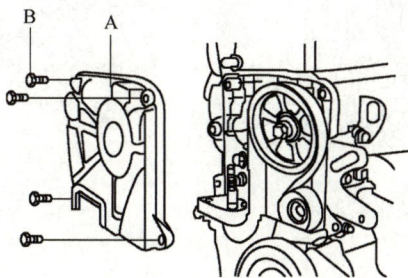

图 4-75　正时带上盖 A

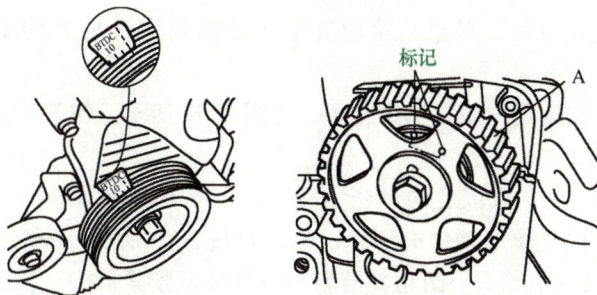

图 4-76　检查凸轮轴链轮正时标记

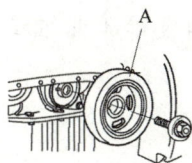

图 4-77　拆卸曲轴带轮　　　　图 4-78　固定 SST 曲轴固定装置

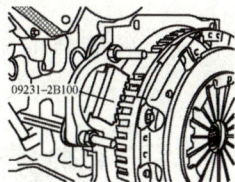

11）拆卸曲轴凸缘 A，如图 4-79 所示。

12）拧下 4 个螺栓 B 和正时带下盖 A，如图 4-80 所示。

13）拧松固定螺栓 A 和 B 后，按箭头方向移动张紧器带轮 C。暂时拧紧固定螺栓 A 和 B，如图 4-81 所示。

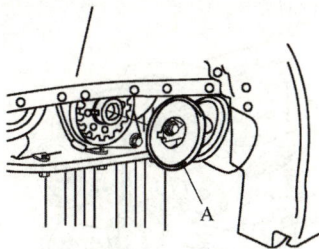

图 4-79　拆卸曲轴凸缘　　　　图 4-80　拆卸正时带下盖

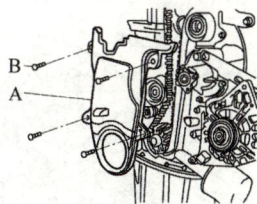

14）拆卸正时带 B，如图 4-82 所示。

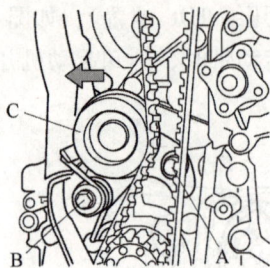

图 4-81　移动张紧器带轮

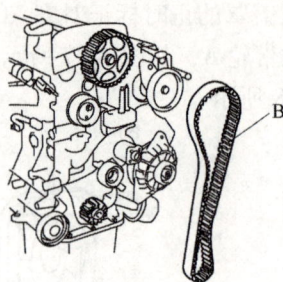

图 4-82　拆卸正时带

二、正时带的安装

1）更换新的正时带。

2）在一缸压缩上止点处，对正凸轮轴链轮 A 和曲轮轴链轮 B 的正时标记，如图 4-83 所示。

3）安装惰轮 A，按规定力矩拧紧螺栓 B，如图 4-84 所示。惰轮带轮螺栓的规定拧紧力矩为：42.2～53.9N·m。

4）使用平垫圈 B，暂时安装正时带张紧器 A，如图 4-85 所示。

5）安装传动带，以免每个轴中央部分松弛，如图 4-86 所示。安装正时带时，按照下列程序进行。曲轴链轮 A→惰轮 B→凸轮轴链轮 C→正时带张紧器 D。暂时使用中央螺栓安装张紧器带轮以便在传动带上附加张力。

6）调整正时带张力。

① 如图 4-87 所示，顺时针旋转曲轴（前视）角度等于曲轴链轮 A 的两个齿角度（18°）。

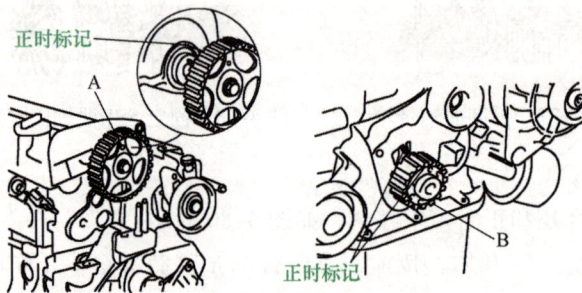

图 4-83　拆卸正时带

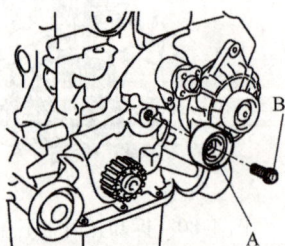

图 4-84　安装惰轮 A

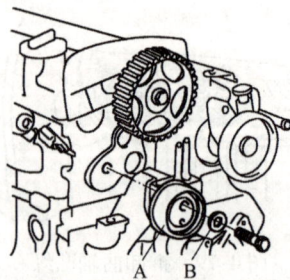

图 4-85　安装正时带张紧器

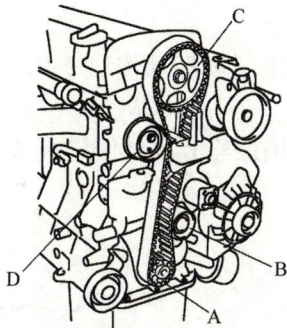

图 4-86　安装传动带

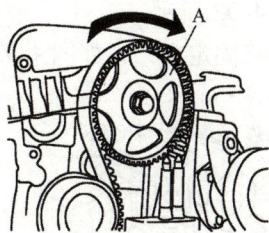

图 4-87　顺时针旋转曲轴

② 图 4-88 所示为使用六角扳手，按照顺时针方向在正时带上应用张力，以便受拉部分的传动带不松弛。拧紧张紧器螺栓，拧紧力矩为 42.2 ~ 53.9N·m。

③ 重新检查传动带张力。应当用约 20N 的力水平推动正时带产生张力时，正时带端隙为 4 ~ 6mm（0.16 ~ 0.24in）。

④ 正时带张力测量程序（通过声波张力规）为按顺时针方向转动曲轴，把第一活塞设置在上止点（TDC），按逆时针方向转动曲轴至 69°（4 个轮齿），然后利用自由振动的方法测量受拉部分跨度（图 4-88 中的箭头方向）中央的传动带张力。

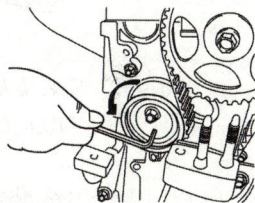

图 4-88　拧紧张紧器螺栓

7）按正常方向（顺时针）转动曲轴 2 圈，重新排列曲轴链轮和凸轮轴链轮正时标记。

8）使用 5 个螺栓 B 安装正时带下盖 A，如图 4-89 所示，拧紧力矩：7.8 ~ 9N·m。

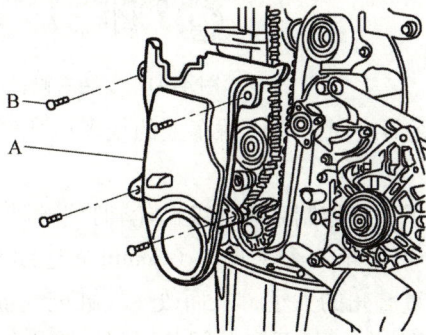

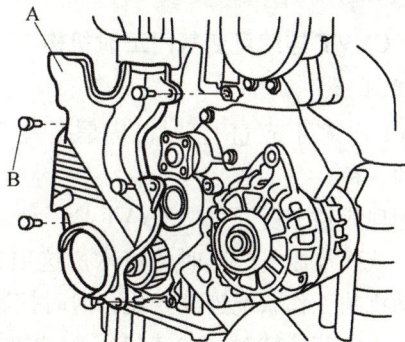

图 4-89　安装正时带下盖 A

9）安装曲轴带轮 A，如图 4-90 所示，拧紧力矩：156 ~ 166N·m。

10）用螺栓 B 安装正时带上盖 A，如图 4-91 所示。

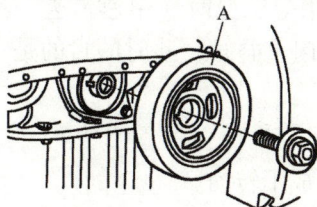

图 4-90　安装曲轴带轮

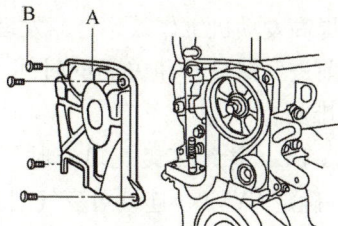

图 4-91　安装正时带上盖

11）安装水泵带轮。

12）安装动力转向泵驱动传动带 C，安装空调压缩机驱动传动带 B，安装交流发电机驱动传动带 A，如图 4-92 所示。

13）安装发动机固定支架，如图 4-93 所示。用螺栓 B 安装固定板 A。固定板螺栓拧紧力矩为 42.2 ~ 53.9N·m。

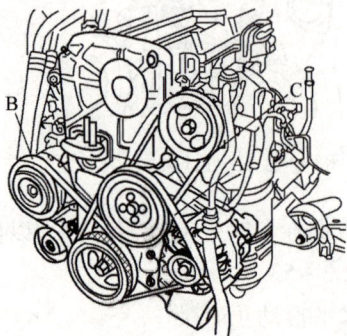

图 4-92　安装动力转向泵、空调压缩机、
　　　　　和发电机驱动传动带

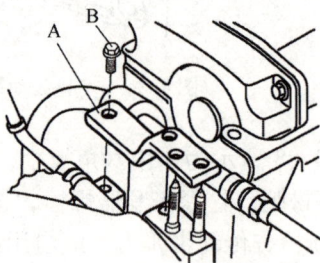

图 4-93　安装固定板

14）用螺栓 B 安装右侧盖 A，如图 4-94 所示。

15）安装前轮（RH）。

16）用螺栓安装发动机中心盖。

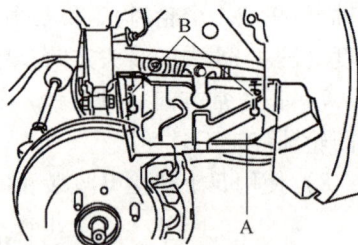

图 4-94　安装右侧板

知识与能力拓展

一、CVVT 连续可变气门正时机构

1. 概述

CVVT 连续可变气门正时机构是近些年来被逐渐应用于现代轿车上的众多可变气门正时技术中的一种。

韩国现代轿车所开发的 CVVT 是一种通过电子液压控制系统改变凸轮轴打开进气门的时间早晚，从而控制气门正时的技术。这项技术着重于第一个字母 C（Continue 连续），强调根据发动机的工作状况连续变化，时时控制气门重叠角的大小，从而改变气缸进气量。当发动机低速小负荷运转时（怠速状态），这时应延迟进气门打开和关闭的时间，减小气门重叠角，以稳定燃烧状态；当发动机低速大负荷运转时（起步、加速、爬坡），应使进气门打开和关闭的时间提前，防止进入气缸的空气倒流入进气道，以获得更大的转矩；当发动机高速大负荷运转时（高速行驶），也应延迟进气门打开和关闭的时间，尽量利用进气惯性提高充气效率，从而提高发动机工作效率；当发动机处于中等工况时（中速匀速行驶），CVVT 也会相对延迟提前进气门打开和关闭的时间，减小气门重叠角，此时的目的是（减少燃油消耗）降低污染排放。

2. 检查 CVVT（持续可变气门正时）总成

1）检查并确定 CVVT（连续可变气门正时）总成不转动。

2）除了如图 4-95 箭头所示的部分，在所有的部分涂上乙烯绝缘带。

3）在气枪周围缠上胶带并在凸轮轴孔上应用约98kPa的气压。操作此步骤，使锁销解除在最大延迟角位置的锁止。

4）在3）条件下，用手将CVVT总成转至提前角侧，如图4-96箭头所示。

● 根据空气压力，CVVT总成将转到提前侧。

● 由于从孔泄漏空气，造成很难施加压力，在这种条件下，可能会造成锁销很难释放。

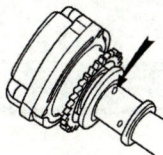

图4-95　不涂乙烯绝缘带的部分

图4-96　转动CVVT总成

5）除了锁销在最大延迟角处接触的位置以外，使CVVT总成来回地转动，并检查移动的范围及检查有没有障碍。

标准值：在约20°范围内活动顺畅。

6）用手转动CVVT总成，使其重新固定在最大延迟角位置。

二、传动带的检查项目

1. 传动带外观

检查传动带的磨损情况，看是否有磨损、裂纹、层离、老化等现象；检查传动带安装情况，看是否正确地安装在带轮槽内；传动带应避免油污。

对于正时带，也要检查是否有磨损、裂纹、层离、老化等现象，并检查其安装状况。

对于正时链条，要定期检查其磨损情况和润滑是否可靠。

2. 传动带张紧度

用手指按压传动带的中部，检查其挠度是否在规定范围内；或者用张力计直接检测传动带的张力是否在正常范围内，测量前张力计需先复位。

传动带的检查步骤如下：

1）将车辆举升至适当位置。

2）举升后清洁地面。

3）戴上手套，拿着手电筒或工作灯。

4）检查正时带是否有磨损、裂纹、老化等现象，并检查正时带是否正确地安装在带轮槽内。

5）将传动带张力计复位。

6）测量传动带的张力，如张力值偏低，需适当调紧张紧力。

7）工位复位及5S。

课后思考

为什么要定期更换正时带？

学习情境5

汽车底盘的维护

任务1　离合器自由间隙的测量和调整

学习目标

1）了解离合器的作用及检查的重要性。
2）熟悉离合器的检查内容。
3）以精益求精的工匠精神掌握离合器检查和调整的操作技能。

任务载体

一辆帕萨特新领驭轿车行驶了50000km，离合器踏板比原来低了一些。检查后发现离合器踏板的自由行程变大，调整后踏板的高度恢复正常。

相关知识

汽车传动系统将发动机发出的动力传递给驱动轮，使路面对驱动轮产生牵引力，推动汽车行驶。普通传动系统包括离合器、变速器、万向传动装置和驱动桥等部分。

离合器位于发动机和变速器之间，是汽车传动系统中直接与发动机相连的总成。离合器的组成如图5-1所示。通常离合器与发动机曲轴飞轮组的飞轮安装在一起，是发动机与汽车传动系统之间切断和传递动力的部件。

离合器的作用是使发动机与传动系统平顺地接合，保证汽车平稳起步，变速器换档平顺，并防止传动系统过载。对于机械式离合器操纵机构，离合器踏板一般通过拉索或机械杆件与

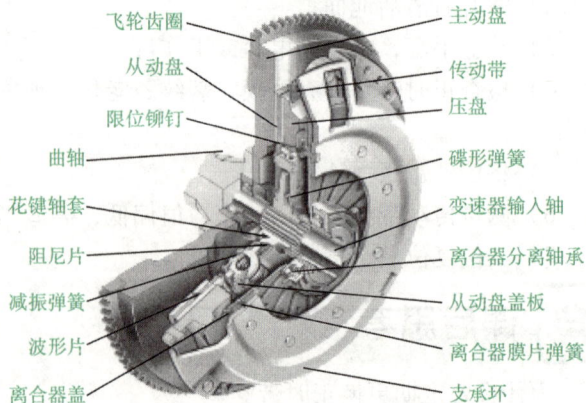

图 5-1　离合器的组成

（飞轮齿圈、从动盘、限位铆钉、曲轴、花键轴套、阻尼片、减振弹簧、波形片、离合器盖、主动盘、传动带、压盘、碟形弹簧、变速器输入轴、离合器分离轴承、从动盘盖板、离合器膜片弹簧、支承环）

分离拨叉臂相连；对于液压式或气压式离合器操纵机构，离合器踏板与离合器总泵相连。

在汽车的使用过程中，如果离合器踏板位置不正常（即离合器踏板高度、自由行程不符合规定要求），会导致离合器分离不彻底、换档困难、离合器打滑、汽车加速不良、分离轴承及压盘总成过早损坏等故障。因此，正确地检查、调整离合器踏板位置，对提高汽车使用性能和减轻驾驶人劳动强度具有十分重要的意义。

技能操作

一、离合器的检查维护

1. 总泵液体渗漏检查

1）检查储液罐中液面的高度，应位于 MIN 和 MAX 刻度线之间位置。

注　意

多数轿车的离合器储液罐和制动液储液罐共用。

2）检查离合器总泵，以便确保液体不渗漏到总泵室中。

3）检查总泵端口处、储液罐、离合器软管、分泵进油口等部位是否存在漏油现象。

2. 离合器踏板外观的检查

检查离合器踏板是否弯曲或扭曲；检查踏板垫是否有损坏或磨损。

3. 离合器踏板状况的检查

起动发动机，连续踩下离合器踏板时，检查离合器踏板的工作状况。离合器踏板不应有回弹无力的情况；踩踏时应无异常噪声、无过度松动的情况；每次踩踏踏板时，不应有踏板沉重感。

4. 离合器踏板高度的检查

用测量标尺检查离合器踏板高度是否处于标准范围内。如果超出范围，应调整踏板的高度，如图5-2所示。离合器踏板高度（未配备地毯）标准值：180.5mm。

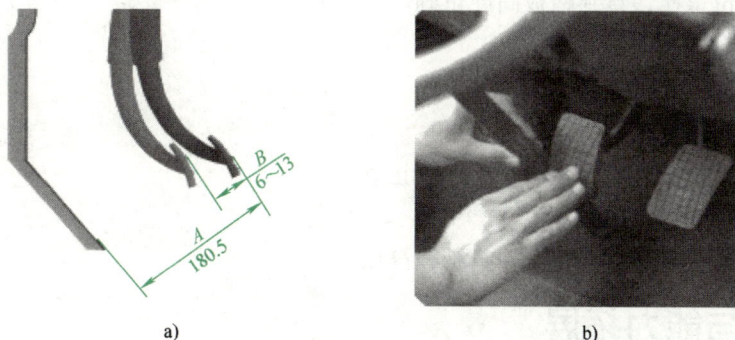

a)　　　　　　　　　b)

图 5-2　离合器踏板高度与自由行程

A—踏板高度　B—自由行程

💡 **注 意**

应测量从地面到离合器踏板上表面的距离。如果必须要从地毯表面开始测量，则从标准值中扣除地毯的厚度。

5. 离合器踏板自由行程及踏板行程的检查

用手指按压踏板并用测量标尺测量踏板的自由行程量，检查踏板自由行程是否处于标准范围内。如果超出标准范围，调整踏板的高度，如图5-2所示。踏板自由行程标准值：6～13mm。同时，还应检查离合器踏板的行程，其标准值为（140±3）mm（汽油发动机）。

💡 **注 意**

用手指按压踏板时，感觉踏板逐渐变重的过程分两步：第一步，踏板运动直到踏板推杆接触总泵活塞；第二步，踏板运动直到总泵引起液压上升。离合器分离轴承推动膜片弹簧以前，会随着踏板发生一定量的移动，踏板自由行程也就被确定。

6. 离合器分离点的检查

发动机怠速运转时，不踩下离合器踏板，分别慢慢地换档到前进档和倒车档；逐渐踩下离合器踏板，测量离合器踏板的自由行程的结束位置到齿轮噪声停止的位置的行程量，此行程量为离合器分离行程。齿轮噪声停止的位置为离合器分离点。

7. 离合器噪声、离合器沉重感及离合器磨损的检查

发动机怠速时，踩下离合器踏板。换到1档或者倒车档，并检查是否有异常噪声、换档是否平稳。同时，检查是否有异常噪声，或者在踩下踏板时其力量是否可以接受。

二、离合器踏板高度及自由行程的调整

1. 离合器踏板高度的调整

1）松开限位螺栓锁止螺母。

2）转动限位螺栓，直到踏板高度正确。

3）拧紧限位螺栓锁止螺母。

2. 离合器踏板自由行程的调整

1）松开推杆锁止螺母。

2）转动踏板推杆，直到踏板自由行程正确。

3）拧紧推杆锁止螺母。

4）调整好踏板自由行程后，检查踏板高度。

📖 **知识与能力拓展**

液压式离合器操纵机构的排空气法

每次拆卸离合器油管、离合器软管、离合器总泵或者踩下离合器踏板感觉软绵绵时应对离合器液压系统放气。注意加注的离合器油为SAE J1703（或DOT3. DOT4），切勿使用质量

差的离合器油。

1）把一根塑料软管套在放气螺栓上，将排出的离合器油导入一个容器内，打开离合器分泵放气螺栓。

2）慢慢地反复地踩下离合器踏板。如果反复地踩下离合器踏板的速度过快，气缸里的空气将不能放尽，每次放松离合器踏板时都要回到最高位置。

3）踩住离合器踏板，拧紧放气螺栓。

4）在储油罐中加注离合器油到规定位置。

课后思考

离合器踏板自由行程过大对车况有哪些影响？

任务2　手动变速器油的保养更换

学习目标

1）了解变速器的作用及检查的重要性。

2）按照职业技能等级证书标准要求熟悉变速器的检查内容。

3）掌握变速器检查和更换油液的操作技能。

4）增强环保意识、做好废旧液的回收工作。

任务载体

一辆桑塔纳2000轿车行驶了15000km，需要更换变速器油。本任务介绍如何规范地更换变速器油。

相关知识

目前汽车上采用的发动机的转矩与转速变化范围都较小，而汽车的行驶条件非常复杂，行驶速度和行驶阻力的变化范围很大。为了解决这一矛盾，在汽车传动系中设置了变速器。

变速器具有变速、变矩、变向和中断动力传递的功能。变速器按传动比变化方式的不同，可分为有级式、无级式和综合式三种；按操纵方式的不同，可分为手动换档式变速器、自动操纵式变速器和半自动式变速器。图5-3所示为手动变速器。

由于在使用过程中频繁换档，长期在高转速、大负荷工况下工作，变速器的零件会产生磨损或损坏，致使其使用性能下降。

图5-3　手动变速器

定期检查或更换变速器油是维护变速器的重要措施之一。

技能操作

1. 渗漏情况的检查

检查各区域的渗漏情况，如图5-4所示。检查部件包括：壳的接触面处；轴和拉索伸出的区域；油封处；加油螺栓和放油螺栓处。

5-1 手动变速器
油的保养更换

a)

b)

图5-4 检查各区域的渗漏情况

2. 油质情况的检查

松开放油螺栓，用专用容器接下部分油液，观察所排出的油液的情况（是否存在有异味，油液是否有浑浊情况）。用手指触摸油液，油液中不应存在细小的金属颗粒；如果油液有变质情况，应进行更换。

3. 手动变速器油油位的检查

1）拆卸加油螺栓，如图5-5所示。

2）将手指插入螺栓孔，检查油与手指接触的位置，如图5-6所示。

图5-5 拆卸加油螺栓

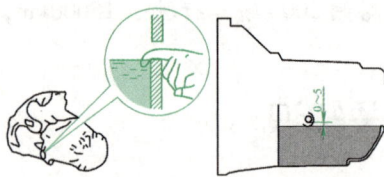

图5-6 检查液位

注 意

如果检查到油位低于规定要求，则应从加油螺栓处添加油液。

4. 手动变速器油液的更换

1）将汽车平稳地停放在举升机上，并将汽车举升至一定高度。

2）拆卸放油螺栓A，排出变速器油，如图5-7所示。

3）排放完毕后，用新垫片安装放油螺栓。

4）通过加油螺栓添加新润滑油，直到油位正好低于加油螺栓开口为止。

5）分别用规定的力矩拧紧放油螺栓和加油螺栓。放油螺栓和加油螺栓的拧紧力矩均为60～80N·m。

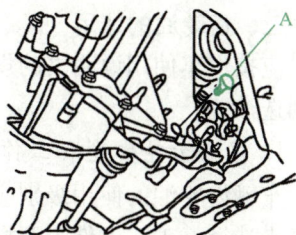

图5-7 拆卸放油螺栓

注 意

应采用规定的变速器油（SAE 75W/85，APIGL-4），油量为1.9L。

知识与能力拓展

一、齿轮油的性能

1. 润滑性和低温操作性

车辆齿轮油应具有适当的黏度和良好的黏温性。黏度不能过低，以保证形成油膜，实现液体润滑状态。为带走摩擦产生的热量和在低温时迅速供油，齿轮油的黏度又不能过大。

为了保证车辆齿轮油具有良好的低温操作性，除规定了凝点、黏温性和黏度指数等指标外，还特别采用了“表观黏度达150Pa·s时的温度”这一指标。

2. 极压性

车辆齿轮油的使用性能很多，但与其他润滑油相比，特殊方面主要是其极压性（即承载能力）。车辆齿轮油的极压性是指油中的极压抗磨剂，在高压或高速、高温的苛刻工作条件下，能在齿面上与金属发生化学反应生成反应膜，防止齿面擦伤或烧结的性质。

3. 热氧化安定性

车辆齿轮油抵抗高温条件下氧化作用的能力称为热氧化安定性。车辆齿轮油应具有良好的热氧化安定性。要求车辆齿轮油在较高温度下不易氧化变质。

4. 抗腐性和防锈性

在车辆齿轮传动装置的工作条件下，齿轮油防止齿轮、轴承腐蚀和生锈的能力称为抗腐性和防锈性。车辆齿轮油应具有良好的抗蚀性和防锈性。

5. 抗泡性

齿轮转动时会将空气带入车辆齿轮油中，形成泡沫。泡沫若存在于齿面上，会破坏油膜的完整性，易造成润滑失效。泡沫的导热性差，易引起齿面过热，使油膜破坏。泡沫严重时，会使油液从齿轮箱的通气孔中溢出。因此，齿轮油要具有良好的抗泡性。

此外，车辆齿轮油还应具有清洁性、储存安定性等性能。

二、齿轮油的牌号规格

（1）普通车辆齿轮油（GL-3） 适用于中等速度和对负荷要求比较苛刻的手动变速器和弧齿锥齿轮驱动桥。

（2）中负荷齿轮油（GL-4） 适用于低速高力矩、高速低力矩下操作的各种齿轮，特别是客车和其他各种汽车的准双曲面齿轮。

（3）重负荷车辆齿轮油（GL-5） 适用于在高速冲击负荷、高速低力矩和低速高力矩下操作的各种齿轮，特别是客车和其他各种汽车的准双曲面齿轮。

三、齿轮油的选用

应按汽车使用说明书的规定选择与该车型相适应的齿轮油品种和牌号，还可以参照下列原则选油。

1. 根据齿轮类型和工作条件来选择齿轮油的品种——使用级

车辆齿轮油的使用级别应按照汽车使用说明书中的规定或根据传动机构工作条件的苛刻程度来选择。工作条件主要指齿面压力、滑动速度和油温等，而这些工作条件又取决于传动装置的齿轮类型。所以，车辆齿轮油使用级别一般按齿轮类型和传动装置的功能来选择。

汽车手动变速器的齿轮均为圆柱直齿轮或斜齿轮，齿轮压力一般低于2000MPa，转速较快，容易形成流体（轻负荷）或弹性流体（重负荷）润滑膜；各档齿轮交替工作，其工作条件比主减速器齿轮（尤其是准双曲面齿轮）好，所以普通车辆齿轮油就可以满足其润滑要求。但为了减少用油级别、方便管理，在汽车各传动装置对齿轮油使用性能级别要求相差不太大的情况下，手动变速器和后桥可以选用同一级别的齿轮油。

汽车转向机构多为齿轮齿条式、蜗轮蜗杆式或滚珠螺旋式，齿轮传动部分一般和手动变速器使用同一种润滑油。

2. 根据使用环境最低温度和传动装置最高油温来选择齿轮油的牌号——黏度级

齿轮油的最低黏度级别应根据最低气温和最高油温，并同时考虑车辆齿轮油换油周期长短等因素来选择。

车辆齿轮油的黏度应既能保证低温下的汽车起步，又能满足油温升高后的润滑要求。在SAE黏度分类中表观黏度达150Pa·s时的最高温度，就是保证低温操作性能的最低温度。黏度为75W、80W和85W的准双曲面齿轮油的最低使用温度分别为−40℃、−26℃、−12℃。汽车使用地区的最低温度不应低于所选齿轮油的上述温度。

黏度等级选择可按最低使用温度（表5-1），或按小齿轮转速及工作温度来选择100℃运动黏度。

表5-1　发动机压缩比与润滑油等级参考值

最低使用温度/℃	SAE 黏度等级	最低使用温度/℃	SAE 黏度等级
−40	75W/90	−20	85W/90
−30	80W/90	−10	90

一般地区，汽车使用90号齿轮油可满足其使用要求，只有在天气特别热或负荷特别大的汽车上使用140号油。长江流域及其他冬季气温不低于−10℃的广大地区，可全年使用90号齿轮油；长江以北及其他冬季气温不低于−12℃的广大地区，可全年使用85W/90号齿轮油，负荷特别重的汽车上可全年使用85W/140号油；长城以北及其他冬季气温不低于−26℃的寒冷地区，可全年使用80W/90号齿轮油；黑龙江、内蒙古、新疆等冬季气温最低气温在−26℃以下的严寒地区，冬季应使用75W号齿轮油，夏季则换用90号齿轮油。

四、齿轮油使用注意事项

1）不同等级的车辆齿轮油不能混用，且不能将使用级（品种）较低的齿轮油用在要求较高的汽车上。若将普通齿轮油加在准双曲面齿轮驱动桥中，会使齿轮很快磨损和损坏。等级较高的齿轮油可以用在要求较低的汽车上，但降级使用不经济。

2）不要误认为高黏度齿轮油的润滑性能好。使用黏度牌号太高的齿轮油，将使燃料消耗显著增加，特别是对高速轿车影响更大，应尽可能使用合适的多级齿轮油。

3）齿轮油一般要加到与齿轮箱加油口下缘平齐，不能过高、过低，应经常检查各齿轮箱是否渗漏，并保持各油封、衬垫完好。

4）齿轮油的使用寿命较长，如使用单级油，在换季维护时换用不同的黏度牌号，放出的旧油若不到换油指标，可在再次换油时使用。旧油应妥善保管，严防水分、机械杂质和混油污染。

5）应按规定的换油指标换用新油。无油质分析手段时，可按期换油。国外推荐的换油周期是（5～12）万km，我国换油周期为（4～5）万km，可结合汽车定期维护换油。SH/T 0475—1992推荐的换油里程为4.5万km。换油时应趁热放出旧油，并清洗齿轮箱。

课后思考

手动变速器挂档困难时如何检查？

任务3　自动变速器的免解体维护

学习目标

1）能按照职业技能等级证书标准要求，检查配有油尺的自动变速器上的液位。
2）能检查变速器外壳、油封等的泄漏情况。
3）会选用符合厂家要求的油液，能排放及更换油液和滤芯。

任务载体

一辆新帕萨特领驭轿车行驶了50000km，需要对自动变速器进行维护检查。本任务将介绍如何不解体检查自动变速。

相关知识

电控液力自动变速器与机械式手动变速器相比，具有下列显著优点：

1）大大提高了发动机和传动系统的使用寿命。采用电控液力自动变速器的汽车与采用手动变速器的汽车的对比试验表明，前者发动机的寿命高85%，变速器的寿命高12倍，传动轴和驱动半轴的寿命高75%～100%。发动机与传动系统由自动变速器的液力变矩器连接，这种液体工作介质的"软"性连接起到一定的吸收、衰减和缓冲作用，大大减少了冲击和动载荷。

2）提高了汽车的通过性。采用液力自动变速器的汽车在起步时，驱动轮上的驱动力矩是逐渐增加的，可防止振动、减少车轮的打滑，使起步容易，且更平稳。当行驶阻力很大时（如爬陡坡），发动机也不至于熄火，使汽车仍能以极低的速度行驶。在特别复杂的路况行驶时，因换档时没有功率间断，不会出现汽车停车的现象。

3）具有良好的自适应性。采用液力自动变速器的汽车采用了液力变矩器，它能自动适应汽车驱动轮负荷的变化。当行驶阻力增大时，汽车自动降低速度，使驱动力矩增加；当行驶阻力减小时，汽车自动减小驱动力矩，增加车速。这说明变矩器能在一定范围内实现无级变速，大大减少了行驶过程中的换档次数，有利于提高汽车的动力性和平均车速。

4）操纵轻便。采用液力自动变速器的汽车采用液压或电控液压换档，使换档实现自动化，驾驶人只需变换变速杆的位置，控制系统就会自动操纵液压控制系统的滑阀，比手动变速器用拨叉拨动滑动齿轮实现换档更轻便。而且它的换档齿轮组一般都采用行星常啮合齿轮组，这就降低或消除了换档时的齿轮冲击，大大减轻了驾驶人的劳动强度。

5）降低了排放污染。变工况地使用发动机是造成发动机排放指标差的重要原因之一。在采用手动变速器的汽车上，通过频繁变换变速器的档位来稳定发动机转速是很难实现的。但在采用电控自动变速器的汽车上，可把发动机转速稳定在低污染和低油耗的区域，通过变速器档位的自动变换适应外界的路况变化。

电控液力自动变速器由变矩器、机械式变速器（一般多采用行星齿轮）和电子-液压控制系统三部分组成。

电控液力自动变速器的组成如图5-8所示。它通过各种传感器的检测将发动机的转速、节气门开度、车速、发动机冷却液温度、ATF温度等参数信号以及驾驶人的驾驶意图，转换成电信号输入到ECU。ECU经过计算、比较处理后，根据预先编制的换档程序确定并输出换档指令，并通过电磁阀控制换档阀，使其打开或关闭通往换档离合器和制动器的油路，从而控制换档时刻和档位的变换，以实现自动变速。

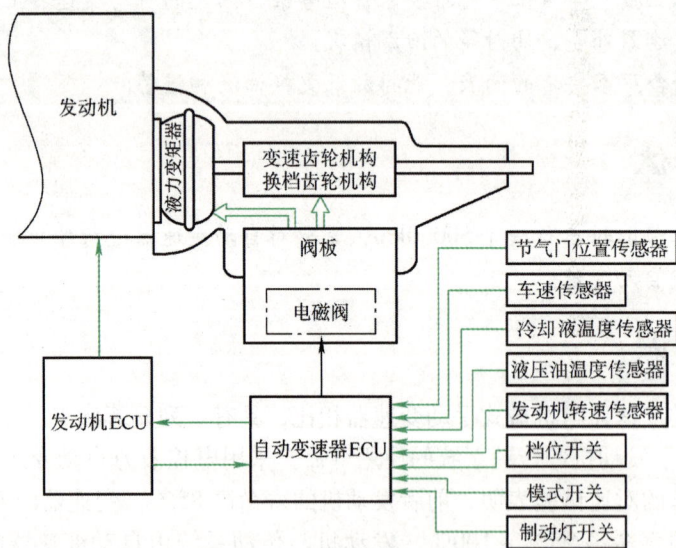

图5-8 电控液力自动变速器的组成

技能操作

1. 各区域的渗漏情况的检查

检查渗漏情况时，应检查以下各处：壳的接触面处，轴和拉索伸出的区域，油封处，放油螺栓。

2. 油冷却软管及相关管件的连接和损坏情况的检查

检查油冷却软管是否有裂纹、隆起或者其他形式的损坏，其连接部分是否有松动等。

3. 自动变速器油情况的检查

1）将汽车停在平坦路面上，拉紧驻车制动器手柄。

2）起动发动机，变速器油温度达到 70～80℃后，踩住制动踏板，将变速杆从 P（驻车）位换到 L 位，每 2～3s 在各档位来回移动 2～3 回，最后挂入 N（空档）位或 P（驻车）位。

3）打开发动机舱盖，拔出变速器油标尺。要避免衣服或手碰到旋转部分及过热的散热器。

4）擦干变速器油标尺后，再次将它插入变速器，然后拔出，确认变速器油是否在 HOT 范围之内，如图 5-9 所示。

5）变速器油不足时，利用漏斗加入变速器油至 HOT 范围。

6）检查完毕后，牢固地插入油尺。

图 5-9　确认变速器油位置

提　示

测量自动变速器油油量时，应在发动机温度达到正常温度后测量。注意不要被散热器和排气装置烫伤。

4. 自动变速器油液的更换

如果发现自动变速器油液变质或达到规定时限，应及时更换，过程如下：

1）分离连接变速器和自动变速器的每个软管（散热器内侧）。

2）起动发动机并排出液体（运行条件在 N 位，发动机怠速状态）。

注　意

起动后 1min 内停止发动机（如果之前排出液体，应在那时停止发动机）。

3）将汽车举升至一定高度，从变速器壳底部拆卸放油螺栓，并在其下部安放接油容器，然后进行变速器油的排放。

4）油液排放完毕后，利用衬垫安装放油螺栓，用规定力矩（35～45N·m）拧紧。

5）通过加油管路添加新的液体。注意：如果不能注入液体的全部容量，停止注入。

6）重复步骤 2）的操作［参考：检查旧液是否被污染。如果已被污染，重复 5）和 6）的步骤］。

7）通过加油管路注入新液体。

8）重新连接上面步骤 1）中分离的软管，稳固更换油液位表（在更换的情况下，将油液标尺周围的污渍清除干净，然后将其插入注油管里）。

9）起动发动机，怠速运转 1～2min。

10）将变速杆在各档位移动，然后设置到 N 位或 P 位。

11）驱动汽车直到液体温度上升到正常温度（70～80℃），然后再次检查液位。液位必须在 HOT 位置。

12）将油位计插入到机油滤清器管内。

5. ATF 滤清器的更换

在进行预防性维护时，ATF 滤清器通常被遗忘。在大部分情况下，ATF 滤清器并不像润滑油、空气或燃油滤清器那样易于更换。除非该滤清器的堵塞已经影响到变速器的正常工作，否则通常会被忽略。由于 ATF 滤清器是对自动变速器进行保护的装置，所以应该保持其清洁或者按照其制造商推荐的更换周期及时更换。

自动变速器通常采用纸质滤清器、毡质滤清器或滤膜滤清器来滤除其油液中的杂质。亚洲汽车制造商喜欢使用滤膜滤清器；而欧美汽车制造商则更倾向于纸质或毡质滤清器。

📖 知识与能力拓展

一、自动变速器油的更换周期

每行驶约 100000km 时更换一次自动变速器油。

规定变速器油：DIAMOND ATF SP-Ⅲ／SK ATF SP-Ⅲ。

恶劣条件时，每行驶 40000km 更换一次。

二、自动变速器的免解体维护

自动变速器是高度精密的动力传输装置，有许多精密部件，如液力变矩器、太阳轮、行星轮和复杂而细小的油道等，它们对污染物和温度的变化非常敏感。如果缺少必要的维护，自动变速器会出现工作粗暴、换档困难等故障。

据统计，90% 的汽车自动变速器故障是由于传动液被污染劣化，失去保护功能造成的。在不规范维护的情况下，极易出现工作粗暴、换档迟缓等状况。

借助于自动变速器清洗更换设备维护自动变速器能够达到彻底清洗更换、深化维护的效果：把系统中的漆膜、金属磨粒、油泥和所有的旧自动变速器油彻底排出系统，避免新的 ATF 加入后被污染劣化；恢复变速器油封和垫片的弹性，增强密封性能，防止系统出现渗漏；提高 ATF 的性能，延长自动变速器和 ATF 的使用寿命。定期使用自动变速器清洗更换设备和相配套的产品进行维护就能真正达到不解体清洗、全寿命使用的维护目的。

三、汽车自动变速器液力传动油清洗更换机的使用与操作

自动变速器油必须保持清洁，否则极易出现抗磨效果降低，影响系统油压，降低动力传递效率，使自动变速器提速慢或失速，甚至会导致"烧片"，严重影响部件的使用寿命。自动变速器油更换机不仅换油彻底，而且利用设备特有的流速、压力，能完全清除自动变速器内的油泥、积炭。如果坚持按规定对自动变速器进行换油养护，可使自动变速器长期保持最佳的工作状态。CAT-303 自动变速器油更换机如图 5-10 所示。

1. 设备性能结构

CAT-303 主要用于更换、加注汽车自动变速器油，具有自动变速器油加注功能和自动

变速器新旧油更换功能。

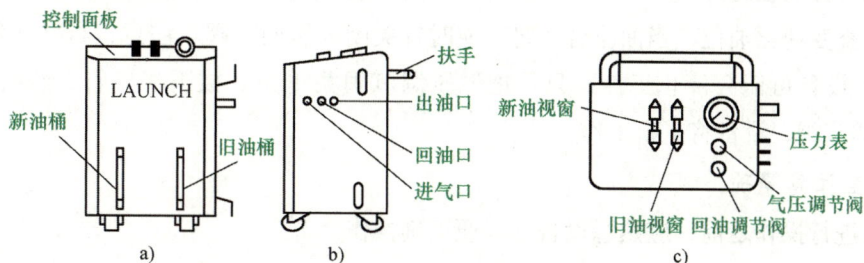

图5-10　CAT-303自动变速器油更换机

a）仪器正面　b）仪器测面　c）仪器顶面

2. 使用操作

（1）管路连接　CAT-303管路连接如图5-11所示。

1）将车顶高，使驱动轮悬空。

2）找出汽车上便于拆装的一条自动变速器与散热器连接的油管，并拆下其接头。

3）适当打开回油阀，顺时针缓慢打开气压调节阀使气压至68.95～103.425kPa，并起动发动机。

4）通过调节回油阀及气压调节阀，使新油的加注量与旧油回收量保持平衡。

5）更换时应对每一档位进行切换，视情况而定，每个档位停留1min左右。在D位和O/D位工作时，踏加速踏板使车速达60km/h以上，这时才能更换D位和O/D位控制油路的自动变速器油。

图5-11　CAT-303管路连接

6）等量调整观察新油的减少量与旧油的增加量，同时调节气压阀和回油阀使减少量与增加量相等。若旧油增加量大于新油减少量，应顺时针调节回油阀来减慢回油流速。若旧油增加量小于新油减少量，应逆时针调节气压阀减少新油加注量。

7）当新、旧油视窗颜色基本相同时停止更换。先将发动机熄火，再逆时针关闭气压调节阀。

8）拆除管路连接，并恢复变速器的油管连接。

9）起动发动机，检查汽车管路是否有渗漏油现象。

10）检查变速器油位，若油位不够需进行补充加注，操作过程参考添加自动变速器油（直接加注）步骤。

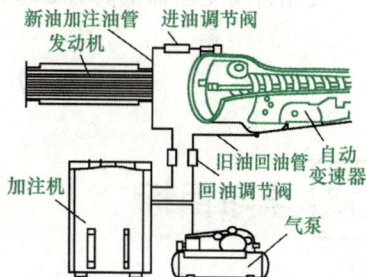

注　意

为了保证更换质量，设备内的新油应比汽车变速器所需油量多2～3L。

（2）添加自动变速器油（直接加注）

1）从接头套件中选取一个合适的接头与出油管相接，并插入自动变速器加油口。

2）将新油加入设备内。

3）顺时针缓慢打开气压调节阀，设备开始向变速器内加入新油。

4）检查变速器油位，当油位合适时，逆时针关闭气压调节阀。注意：当气动隔膜泵空载运行后，设备可能会停止工作，只要把气压调节阀关闭 3s，拔下进气管，然后再打开，调节气压调节阀，设备将重新工作。

3. 安全注意事项

1）在进行操作之前，应熟悉设备，以便正确操作。

2）自动变速器换档应正确，以免误操作损坏变速器。

3）应使用规定品牌的液力传动油，不能用齿轮油代替 ATF，否则会造成自动变速器的严重损坏。

课后思考

使用自动变速器油时有哪些注意事项？

任务4　四轮定位的检测与调整

学习目标

1）掌握用四轮定位仪进行四轮定位测试的方法。

2）能够根据检测数据分析并调整部位。

3）根据检测的结果，判断车轮的定位角是否需要调整。

4）按照职业技能等级证书标准要求掌握车轮定位角的正确调整方法。

5）在训练中树立责任意识。

任务载体

当驾驶的汽车遇到以下状况时应考虑做四轮定位：

1）直行时汽车往左边偏或右边偏。

2）直行时需要紧握转向盘。

3）直行时转向盘不正。

4）行驶时，感觉车身漂浮或摇摆不定。

5）前轮或后轮单轮磨损。

6）安装新的轮胎后。

7）碰撞事故维修后。

8）换装新的悬架或转向及有关配件后。

9）新车驾驶 3000km 后。

相关知识

一、四轮定位参数

所谓的四轮定位参数，是在前轮定位参数（主销后倾角、主销内倾角、前轮外倾角、前轮前束）的基础上增加了后轮前束与后轮外倾角两个定位参数。许多前轮驱动汽车有较小的负后轮外倾角，以改善转向稳定性。后轮外倾角与前轮外倾角在定义上基本上相同。

（1）主销后倾角　主销后倾角是转向轴线向后倾斜的角度。主销后倾角是从汽车纵向平面观察时，转向轴线至垂直线之间的角度，用 γ 表示，一般 γ 角为 $2° \sim 3°$，如图 5-12 所示。

（2）主销内倾角　主销在前轴上安装后，其上端略向内倾斜，称为主销内倾。在汽车横向平面内，主销轴线与垂线之间的夹角 β 称为主销内倾角，如图 5-13 所示。

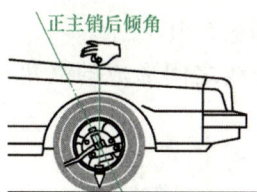

图 5-12　主销后倾角

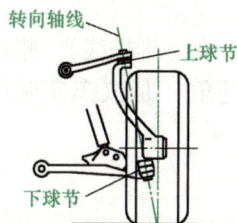

图 5-13　主销内倾角

（3）前轮外倾角　前轮安装在车桥上，其旋转平面上方相对纵向垂直平面略向外倾斜，称为前轮外倾。在汽车的横向平面内，前轮中心平面向外倾斜一个角度 α，称为前轮外倾角，如图 5-14 所示。现在的汽车一般都将外倾角设定为 $1°$ 左右。

（4）前轮前束　俯视汽车，两个前轮的旋转平面并不完全平行，而是稍微带一些角度，这种现象称为前轮前束。在通过两前轮中心的水平面内，两前轮的前边缘距离 B 小于两前轮后边缘距离 A，$A - B$ 之差称为前轮前束，如图 5-15 所示。像内八字一样前端小后端大的称为前束，而像外八字一样后端小前端大的称为后束或负前束。

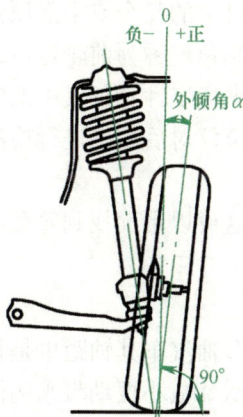

图 5-14　前轮外倾角

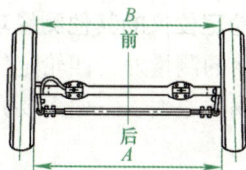

图 5-15　车轮前束

（5）后轮外倾角与后轮前束　后轮外倾角与前轮外倾角在定义上基本相同，如图 5-16 所示。在前轮驱动汽车中，驱动力使后轮心轴受向后的力。因此，这些后轮根据汽车本身的情况设计成零前束或很小的前束，如图 5-17 所示。正确的后轮前束设置对保证轮胎正常寿命有重要意义。

图 5-16　后轮外倾角

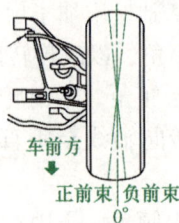

图 5-17　后轮前束

（6）推力线（推进线）　指两后轮总前束的平分线，如图 5-18 所示。

（7）推进角　是汽车实际的车身几何中心线与推进线之间形成的夹角，如图 5-19 所示。

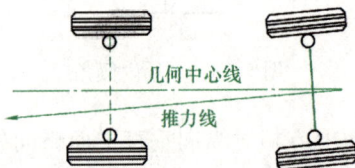

图 5-18　推力线（推进线）

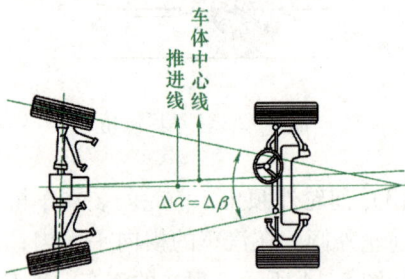

图 5-19　推进线及推进角

二、四轮定位仪检测的项目

四轮定位仪可检测的项目包括：前轮前束、前轮外倾角、主销后倾角、主销内倾角、后轮前束角、后轮外倾角、汽车轮距、汽车轴距、转向 20°时的前张角、推力线和左右轴距差等。目前常见的国产或进口四轮定位仪可以测量上述检测项目中的几个或全部项目。在这些检测项目中，前轮前束、前轮外倾角、主销后倾角、主销内倾角统称为前轮定位，也称前轮定位四要素，各种前轮定位仪都能对其进行检测。汽车的操纵稳定性不仅仅由前轮定位来保证，后轮定位也起着至关重要的作用，所以最好使用四轮定位仪对后轮也进行检测。

三、四轮定位仪的其他测量功用

除了前面的测量外，四轮定位仪还有附加测量的功能，这可以帮助找到轮胎不正常的磨损、汽车跑偏的原因。下面简要介绍一下附加测量的情况。

1. 轴距

轴距是指前轴中心到后轴中心的距离（图 5-20），对于多轴汽车其轴距也是指从前轴中心到后轴中心的距离。长的轴距使活动空间更大、驾驶更舒适并减小振动带来的倾斜，短的轴距使转弯半径小。

2. 轮距

轮距是指左、右轮胎中心之间的距离（图5-21），对于双轮胎汽车指从一对车轮的中间到另一对车轮之间的距离。它对汽车转向驾驶有很大影响。宽的轮距能提高转向时的速度。对带有横向和倾斜转向的单轮车轮悬架，借助弹簧的伸缩可改变轮距宽度，这增大了滚动阻抗和轮胎磨损，但过大的轮距宽度变化会使汽车的直线行驶性能变差。

图5-20 轴距

图5-21 轮距

3. 最大总转角

最大总转角（图5-22）是向左、向右最大转向时，内侧车轮和外侧车轮中心线与汽车中心线间的角度。最大总转角误差影响：造成汽车不同的最大转向角度。

4. 转向角

转向角（图5-23）是车轮中心线与行驶方向（车轮运动方向）的夹角。由于侧向阻力（侧风力、离心力）会影响正在行驶的汽车，所以车轮要改变行驶方向，对原行驶方向偏移 α 角。当前、后转向角一样时，行驶状态保持不变。如果前轮转向角较大，会使得前轮转向不足，后轮转向过度。转向角由轮重，阻力，轮胎构造、外形、胎压及摩擦力决定。

5. 轮轴偏移

轮轴偏移（图5-24）是指两个前轮（或后轮）与地面接触点的连线，与垂直于几何轴线的直线间的夹角。当车轮在左前方时，此角度值为正；在左后方时，此角度为负。

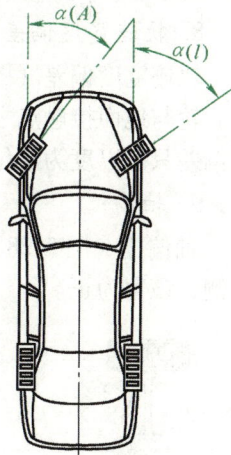

图5-22 最大总转角

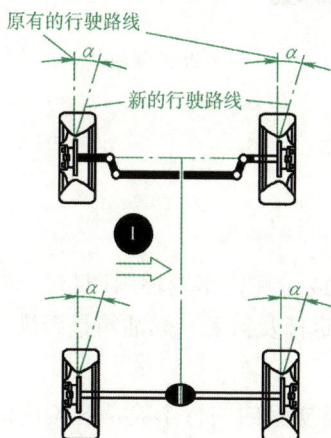

图5-23 转向角

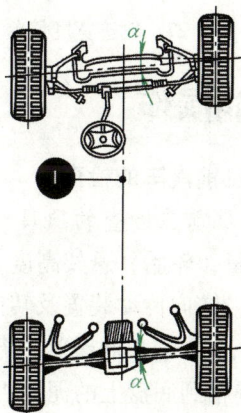

图5-24 轮轴偏移

6. 轴距偏差

轴距偏差（图 5-25）是两前轮之间的连线与两后轮间连线所形成的夹角。当右侧轮距大于左侧轮距时，此角度为正；反之，为负。

7. 横向偏位

横向偏位（图 5-26）是指左或右前轮和后轮与地面接触点连线与几何轴线间夹角。如果后轮超出前轮，此角度为正。

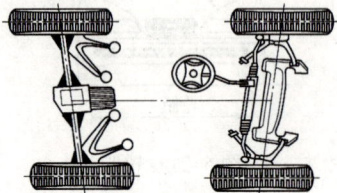

图 5-25　轴距偏差

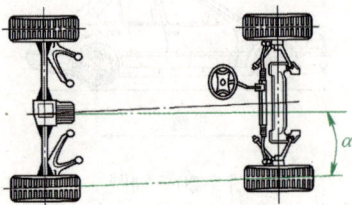

图 5-26　横向偏位

8. 轨迹宽度偏差

轨迹宽度偏差（图 5-27）是指左前轮和左后轮与地面接触点之间的连线，同右前轮和右后轮与地面接触点之间的连线的夹角。当后部宽度超过前部宽度时，此角度为正。轨迹宽度偏差只能以度为单位测量。

9. 轴偏位

轴偏位（图 5-28）是轨迹宽度偏差角的平分线与几何中心线的夹角。如果后轴偏移到右侧，该角为正。

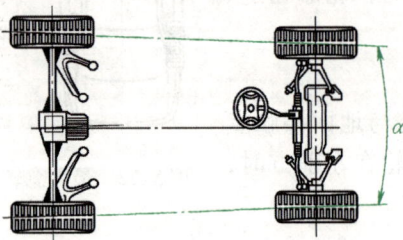

图 5-27　轨迹宽度偏差

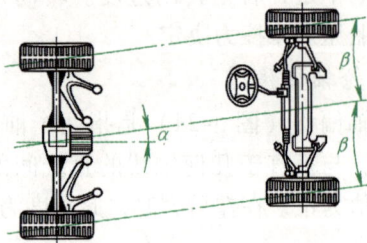

图 5-28　轴偏位

技能操作

一、定位前汽车的检查

1. 在定位前应检查的项目

整备质量，轮胎，悬架高度，转向盘游隙，减振器或滑柱，车轮轴承调整，球铰状况，摆臂及衬套，转向传动装置及转向横拉杆接头，横向稳定杆及衬套，燃油箱是否满。

2. 应在汽车停在地面时进行的检查

1）检查粘到底盘上的泥是否过多，卸去不计在整备质量内的行李舱及客舱内的大宗物件。对于有的重物（如工具箱或机械用具与随车物品）应该在车轮定位过程中留在车内。

2）将轮胎充气至规定值，并注意每只轮胎上是否有异常磨损或损坏。注意所有轮胎尺寸应相同。

3）检查前轮是否有径向圆跳动。

4）检查悬架高度。如果尺寸不在规定范围内，检查弹簧是否下陷或破损。对于有扭力杆的悬架，检查扭杆并调节。

5）当前轮处在中央位置时，来回转动转向盘以检查转向轴、转向器或转向传动装置的间隙。

6）检查减振器或滑柱、衬套或螺栓是否有松动，并看减振器或撑杆是否出现渗漏。

7）在汽车各个角处对每只减振器或滑柱进行摇晃检查。

3. 应该在汽车被抬升后悬架被支撑起进行的检查

1）检查前轮轴承是否有水平移动。对于前轮驱动的汽车，检查所有的车轮轴承。车轮轴承必须在车轮定位以前调整好，并视情况进行清洁、重新装配或其他调整。

2）测量球铰轴向、径向移动。如果任何方向出现过大的位移，就应更换球铰。注意在检查球铰时悬架必须支撑妥当。

3）检查摆臂是否有损坏、摆臂衬套是否有磨损。

4）检查所有转向传动装置以及转向横拉杆接头是否有松动。

5）检查横向稳定杆固定铰链及衬套是否有磨损。

6）检查转向器固定螺栓是否松动、安装托架和衬套是否有磨损。

二、四轮定位的检测

1）做好准备工作。

① 调整转角盘和后滑板，根据轮距和轴距调整举升机的宽度。

② 将汽车驶到转角盘和后滑板上，车轮要位于转盘和滑板的中部。

③ 拉上驻车制动器手柄，使汽车不能滑动。

④ 抽出转角盘和后滑板的安全销，使汽车车轮处于自由状态。

⑤ 进行汽车目视检查，检查车轮轮辋和车胎尺寸、轮胎的胎纹深度和胎压。

⑥ 检查转向装置和轮轴间隙，弹簧装置和减振器的状态。

⑦ 安装卡具和传感头，进行轮辋补偿。

⑧ 松开制动，用力压下车身前部和后部，使减振弹簧装置恢复到中间位置。

⑨ 安装制动器锁，锁定制动踏板。

2）安装车轮卡具和传感头。

在开始定位前，将每个车轮卡具（图5-29）和传感头总成安装在车轮的轮辋上。注意各传感头的位置，如果位置颠倒将使定位仪不能正常工作。留意各个传感头上的箭头标就不会弄错位置。

松开拧紧旋钮，通过拉伸上下滑板使卡具能够很快地由外向内或相反方向夹紧在轮圈上，将夹爪张到适合轮辋直径大小。卡具安装要求卡具手柄向上并且垂直地面，要求四爪的定面必须与轮辋的边缘靠齐。转动手轮调整并锁紧夹具在轮的位置，晃动一下，检查夹具是否固定牢固。然后，用防滑胶圈将夹具固定在轮胎上。

5-2　四轮定位检测

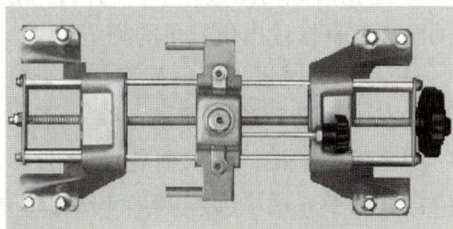

图5-29　车轮卡具

3）接通仪器电源，开机进入 SUN 主界面，如图 5-30 所示；选择四轮定位测试，系统开始自检。

4）选择制造厂家，车型资料。

选择相应汽车制造商，按回车键进入汽车年款选项；按回车键确定后，汽车有关技术资料出现在显示器上；记录这些数据，按回车键，进入项目检查选项。

5）按动键盘上的向下光标箭头，仪器进入基本功能选择，显示器显示如下：

开始定位操作、设定；定位机操作说明；保养定位机；档案库管理（以上功能都可通过上下光标键进行选择）。

图 5-30 四轮定位主界面

6）依次进行定位预备检查、轮胎检查、制动检查、车底检查、发动机舱盖下检查，按回车键进入轮辋补偿。

7）前轮退缩角的测定程序。

前轮退缩角的测量步骤如下：

① 将车轮按中央箭头指定方向左右转动，直到计算机显示器的上转向盘调整杆视窗完全变为黄色，表示车轮已摆正。

② 将前轮传感器调整水平，直到屏幕上红色水平泡处于中心位置，如图 5-31 所示。

③ 前轮退缩角测定完毕后，计算机自动进入下一画面，即主销后倾角测量屏。

8）测量包容角。

① 按 M 键，进入 SAI（内倾角）、包容角及后倾角界面。

包容角是主销后倾角与车轮外倾角之和。因为包容角是由刚性零件（转向铰节组件或麦弗逊式减振柱）

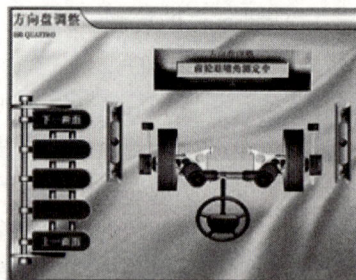

图 5-31 前轮退缩角测定屏

确定的，所以它一般是不可调的。当这些零件变形时 SAI 将发生变化，因此，包容角是一个用来诊断车轴及减振器变形或磨损的重要参数。注意，某些汽车的包容角是可调的。

② 进入主销后倾角测量屏后，按照屏幕提示操作：向右转动转向盘10°位置，直到屏幕上显示 OK；根据提示向左转动转向盘10°位置，直到屏幕上显示 OK；根据提示将转向盘归到0°位置，直到屏幕上显示 OK。

③ 主销后倾角测量完毕，画面自动进入图 5-32 所示的画面，直接读出包容角的测定值。

9）按回车键进入下一操作，调平机头；进入后轮测量状态，如图 5-33 所示。

10）按回车键，进入前轮测量准备，调平并锁紧转向盘，调平并锁紧机头。按 M 键进入前轮测量状态，如图 5-34 所示。

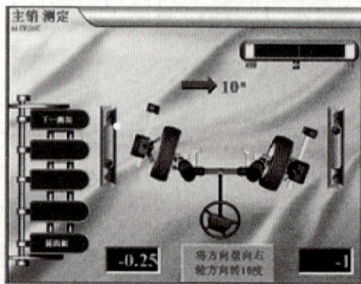

图 5-32 包容角的测定屏

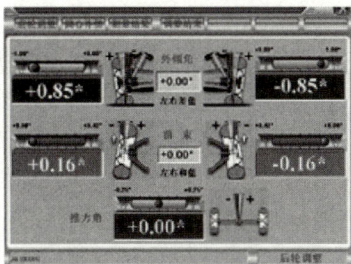

图 5-33 后轮测量调整屏

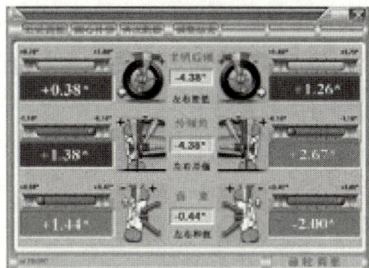

图 5-34 前轮测量调整屏

11）打印测量结果。点击调整结束，进入打印机。出现画面对话框提示"是否保存客户资料"。如保存，则鼠标单击 Yes 键；如不保存，则鼠标单击 No 键。若选择保存数据，显示画面，然后输入相关数据。其中"车辆号码或客户名字"一项必须输入，否则，将无法储存。如果确认将输入内容保存在电脑内时，鼠标单击画面存储数据处，出现对话框，单击 OK 出现下面的画面，填写后单击打印数据，打印机将把汽车的数据打印出来。不需要保存时，鼠标单击画面取消操作处。

三、四轮定位的调整

1. 后轮前束和外倾角的调整

进行定位前，应先检查底盘零件是否有损坏、轮胎气压是否正确。如果后桥上已装有任何形式的调整垫片，应先将垫片拆除并装好后轮再进行测量。汽车定位调整的顺序规则是：先调后轮，再调前轮；后轮先调外倾角，后调前束角；前轮先调主销后倾角，后调外倾角，再调前束角。

通常刚性后桥（俗称死后桥）的车轴垂直没有前束和车轮外倾角，因此常常不考虑后轮定位的调整。但是在汽车行驶过程中常常会发生后桥轻微变形或车轴的轻微变形，这种变化长期作用会造成后轮的磨损，出现偏磨或啃胎，还会产生推力角，引起汽车跑偏。若出现了这样的症状，图 5-35 所示为上海桑塔纳轿车前束的调整，它采用方形垫片——全接触式后轮定位调整专用整片，来调整刚性后桥车轮外倾角和前束角。其具体操作按以下步骤：

1）根据测量结果计算后轮需要调整的角度，选择相等或相近的垫片。

2）拆下后轮及轮毂。

3）将与垫片接触的表面清理干净。

4）按如下需要放置垫片：

① 角度标注片朝上——增大外倾角。

② 角度标注片朝下——减小外倾角。

③ 角度标注片朝后——增大前束角。

④ 角度标注片朝前——减小前束角。

5）如需同时改变外倾角和前束角，可将两个垫片叠加使用（每侧车轮最多只能加两个垫片）。

6）将轮毂装回，按技术要求的力矩拧紧螺栓，安装车轮。

图 5-35 上海桑塔纳轿车前束的调整

2. 前轮定位参数的调整

1）增减垫片调整主销后倾角和车轮外倾角，适用于别克、丰田、马自达、陆地巡洋舰等车型，如图5-36所示。

2）移动上控制臂来调整前轮外倾角和主销后倾角，适用于克莱斯勒等车型，如图5-37所示。

图5-36　增减垫片调整主销
后倾角和车轮外倾角

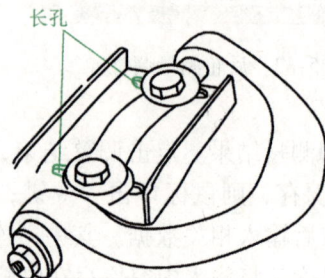

图5-37　移动上控制臂来调
整前轮外倾角和主销后倾角

3）旋转凸轮来调整车轮外倾角和主销后倾角，适用于别克、凯迪拉克、雪佛兰、福特等车型，如图5-38所示。

4）分别旋转两个偏心螺栓调整车轮外倾角和主销后倾角，适用于本田汽车，如图5-39所示。

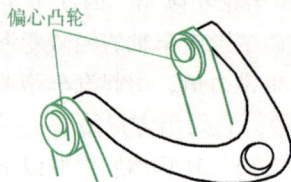

图5-38　旋转凸轮调整车
轮外倾角和主销后倾角

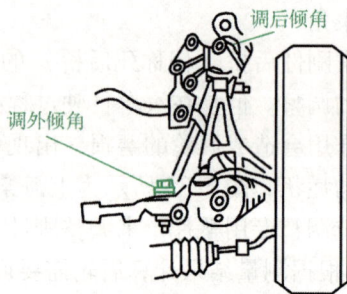

图5-39　旋转两个偏心螺栓
调整车轮外倾角和主销后倾角

5）松开下控制臂前端的球头安装螺栓，可以推进或拉出球头，从而调整前轮外倾角，适用于奥迪、大众系列等车型，如图5-40所示。

6）松开前减振器顶上几个定位螺栓，可以沿前卡孔左右移动减振器来调整前轮外倾角，适用于奥迪等车型，如图5-41所示。

7）松开两个螺栓向里推或向外拉轮胎，可以调整车轮外倾角，适用于别克、云雀、凯迪拉克、雪弗莱、克莱斯勒等车型，如图5-42所示。

8）松开减振器两个螺栓向外或向内移动轮胎上部，可以调整车轮外倾角。调整后可以加进楔形锯齿边铁片，既能固定又可防松脱，适用于福特等车型，如图5-43所示。

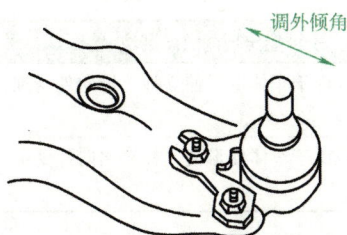

图 5-40　推动偏心球头调整前轮外倾角

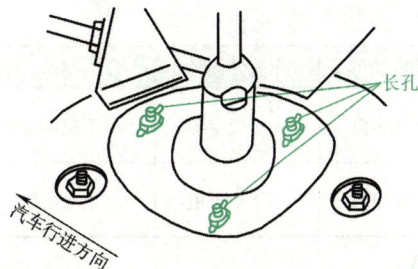

图 5-41　松开前减振器顶定位螺栓移动减振器来调整前轮外倾角

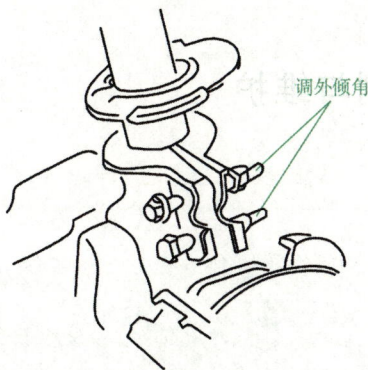

图 5-42　松开两个螺栓向里推或向外拉轮胎调整

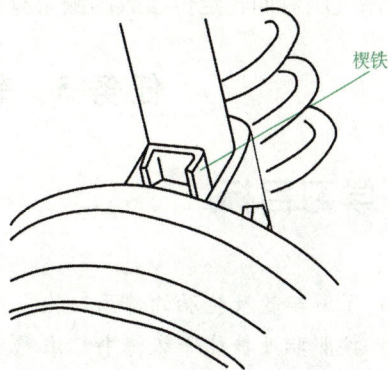

图 5-43　松开减振器后加进楔型锯齿边

知识与能力拓展

四轮定位测量结果分析

四轮定位测量出的结果超出正常值时，可对照表 5-2 进行故障原因的进一步分析，为排除故障奠定基础。

1）前轮主销后倾角左右不对称，偏差超过 0.5°，汽车朝主销后倾角小的一侧跑偏。

2）前轮外倾角左右不对称，偏差超过 0.5°，汽车朝前轮外倾角正值最大的一侧跑偏。

3）后轮外倾角左右不对称，偏差超过 0.5°，汽车朝后轮外倾角最小的一侧跑偏。

4）根据前、后轴的退缩角可以观察到汽车轴距的变化。前后退缩角之和超过 0.2°，就会出现可感觉到的跑偏，跑偏朝向轴距小的一侧。

表 5-2　麦弗逊悬架的故障诊断表

主销内倾角	车轮外倾角	包容角	可能出现的故障区域
正常	小于规定值	小于规定值	半轴弯曲、麦弗逊立柱弯曲
正常	大于规定值	大于规定值	半轴弯曲、麦弗逊立柱弯曲
小于规定值	小于规定值	正常	控制臂弯曲，或由于车体变形使立柱上端向外受推，或发动机托架扭曲失调
小于规定值	小于规定值	正常	由于车体变形使立柱上端向内受推或发动机托架扭曲失调
小于规定值	大于规定值	大于规定值	控制臂弯曲，或由于车体变形使立柱上端向外受推，半轴弯曲或立柱弯曲

（续）

主销内倾角	车轮外倾角	包容角	可能出现的故障区域
小于规定值	大于规定值	小于规定值	控制臂弯曲，或由于车体变形使立柱上端向外受推，半轴弯曲或立柱弯曲
小于规定值	小于规定值	小于规定值	控制臂弯曲，或由于车体变形使立柱上端向外受推，半轴弯曲或立柱弯曲

课后思考

轮胎气压对四轮定位参数的测量有哪些影响？

任务5　轮胎的检测与维护

学习目标

1）了解车轮及轮胎的作用及检查维护的重要性。
2）按照职业技能等级证书标准熟悉轮胎换位的方法。
3）掌握轮胎检查的操作技能。
4）做好废旧轮胎的回收、树立环保意识。

任务载体

车胎气压不足是每一位驾驶人行车过程中不可避免要遇到的问题，其实对轮胎的维护并不仅仅是补胎充气，轮胎的日常检查与维护更为重要。本任务重点介绍轮胎的检测与维护。

相关知识

一、车轮与轮胎

车轮与轮胎是汽车行驶系中的重要零部件，其作用是支撑整车质量，缓和来自路面的冲击力，通过轮胎与地面的附着力产生驱动力和制动力；在保证汽车正常转向行驶的同时，通过车轮产生的自动回正力矩，使车轮保持直线行驶方向等。

车轮是介于轮胎和车轴之间承受负荷的旋转部件。车轮通常主要由轮胎、平衡块、车轮、装饰罩、螺栓、气门嘴组成，如图5-44所示。根据轮辐的构造，车轮可分为辐板式车轮和辐条式车轮。

轮胎安装在轮辋上，直接与地面接触。轮胎由胎侧、胎面、胎体、胎圈组成。根据胎体结构的不同，轮胎可分为充气轮胎和实心轮胎。现代汽车绝大多数采用充气轮胎，实心轮胎仅用在低速汽车或重型挂车上。

汽车普遍采用充气轮胎。轮胎质量的好坏直接影响汽车的各种使用性能，轮胎是汽车上最重要的部件之一。汽车轮胎应有足够的承载能力，因汽车轮胎直接与地面接触，轮胎承受并传递与地面各方向的力。因此，轮胎必须有适宜的弹性和承受载荷的能力。同时，在其与路面直接接触的胎面部分，应具有用以增强附着作用的花纹。此外，车轮滚动时，轮胎在所承受的重力和由于道路不平而产生的冲击载荷作用下受到压缩。压缩消耗的功，在载荷去除后并不能完全回收，有一部分消耗于橡胶的内摩擦，使得轮胎发热。温度过高将严重地影响橡胶的性能和轮胎的组织，从而大大增加轮胎的磨损而缩短轮胎的使用寿命。

近年来，汽车越来越多地采用子午线轮胎，这种轮胎的帘布层帘线是径向排列的，如图5-45所示。这样排列的帘线，工作时直接受拉力，因此在承受同样的载荷时，子午线轮胎帘布层数可减少许多，子午线不用缓冲层，而用高强度的带束层代替。与普通胎相比，子午线胎具有寿命长、在路面滚动时周向变形小、滑移小、更耐磨、滚动阻力小、附着性能好、胎体弹性好、接地面积大等优点。

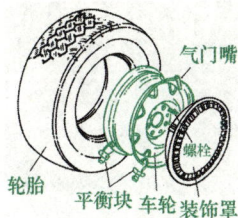

图5-44 车轮总成

图5-45 子午线轮胎

在汽车使用过程中，由于汽车受承受载荷、行驶路况、轮胎质量、悬架或转向系统零部件损伤、车轮定位失准及驾驶习惯等因素影响，使车轮产生变形和轮胎异常磨损，导致汽车产生行驶振动摇摆，轮胎加速磨损以及制动性能、加速性能和转向性能降低等，使汽车的行车安全性和使用经济性受到严重影响。因此，应定期检查轮胎磨损状况；同时，为提高各个轮胎的磨损均匀性，还需要定期进行车轮换位，延长轮胎使用寿命。

二、轮胎标示含义

轮胎标示的含义如图5-46所示。

图5-46 轮胎标示的含义

技能操作

一、轮胎的检查

1. 备胎检查

1）将汽车平稳地停放在举升机上，打开行李舱盖，从行李舱中取出备用车胎，安放在车轮支架上。

2）检查轮胎的胎压。用手旋下轮胎气门嘴的防尘帽，使用轮胎气压表检查轮胎气压是否符合 $2.5kg/cm^2$（依据车型而定）的要求。如果气压过低，应进行充气；若气压过高，则应适当地放气，直到达到规定要求，如图 5-47 所示。

3）检查气门嘴的漏气情况。用手旋下轮胎气门嘴的防尘帽，将轮胎气压加到规定要求，然后在气门嘴上涂抹一层肥皂水。目视检查气门嘴是否存在漏气现象，如图 5-48 所示。

图 5-47　检查轮胎的胎压

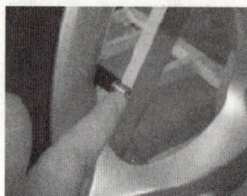

图 5-48　检查气门嘴的漏气情况

4）检查胎侧及胎肩情况。用手沿胎侧及胎肩方向按圆周方向检查其是否有变形、裂纹等情况；同时，配合目视检查在胎侧及胎肩方向上是否有异常磨损或鼓包、橡胶开裂等现象，如图 5-49 所示。

5）检查轮胎胎面是否有金属颗粒或其他异物嵌入，如图 5-50 所示。目视观察轮胎胎面异物嵌入情况，如果存在异物，应将异物剔除。

图 5-49　检查胎侧及胎肩情况

图 5-50　检查轮胎胎面是否有金属颗粒或其他异物嵌入

6）检查轮胎胎面磨损情况。目视检查轮胎胎面是否存在不均匀磨损（如两边磨损、中间磨损、羽状磨损、单侧磨损等）。若出现上述情况，应做进一步检查（轮胎气压或车轮定位等），如图 5-51 所示。

7）检查轮胎胎面花纹沟槽深度，如图 5-52 所示。首先，擦净轮胎花纹顶面及纹槽；然后，将深度尺垂直插入纹槽中，保持深度尺的测量平面与两侧花纹顶面可靠接触；同时，在整个轮胎上进行多点测量；最后，观察并读取深度尺外壳顶端与标尺对齐的刻度线指示的数值，该数值即为轮胎花纹深度值。车轮轮胎花纹深度应不低于极限值。胎面深度极限值为1.6mm。

图5-51　检查轮胎胎面磨损情况

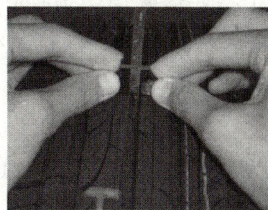

图5-52　检查轮胎胎面花纹沟槽深度

8）检查轮圈和轮盘的情况。目视检查轮圈和轮盘是否存在变形、腐蚀、裂纹等损坏情况，如果存在，应更换轮胎，如图5-53所示。

9）检查轮胎螺栓孔的情况。目视检查连接螺栓孔，不应有腐蚀、变形等情况，如图5-54所示。

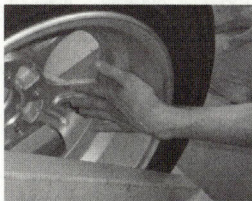

图5-53　检查轮圈和轮盘的情况

图5-54　检查轮胎螺栓孔的情况

2. 轮胎及车轮轴承的检查

1）将汽车平稳地停放在举升机上，操纵举升机将汽车举升至适当高度，锁止举升机。

2）检查车轮是否摆动、转动是否良好且无噪声，如图5-55所示。

3）进行车轮的检查。检查项目分别为胎侧及胎肩情况、轮胎胎面是否有金属颗粒或其他异物嵌入、轮胎胎面磨损情况、轮胎的胎压、气门嘴的漏气情况、轮圈和轮盘的情况、轮胎螺栓孔的情况、轮胎胎面花纹沟槽深度，检查的方法和检查备胎的方法一样。

图5-55　检查车轮是否摆动、转动是否良好且无噪声

注意

在检查轮胎胎面花纹沟槽深度时，如果胎面沟槽深度小于1.6mm，在胎面上会出现磨损极限标记。此时，应及时更换轮胎。

● 轮胎气压的检查应在轮胎冷却后进行。

● 应在随车的轮胎标牌或用户手册中，找出规定的轮胎气压。

4）检查完毕后，按照规定要求安装轮胎。按对角线拧紧车轮螺母，最后应使用扭力扳手再检查拧紧力矩（90~110N·m），如图5-56所示。

二、汽车的轮胎换位

为了防止轮胎偏磨损，延长轮胎的使用寿命，每行驶 10000km 应按图 5-57、图 5-58 或图 5-59 所示顺序变换轮胎的位置。

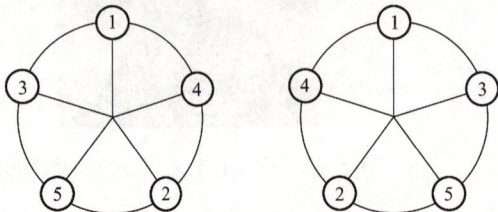

图 5-56　车轮螺母拧紧顺序

图 5-57　备胎同时更换的换位方式

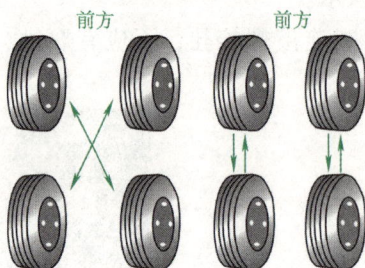

5-3　轮胎换位

图 5-58　前后轮轮胎换位方式

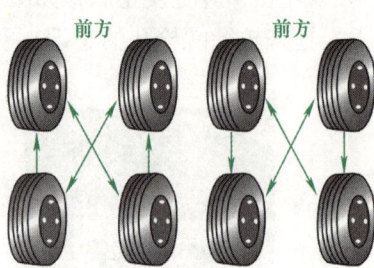

图 5-59　循环式轮胎换位方式

三、轮胎不正常的磨损现象

轮胎的磨损主要是轮胎与地面间滑动产生的摩擦力造成的。汽车起步、转弯及制动等行驶条件不断变化，转弯速度过快、起步过急、制动过猛，轮胎的磨损就快。另外，轮胎的磨损还与汽车的行驶速度有关，行驶速度越快，轮胎磨损越严重。路面的质量直接影响到轮胎与地面的摩擦力，路面较差时，轮胎与地面滑动加剧，轮胎的磨损加快。以上情况产生的轮胎磨损，基本上是均匀的，属于正常磨损。若轮胎使用不当或前轮定位不准，将产生故障性不正常磨损（图 5-60）。常见的不正常磨损有轮胎胎面磨损不均匀，胎冠中部磨损，胎冠外侧或内侧磨损，胎冠呈锯齿状磨损，胎冠呈波浪状、碟边状磨损等。

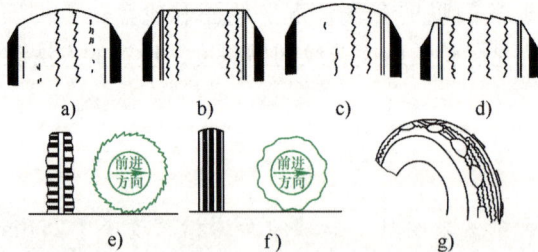

图 5-60　轮胎常见的不正常磨损

a）胎肩磨损　b）正中磨损　c）外侧磨损　d）羽片状磨损
e）锯齿状磨损　f）波浪状磨损　g）胎肩碟片状磨损

1. 轮胎磨损不均匀

轮胎花纹磨损不均匀，局部磨损严重。

故障原因：前轮定位不正确，前束和外倾角调整不当；轮胎气压过高，车轮摆差过大；

制动器分离不彻底；悬架零件磨损严重。

2. 胎冠中部磨损

故障原因：轮胎气压过高，使轮胎与地面接触面积减小，增加了单位接地面积的负荷，加速了胎冠中部的磨损。此外，帘布层帘线承受过大的拉伸应力也可导致轮胎早期损坏。

3. 胎冠外侧或内侧磨损

故障原因：只有转向轮才会发生这种情况。若轮胎外倾角过大，使胎冠外侧磨损；若过小，造成胎冠内侧磨损。

4. 胎冠呈锯齿状磨损

故障原因：主要与前束有关。若前束过大，则胎冠由外侧向内侧呈锯齿状磨损；若前束过小，则胎冠由内侧向外侧呈锯齿状磨损。

5. 胎冠呈波浪状磨损或碟边状磨损

故障原因：轮胎平衡不良、轮毂松旷、轮辋拱曲或经常使用紧急制动。

知识与能力拓展

车轮动平衡检测

一般使用车轮动平衡机检测车轮动不平衡，并加装平衡块以校准。下面以 SBD-96 轮胎平衡仪为例介绍车轮动平衡操作步骤。

计算机显示与控制装置多为电脑式，具有自动诊断和自动调校系统，能将传感器送来的电信号通过计算机运算、分析、判断后显示出不平衡量及其位置。为使显示的不平衡量正好是轮胎边缘所加平衡块的质量，还必须测量轮毂的直径 d、轮胎宽度 b 和轮辋边缘至平衡机机箱的距离 a，然后通过键盘或旋钮将 a、b、d 三尺寸输入计算机。测量部位如图 5-61 所示。操作步骤如下：

1）清除被测车轮上的泥土、石子和旧平衡块。

2）检查轮胎气压（必须符合原厂的规定）。

3）根据轮辋中心孔的大小选择好锥体，如图 5-62 所示，装好车轮，用快速螺母拧紧。

4）打开电源开关，检查指示与控制装置的面板指示是否正确；根据轮辋结构选择相适应的轮辋。轮辋结构选择如图 5-63 所示。

5）用卡尺测量轮胎宽度 b、轮胎直径 d，用平衡机上的标尺测量

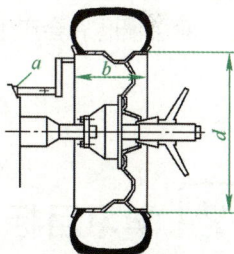

图 5-61　测量部位

轮辋边缘至机箱的距离 a，再用键入或选择器旋钮对准测量值的方法将 a、b、d 值输入到指示与控制装置中去。

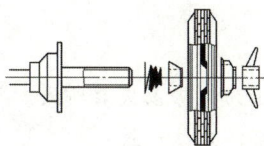

图 5-62　安装车轮

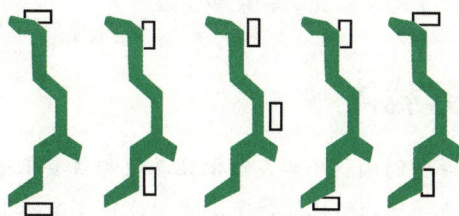

图 5-63　轮辋结构选择

6）放下车轮防护罩，按下起动键，使车轮旋转，平衡测试开始，自动采集数据。

7）车轮自动停转或听到"笛"声按下停止键并操纵制动装置使车轮停转后，从指示装置里读取车轮内、外侧不平衡量和不平衡位置。

8）抬起车轮防护罩，用手慢慢地转动车轮，当指示装置发出指示（音响、指示灯亮、制动显示点阵符或显示检测数据等）时停止转动。在轮辋的内侧或外侧的上部（12点位置）加装指示装置，显示该侧的平衡块质量。内、外侧要分别进行，平衡块装卡要牢固。

9）安装平衡块后有可能产生新的不平衡，应重新进行平衡试验，直至不平衡量小于5g（0.3 oz），指示装置显示"00"或"OK"时为止。当不平衡量相差10g左右时，如沿轮辋边缘前、后移动平衡块一定角度，也可获得满意效果。

10）测试结束，关闭电源开关。

5-4　轮胎动平衡

注　意

1）操作时一定要注意保护"匹配器"及轴部。

2）装卸车轮时，一定要轻拿轻放，安装要可靠、牢固，安装不正会引起严重的不平衡。

3）每次重新开启电源进行操作时，切记要重新输入直径、宽度和距机箱距离值。

4）本测试中所有测量的数值均以英寸为单位。

5）仪器连接好电源后，一定注意搭铁线要接触良好。

6）平衡块的安装，切不可在平衡机上进行。

课后思考

轮胎偏磨后会产生哪些不良影响？

任务6　行驶系统的检查与维护

学习目标

1）能按照职业技能等级证书标准要求，检查悬架系统螺旋弹簧和弹簧绝缘套（消声器）。

2）能检查悬架系统扭转梁和支座。

任务载体

一辆帕萨特新领驭轿车左前侧比其他部位要低一些，怀疑为减振器失效所致。举升汽车发现，左前侧减振器油腻比较严重，更换左前侧减振器，汽车整体高度一致。

相关知识

一、行驶系的主要功用

1）接收由发动机经传动系传来的转矩，并通过驱动轮与地面之间的附着作用，产生驱动力，以保证整车正常行驶。

2）支撑汽车的总质量。

3）传递并支承路面作用于车轮上的各种反力及其所形成的力矩。

4）尽可能地缓和不平路面对车身造成的冲击和振动，保证汽车平顺行驶。

二、行驶系的组成

行驶系由车架、车桥、车轮和悬架组成。

车架的作用是支撑连接汽车的各零部件，并承受来自车内外的各种载荷；车架是整个汽车的基本，汽车的绝大多数部件和总成都是通过车架来固定其位置。车架一般由纵梁和横梁组成，通过铆接或焊接的方法将纵梁和横梁连接成坚固的刚性构件，汽车车架的结构形式主要有：边梁式、中梁式（或称脊骨式）、综合式和无梁式。

悬架是车架（或车身）与车桥（或车轮）之间一切动力连接装置的总称。图5-64所示为前悬架结构图，图5-65所示为后悬架结构图。

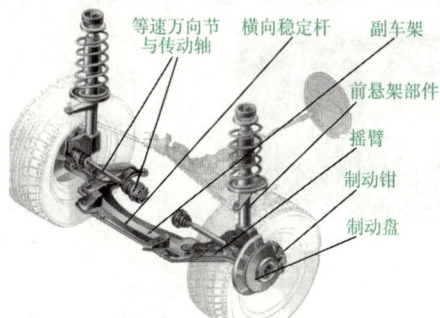

图5-64　前悬架结构图

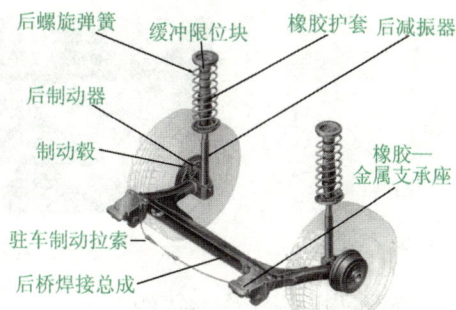

图5-65　后悬架结构图

汽车悬架是车架或承载车身与车轮之间的弹性传力装置。由它的弹性元件和阻尼元件构成在车轮到车身之间的减振环节，其作用为把车架或承载车身与车轮连接起来，以缓和吸收车轮在不平路面上行驶时所受到的冲击和振动，保证汽车行驶的平顺性。

汽车悬架可分为独立悬架和非独立悬架两大类。现代汽车悬架有多种不同的结构形式，但是一般都由弹性元件、减振器和导向机构组成。

技能操作

一、悬架检查

1. 减振器减振力检查

通过上下摇动车身确定减振器的缓冲力大小，并且检查车身停止摇动需要的时间，时间应尽量少，如图5-66所示。

2. 汽车倾斜情况的检查

将汽车平稳地停在举升机上，并使各轮胎气压保持一致，目测汽车是否有倾斜，如图5-67所示。

图5-66 减振器减振力检查

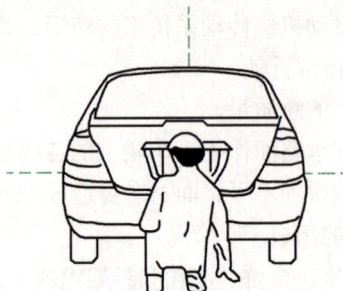

图5-67 检查汽车倾斜情况

3. 各悬架组件的检查

用目视、手摸或摇晃等方法检查减振器、螺旋弹簧、稳定杆、下臂及托臂和扭转梁是否有损坏、变形等情况。

4. 减振器的检查

检查减振器上是否有凹痕。检查防尘罩上是否有裂纹、裂缝或其他损坏，如图5-68所示。

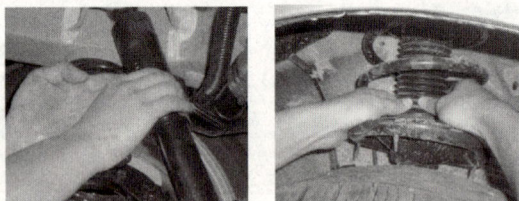

图5-68 检查减振器

5. 检查减振器中渗漏情况

用手摸减振器，观察减振器是否存在油液渗漏情况，如图5-69所示。

6. 连接摆动检查

通过摇晃悬架连接头上的连接来检查衬套是否磨损或者有裂纹，并且检查是否摆动，同时，检查连接是否损坏，如图5-70所示。

图5-69 检查减振器中渗漏情况

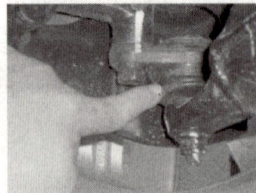

图5-70 连接摆动检查

7. 螺旋弹簧的检查

观察弹簧是否有裂纹、变形及磨损等情况，用手摇晃弹簧是否有松动。

8. 对汽车下臂、托臂及桥梁的检查

目视及用手晃动上述部件，观察其有无损伤及松动情况，如图5-71所示。

图 5-71 对汽车下臂、托臂及桥梁的检查

9. 左、右前减振器座螺栓紧固情况的检查

用工具对左、右前减振器座螺栓进行紧固，拧紧力矩为 45～60N·m，如图5-72所示。

二、底盘连接螺栓和螺母的紧固检查

1）紧固下臂球头总成到转向节螺栓（球节至转向节），如图5-73所示。拧紧力矩为 100～120N·m。

2）紧固制动钳装配螺栓，如图5-74所示。拧紧力矩为 78.5～98.1N·m。

3）紧固车架装配螺栓（螺母），如图5-75所示。拧紧力矩为 160～180N·m。

4）紧固车架支撑杆装配螺栓（螺母）。拧紧力矩为 45～55N·m。

图 5-72 紧固左、右前减振器座螺栓

图 5-73 紧固下臂球头总成到转向节螺栓

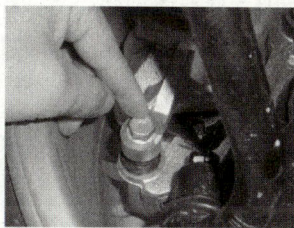

图 5-74 紧固制动钳装配螺栓

5）紧固减振器至车身螺栓，如图5-76所示。拧紧力矩为 100～120N·m。

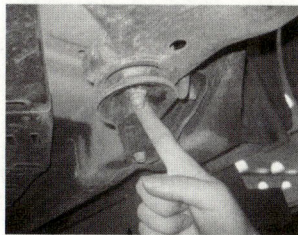

图 5-75 紧固车架装配螺栓

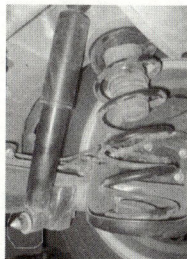

图 5-76 紧固减振器至车身螺栓

6）紧固转向机外壳至横梁的固定螺栓，如图5-77所示。拧紧力矩为 60～80N·m。

7）紧固稳定杆至稳定杆连杆螺母。拧紧力矩为 100～120N·m。

8）紧固制动钳固定螺栓，如图 5-78 所示。拧紧力矩为 78.5~98.1N·m（前制动）；49.0~58.8N·m（后制动）。

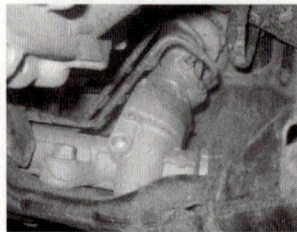

图 5-77　紧固转向机外壳至横梁的固定螺栓

图 5-78　紧固制动钳固定螺栓

9）紧固前支柱总成到转向节螺栓，如图 5-79 所示。拧紧力矩为 137.3~156.9N·m。

10）紧固稳定杆连杆到支柱总成螺母，如图 5-80 所示。拧紧力矩为 100~120N·m。

图 5-79　紧固前支柱总成到转向节螺栓

图 5-80　紧固稳定杆连杆到支柱总成螺母

11）紧固支柱总成到转向节螺栓，如图 5-81 所示。拧紧力矩为 140 ~ 160N·m。

图 5-81　紧固支柱总成到转向节螺栓

知识与能力拓展

一、独立悬架的优缺点

1. 独立悬架的优点

1）在不平道路上行驶时车架和车身的振动小，而且有助于消除转向轮不断偏摆的不良现象。

2）减少了汽车的非簧载质量，则悬架所受到的冲击载荷也减小，可以提高汽车的平均行驶速度。

3）采用断开式车桥，发动机总成的位置可以降低和前移，使汽车重心下降，提高了汽车行驶稳定性。

2. 独立悬架的缺点

结构复杂，制造成本高，维修不便，轮胎磨损较严重。

二、独立悬架的分类与比较

1. 独立悬架分类

独立悬架分为麦弗逊式、双横臂式和多连杆式三种。

2. 三种悬架的比较（表5-3）

表5-3 三种悬架优缺点的比较

序 号	类 型	优 点	缺 点	适 用
1	麦弗逊式	结构简单、成本低、两侧车轮内侧空间大，便于发动机的布置	抗侧倾能力一般，高速转向时横向稳定性不好	中低级轿车的前悬架
2	双叉臂式	侧倾小，可调参数多、轮胎接地面积大、抓地性能优异	占用较大的空间，而且其定位参数较难确定	中高级轿车，部分运动型轿车及赛车的后轮
3	多连杆式	舒适性和操纵稳定性非常好	结构复杂、成本高	多用于高级轿车

课后思考

如何更换减振器？

任务7 转向系统的检查与维护

学习目标

1）能按照职业技能等级证书标准要求，检查转向轴万向节、轴承、阶段式万向节（包括在转向柱装备安全气囊）。

2）能检查动力转向油的油面和状态，根据维修手册调整油面。

3）能对动力转向系统进行冲洗、加注和排气，按厂家规格使用适当的液体类型。

4）能检查动力转向系统油液有无泄漏。

任务载体

一辆北京现代伊兰特轿车行驶210 000km时，发现转向盘自由行程比原来增加了将近一倍。维修人员对汽车进行检查后发现转向球头松旷，更换转向球头后自由行程恢复正常。

相关知识

一、汽车转向系统概述

汽车转向系统是用于改变或保持汽车行驶方向的机构。其作用是使汽车在行驶过程中能够按照驾驶人的操纵要求适时地改变行驶方向，并在受到路面传来的偶然冲击而可能使汽车意外地偏离行驶方向时，能与行驶系统共同保持汽车直线行驶的稳定性。图 5-82 所示为转向系统的组成。一般的转向系统由转向盘、转向柱轴管、转向轴、万向节和转向器组成。

由于机械式转向系统本身不能同时满足转向操作既省力又灵敏的要求，所以，现在很多汽车上均采用转向助力装置。这种装置可以选用传动比小的转向器，保证转向的高灵敏性，同时，又有动力协助转向，可达到转向既省力又灵敏的目的。北京现代悦动汽车采用的是液压动力转向系统，该装置由转向液压泵、储油罐、动力转向器和油管等组成。

转向传动机构的功用是将转向器输出的动力和运动传给转向轮，使两个转向轮偏转角按一定关系变化，以实现汽车顺利转向。转向传动机构按照悬架的不同，可分为非独立悬架配用的转向传动机构和与独立悬架配用的转向传动机构两大类。

图 5-82　转向系统的组成

二、各项检查的必要性

1. 检查转向盘的必要性

转向盘在汽车行驶过程中起到控制方向的作用，如果出现故障，会造成操纵失灵，极易出现危险。如果转向间隙过大，容易造成行驶跑偏、转向盘抖振，影响正常的行驶，因此，需对转向盘进行定期检查，及时排除故障隐患。

2. 检查液压动力转向系统的必要性

对于装有液压动力转向系统的汽车，当汽车转向时，驾驶人只需作用在转向盘上较小的力，此时，由发动机驱动的动力转向泵建立的高压油便在控制阀的控制下进入转向器内的动力油缸，推动转向偏转，实现汽车转向。对于液压动力转向装置而言，在使用过程中会出现动力转向油变质、有气泡、浑浊、管路渗漏堵塞或液位下降等现象，致使动力转向装置性能下降或丧失，造成转向沉重。

3. 转向传动机构检查维护的重要性

随着汽车行驶里程的增加，转向系统各零部件会产生磨损、固定螺栓松动等现象，使转向系统间隙变大、传动零部件松动，导致汽车转向沉重、行驶跑偏、转向不灵敏等，影响到行驶的安全性。防尘罩、转向横拉杆及其球头是汽车转向系统的重要组成部件。如果长时间使用，防尘罩的橡胶会老化、破裂，引起润滑脂流失与变质，影响转向器密封和润滑，加速转向器的磨损；转向横拉杆会弯曲变形，使转向车轮定位角度发生变化，造成转向操纵不稳定及轮胎异常磨损等；转向球头会磨损，使球头与球笼配合松旷，造成异响，若磨损过大，会造成汽车失去方向控制的危险情况。

三、更换动力转向油的注意事项

1）动力转向油有一定的腐蚀性，应注意防护。

2）在添加或更换动力转向油时，要使用正品动力转向油。如果使用另一种类型的动力转向油，可能导致磨损加剧，低温状态转向不良。

技能操作

一、转向盘的检查

1. 检查转向盘的转动自由行程量

1）将汽车停放在举升机处，安装好底板垫、座椅套和转向盘套。

2）起动发动机，使汽车处于笔直向前状态。在前轮不动状态下，使用直尺测量转向盘可以转动的自由间隙（自由行程），如图5-83所示。转向盘自由行程的标准值：不大于30mm。如果自由行程大于标准值，应检查转向轴的连接部位和横拉杆球头的间隙。

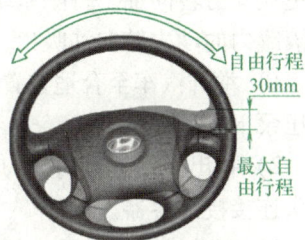

图5-83 转向盘自由行程的检查

2. 转向盘的松动和摆动情况的检查

用两手握住转向盘，轴向和垂直地移动转向盘，确保其没有松动；同时，两手握住转向盘，向两侧移动转向盘，确保其没有摆动，如图5-84所示。

3. 点火开关处于ACC位置时状态的检查

将点火开关转动到ACC位置时，转向盘应不锁定并且可以自由转动，如图5-85所示。

图5-84 转向盘的松动和摆动
情况的检查

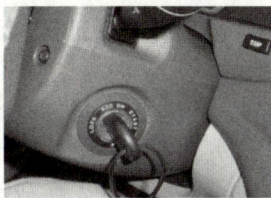

图5-85 点火开关处于ACC位置时
转向盘的状态图

4. 检查转向盘自动回位

1）检查转向盘回正力时（图5-86），无论快慢转动转向盘，左右两侧的回正力都应相同。

2）车速在23～30km/h转动转向盘90°，保持1～2s后，放松转向盘应回到70°以上位置；如果快速转动转向盘时可能在瞬间感到转向盘沉重，这不属于故障。

二、动力转向油的检查

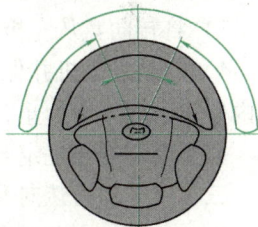

图5-86 检查转向盘回正力

1. 动力转向油液位的检查

将汽车停放在平坦地面，调整转向盘，使前车轮处于直线行驶状态。

1）起动发动机，在空档状态下转动转向盘数次，使转向油温上升到50～60℃。

2）在发动机怠速状态下数次转动转向盘至左、右极限位置。

3）检查储油罐的转向油是否有泡沫或混浊。

4）检查发动机起动后和停止后的储油罐液面之差。正常液位应处于上刻度线（MAX）与下标度线（MIN）之间。若液面高于MAX刻线，应用吸管将多余油液吸出；若液面低于MIN刻线，确认系统无泄漏后，应及时添加，如图5-87所示。

2. 动力转向油的添加

将汽车停放在水平地面上，保证前转向轮处于直线行驶位置状态，旋开动力转向油储油罐盖，在加注口周围铺好干净的抹布，添加动力转向油，使液位处于规定要求。

3. 动力转向油的更换

如果动力转向油出现变白、浑浊或气泡等现象，应及时更换动力转向油。排除系统内的动力转向油可用吸管将储液罐内的动力转向油吸出，放置在专门的容器内。

图 5-87　检查动力转向油液位

1）举升汽车至合适位置，用鲤鱼钳将转向器回油管卡箍脱离压紧部位，接油容器置于液压泵下方。

2）拉出回油管，将动力转向油接入接油容器中。排净后，用软管一头连接回油管，另一头连接接油容器。

3）起动发动机并怠速运转，反复地左右转动转向盘至极限位置，使转向系统内的动力转向油注入接油容器中。

4）当无动力转向油排除出时，重新连接回油管至储液罐，停止发动机运转，并将转向盘回位到中间位置。

5）使用动力转向油填充储液罐，反复地左右转动转向盘至极限位置，直到当转向盘回味到中间位置时。

6）使液位达到规定位置，并给动力转向系统放气。

4. 液压动力转向系统放气

1）使用动力转向油补充液位至储液罐 MAX 标记位置。

2）将车举升至一定高度，通过快速将点火开关从"ON"位置转到"START"位置来转动发动机 1～2 次，但不起动发动机。

3）将转向盘从左极限位置转到右极限位置 5～6 次，持续 15s 左右。

4）起动发动机并保持转向盘转动从左锁止至右锁止位置，直到发动机怠速状态下储液罐内停止出现气泡为止，排气过程结束。

如果液位低于规定要求，则应添加动力转向油。

三、液压动力转向系统泄漏的检查

起动发动机，保持发动机怠速运转，转动转向盘至极限位置并保持。此时，液压动力转向系统中油压最高，便于发现泄漏部位。

1）检查动力转向泵处是否存在渗漏，如图 5-88 所示。

2）检查转向器处是否存在渗漏，如图 5-89 所示。

3）检查液体管路和各连接点处是否有渗漏（检查动力转向泵及各管接头、储液罐及各管路连接部位等），如图 5-90 所示。

4）检查各软管是否有裂纹、老化或其他损坏，如图 5-91 所示。

5）举升汽车至适当位置，检查动力转向器处的波纹管是否有裂纹或者破损，是否存在润滑脂或者润滑油渗漏。

如果上述地方存在渗漏，应更换相关零部件和密封圈。

图5-88　检查动力转向泵是否渗漏

图5-89　检查转向器处是否渗漏

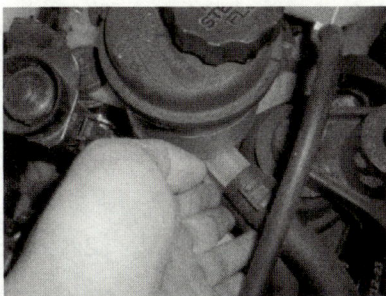

图5-90　检查连接部位是否渗漏

图5-91　检查各软管

知识与能力拓展

一、检查转向角度

1）将前轮置于转角盘上，检查车轮转向角（图5-92）。最大转向时，内侧车轮转向角标准值为40.7°±2°，外侧车轮转向角标准值为32.4°。

2）若超出标准值，进行调整后再测量转向角。

二、转向系统的检查维护

1）目视检查防尘罩是否有裂纹或破损，如图5-93所示。

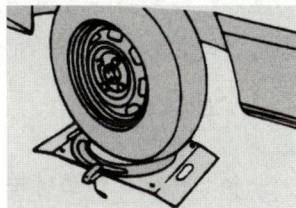

图5-92　检查车轮转向角

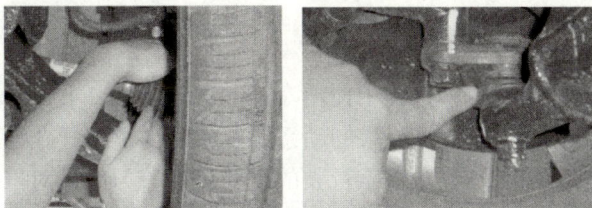

图5-93　检查防尘罩情况

2）目视检查转向连接机构是否弯曲或者损坏。

3）用手摇晃转向连接机构是否松动或者摆动，如图5-94所示。

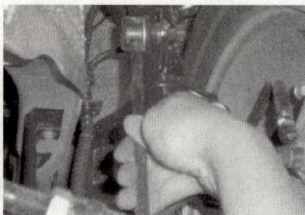

图 5-94 检查转向连接机构固定情况

课后思考

为什么汽车在低速转弯时转向力矩大，高速转弯时转向力矩小？

任务8 制动系统的检查与维护

学习目标

1）了解行车制动器的作用。

2）掌握制动踏板的检查内容及方法。

3）掌握驻车制动器的检查内容及方法。

4）掌握制动管路检查的内容。

5）按照职业技能等级证书标准要求熟练掌握制动液的检查、更换及添加的方法及要求。

6）学会对制动系统进行排气操作。

7）掌握制动盘与制动片的检查内容及方法。

8）树立环保意识、做好废旧制动液的回收。

任务载体

一辆北京现代伊兰特轿车制动踏板的自由行程比新车时大得多，制动性能不如新车时灵敏。维修人员检查后发现制动液液面低于最低位，补充制动液、排除管路空气后，故障现象消失。

相关知识

汽车的制动系统是在汽车行驶过程中使汽车减速甚至停车，使下坡时的车速保持稳定，以及使停驶的汽车保持不动的系统。如果制动系统工作不良，会导致汽车出现不能减速或停止的危险情况。汽车制动性能是汽车安全行驶的重要保证，为此，对汽车制动系统提出了许多严格的要求。

一、功用与组成

1. 功用

制动是指固定在与车轮或传动轴共同旋转的制动毂或制动盘上的摩擦材料承受外压力而产生摩擦作用，使汽车减速停车或驻车。能产生这样功能的一系列专门装置称为制动系统。

制动系统是组成汽车最重要的系统之一，它有四个基本功能：

1）降低汽车的行驶速度。

2）使行驶中的汽车停止运行。

3）使已停驶的汽车保持不动。

4）在最大制动时能够进行方向控制。

2. 组成

图5-95所示为制动系统的主要组成部分。一套完整的制动系统包括：行车制动——可以降低汽车的行驶速度；驻车制动——使已停驻的汽车保持不动。现今许多新型汽车装备了防抱死系统，大部分汽车还装有牵引力控制系统。

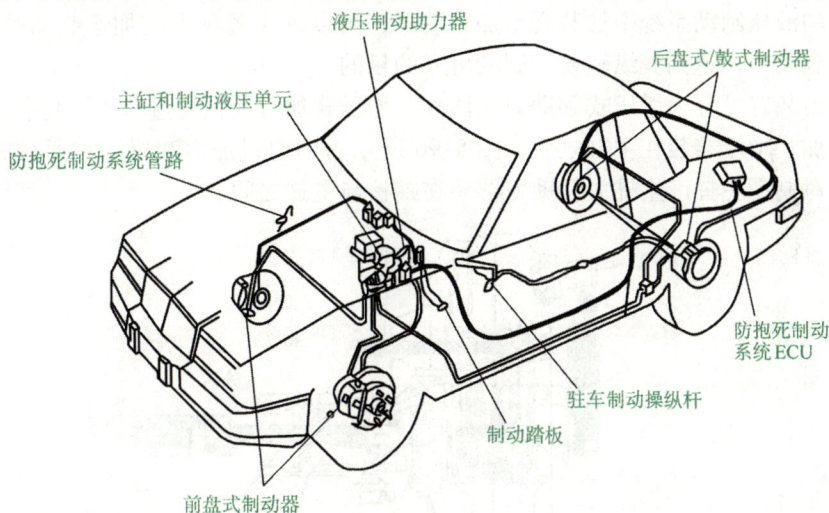

图5-95　制动系统的主要组成部分

每套制动装置都由产生制动作用的制动器和操纵制动器的传动结构组成。它们一般有以下四个组成部分：

（1）供能装置　供能装置包括供给、调节制动所需能量和改善传能介质状态的各种零部件，如气压制动系统中的空气压缩机、液压制动系统中的液压泵。

（2）控制装置　控制装置包括产生制动动作和控制制动效果的各种零部件，如制动踏板等。

（3）传动装置　传动装置将驾驶人或其他动力源的作用力传到制动器，同时控制制动器的工作，从而获得所需的制动力矩，包括将制动能量传输到制动器的各个零部件，如制动主缸、制动轮缸等。

（4）制动器　制动器是产生阻碍汽车的运动或运动趋势的力的零部件，如制动盘或制动鼓等。

较为完善的制动系统还包括制动力调节装置以及报警装置、压力保护装置等。

3. 原理

制动踏板工作时带动制动助力器，助力器利用驾驶人输入的力促使推杆移动，移向制动主缸或离开制动主缸。制动主缸活塞通过压缩制动液将机械运动转换成液压运动，并通过制动管路将制动力传递到车轮制动部分。制动主缸和车轮之间的各种阀体控制流入车轮的制动液的压力和流量。阀体不能控制制动力，但可以将制动力分配到前轮和后轮。

在车轮上，液压压力被转换成机械运动，机械运动一直持续到制动机械装置的最后一个部分。在鼓式制动器中，制动是由车轮主缸、制动蹄和制动鼓组成的。盘式制动器的制动操作是由卡钳、制动衬垫和制动盘完成的。防抱死制动系统只在车轮有抱死拖滑倾向时才会发挥作用。防抱死制动系统可以通过调节液压压力来减少制动效力。制动系统的原理和操作很直接也很简单，它是汽车很重要的系统之一。

二、真空加力装置

汽车高速化后，要求制动液压力升高（可达 10～20MPa）以产生与车速相适应的制动力矩，特别是盘式制动系统，因制动器无助势作用，必须加大制动液压。

在普通的液压制动系统中加装真空加力装置，可以减小驾驶人施加于制动踏板上的力，增加车轮的制动力，达到操纵轻便、制动可靠的目的。

真空加力装置可分为增压式和助力式两种。增压式加力装置通过增压器将制动主缸的液压进一步增加，增压器装在主缸之后。图 5-96 所示为助力式加力装置。它通过助力器来帮助制动踏板对制动主缸产生推力，助力器装在踏板与主缸之间。

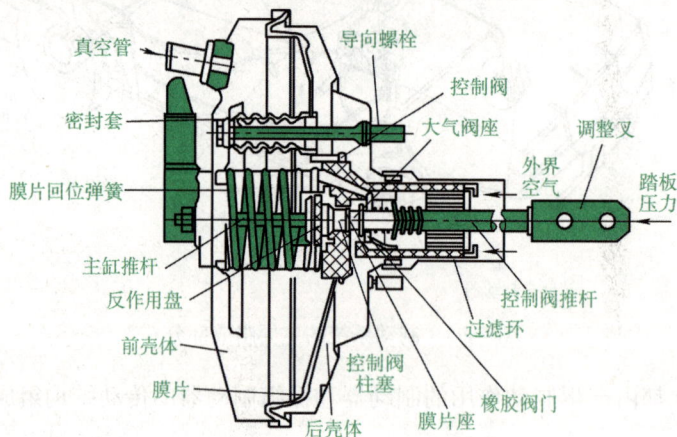

图 5-96 助力式加力装置

三、制动系统

1. 气压式制动系统

图 5-97 所示为气压式制动系统，它是利用压缩空气作为动力源的动力式制动装置。驾驶人只需按不同的制动强度要求控制制动踏板的行程，便可控制制动气压的大小来获得所需要的制动力。

2. 液压式制动系统

液压式制动系统利用制动液将制动踏板力转换为制动液压力，通过管路传至车轮制动器，再将制动液压力转变为制动蹄张开的机械推力。

液压式制动系统由制动踏板、制动主缸、制动轮缸、制动管路、制动器等组成，如图 5-98 所示。

3. 驻车制动机构

驻车制动器的作用是：停驶后防止滑溜，坡道起步，行车制动效能失效后临时使用或配合行车制动器进行紧急制动。制动器安装在变速器或分动器之后，这类制动器称为中央制动器，其制动力矩作用在传动轴上。轿车由于底盘结构空间的限制或前轮驱动的原因，在后轮制动器中加装了必要的机构，使之兼充驻车制动器，是复合式制动器。

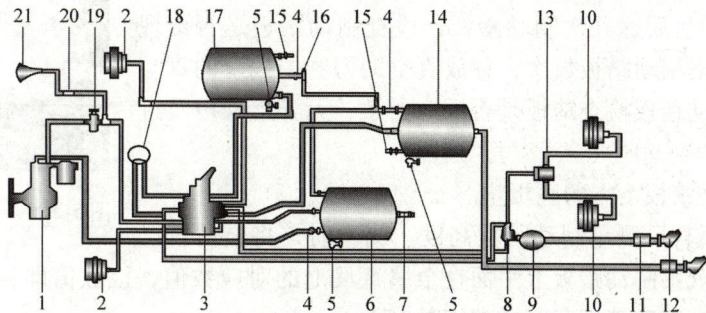

图 5-97　气压式制动系统

1—空气压缩机　2—前制动气室　3—双腔制动阀　4—储气罐单向阀　5—放水阀　6—湿储气罐　7—安全阀
8—梭阀　9—挂车制动阀　10—后制动气室　11—挂车分离开关　12—接头　13—快放阀　14—主储气罐
（供前制动器）　15—低压报警器　16—取气阀　17—主储气罐（供后制动器）　18—双针气压表
19—调压器　20—气喇叭开关　21—气喇叭

带驻车制动机构的鼓式制动器进行驻车制动时，将手动驻车制动操纵杆拉到制动位置，将驻车制动杠杆的下端向前拉，使之以平头销为支点顺时针转动。在传动过程中，其中间支点推动制动杠杆左移，将前制动蹄推向制动鼓。前制动蹄压靠到制动鼓上之后，推杆停止运动，则制动杠杆的中间支点成为其继续转动的新支点，于是制动杠杆的上端右移，使后制动蹄压靠到制动鼓上，进行驻车制动。

带驻车制动机构鼓式制动传动机构如图 5-99 所示，解除制动时，先将操纵杆扳动少许，再压下操纵杆端头的压杆按钮，将操纵杆向下推到解除制动位置，杠杆在弹簧作用下回位，回位弹簧将两制动蹄拉回。推杆内、外弹簧除可将两制动蹄拉回到原始位置之外，还可以防止制动推杆在工作时窜动，碰撞制动蹄而发出噪声。这种以车轮制动器兼作驻车制动器的驻车制动系统可用于应急制动。

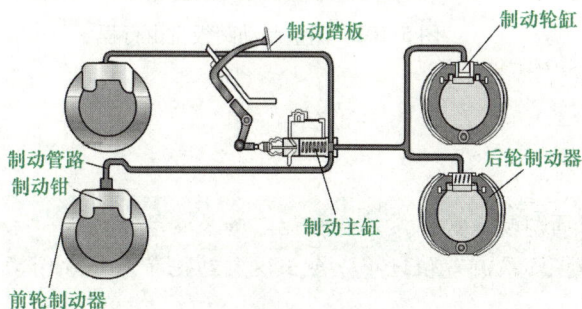

图 5-98　液压式制动系统

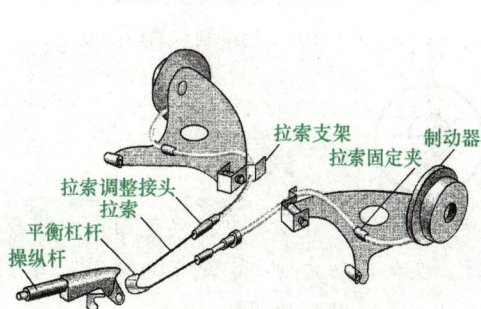

图 5-99　带驻车制动机构鼓式制动传动机构

技能操作

一、制动液及行车制动踏板的检查

1. 制动液面情况的检查

检查储油罐内的制动液液面是否正常（图 5-100）。**制动液面应位于储油罐上 MAX 与**

MIN 刻度线之间。若液量不足，应先对液压系统进行泄漏检查，再补充制动液至规定液位。

2. 行车制动踏板的检查

1) 关闭发动机后踩几次制动踏板，检查制动踏板是否出现变形等损伤。踩下制动踏板数次，释放真空助力器中残余的真空度。通过踩踏制动踏板检查踏板是否反应灵敏、无异常噪声及过度松动等。

2) 取出制动踏板下方的底板垫。

图 5-100　制动液液面情况

3) 使用金属直尺测量制动踏板高度。测量时，将金属直尺垂直于地板面，观察制动踏板上平面在金属直尺上的对应数值，该数值即为制动踏板高度，如图 5-101 所示。制动踏板高度标准值是 174.3mm。

💡 注　意

若制动踏板高度不在规定范围内，将会直接影响制动系统的制动力。

4) 使用金属直尺测量制动踏板自由行程。测量时，将金属直尺保持与地板垂直，制动踏板处于自然状态，确认此时的制动踏板高度值后，用手稍用力下压制动踏板，当感觉阻力增大时，停止下压，观察制动踏板上平面在金属直尺上对应的数值，计算得出的两个数据的差值即为制动踏板自由行程，如图 5-102 所示。制动踏板自由行程标准值为 3~8mm。

图 5-101　测量制动踏板高度

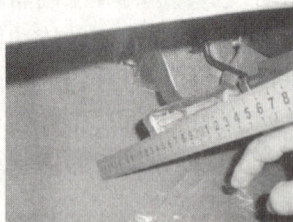

图 5-102　测量制动踏板自由行程

💡 注　意

如果测量数值不在规定范围内，将会影响制动系统正常工作性能。如果测量值过大，系统产生的制动力变小，汽车的制动距离增加；如果测量值过小，会出现制动拖滞，导致制动器过热，制动效能下降。

5) 使用金属直尺测量制动踏板行程。起动发动机并怠速运转，测量时，首先将金属直尺垂直于地板，然后确认制动踏板自由状态下的高度值，用力踩下制动踏板至止动位置，观察此时金属直尺上对应的制动踏板高度，两高度值之差即为制动踏板行程，如图 5-103 所示。制动踏板行程标准值为 135mm。

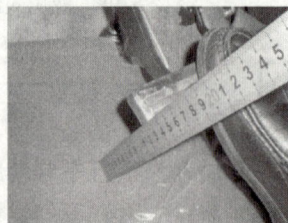

图 5-103　测量制动踏板行程

注意

如果制动踏板行程大于规定值，应检查制动系统是否泄漏、储油罐中液面是否正常、制动蹄是否磨损过度、制动系统内是否存留空气等。

6）制动踏板高度调整。分离制动开关插接器，拧松制动开关的锁紧螺母 A，拧松制动开关 B，直到它不再接触制动踏板为止。拧松推杆的锁紧螺母 A，用钳子向内、外扭转推杆，直到制动踏板距离地面的高度达到标准值为止。调整后，牢固地拧紧锁紧螺母。压下推杆时，禁止调整制动踏板高度，如图5-104所示。

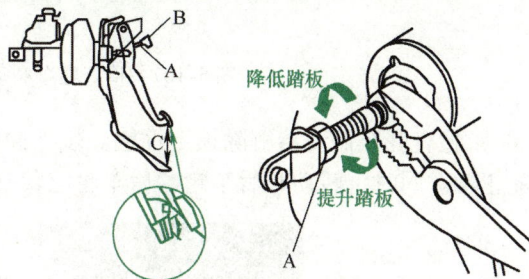

图5-104　制动踏板高度调整

二、真空助力器的检查

1）起动发动机并运转 1～2min 后停止运转。如果制动踏板第一次可以完全踩下，但接下来踩时，每次制动踏板的高度逐渐上升，说明制动助力器正常；如果制动踏板高度无变化，说明制动助力器已坏。

2）在发动机停止运转状态下，踩数次制动踏板，然后在踩下制动踏板的状态下，起动发动机。这时，如果制动踏板稍微向下移动，说明制动助力器工作正常；如果没有变化，说明已经损坏。

3）发动机运转状态下，踩下制动踏板后使发动机熄火，踩下制动踏板30s。如果制动踏板高度不变化，说明助力器处于良好状态。

三、驻车制动器的检查

1）目视检查驻车制动器操纵杆，应无变形损伤，如图5-105所示。

2）将点火开关置于 ON 位置，拉起驻车制动操纵杆时，仪表板上驻车警告灯应亮起；放下驻车制动操纵杆时，警告灯应熄灭，如图5-106所示。

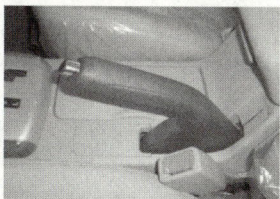

图5-105　驻车制动器的基本检查

图5-106　驻车制动器及指示灯工作情况

3）检查驻车制动器的预定行程。用大约197N的力缓慢地拉起驻车制动器操纵杆，驻车制动器操纵杆行程应在预定的槽数内（拉动时可以听到"咔哒"声）。标准响声是6～8响。

4）检查驻车制动器棘爪的锁定性能。将变速杆挂入空档位置，然后将汽车举起离地一定的高度（不低于20cm），拉起驻车制动器的操纵杆，然后转动两后车轮。后车轮无法转动时，棘爪锁止功能可靠，如图5-107所示。

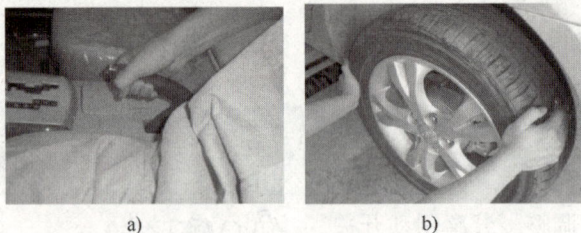

a)　　　　　b)

图 5-107　检查驻车制动器棘爪的锁定性能

5）检查驻车制动器解除锁定性能。按下操纵杆前端按钮，操纵杆能快速复位时，按钮性能正常。同时，转动两后车轮，后车轮应转动灵活，如图 5-108 所示。

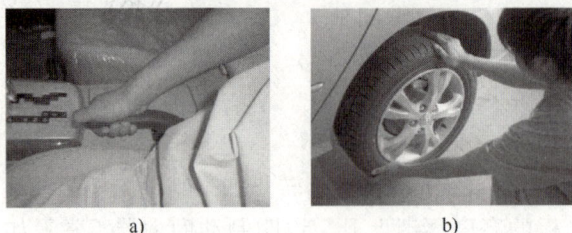

a)　　　　　b)

图 5-108　检查驻车制动器解除锁定性能

四、制动管路的检查

1）检查制动主缸（前端）、油管（接口处）是否泄漏，管路是否有破损；储油罐应无裂纹，如图 5-109 所示。

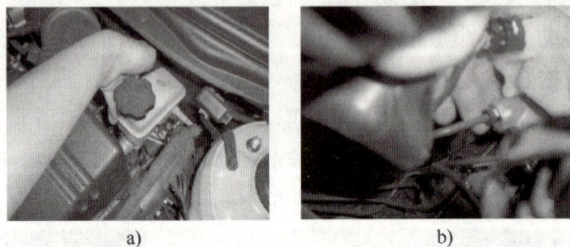

a)　　　　　b)

图 5-109　制动主缸、油管接口的检查

2）将汽车举升至适当高度，将举升机锁止，检查各制动管路是否存在泄漏，油管与车身底板是否有摩擦痕迹、是否有压痕等，如图 5-110 所示。

3）检查制动管路软管是否老化、裂纹、扭曲、凸起或有其他损坏，如图 5-111 所示。

4）检查制动器管道和软管的安装是否牢固，如图 5-112 所示。

图 5-110　检查油管与车身底板是否有摩擦、压痕或泄漏

5）检查制动轮缸处是否存在泄漏，如图 5-113 所示。

6）转动车轮，观察车轮内侧是否与制动管路发生摩擦或干涉，如图 5-114 所示。

a)　　　　　　　　　　　　　　　　b)

图 5-111　检查制动管路老化、损伤情况

图 5-112　检查制动器管道
和软管的安装情况

图 5-113　检查制动分泵
处泄漏情况

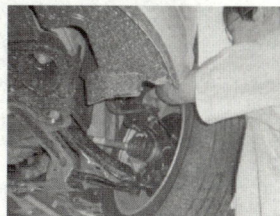

图 5-114　观察车轮内侧是否
与制动管路发生摩擦或干涉

五、制动液的检查、更换与添加

1）关闭点火开关，拔下安装在储液罐上的液位传感器的电插头，旋下储液罐盖。观察制动液的颜色，如变色，应更换，如图 5-115 所示。

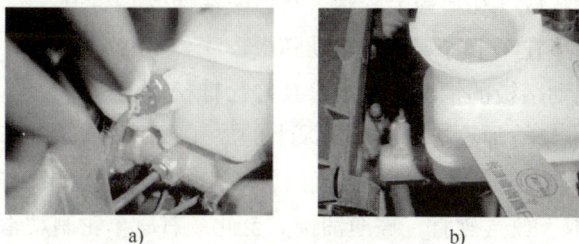

a)　　　　　　　　　　　　　　b)

图 5-115　检查制动液颜色

5-5　制动液的
更换

2）观察制动液的颜色，如无变色、变质，检查制动液液面。检查储油罐内的制动液液面是否正常。制动液面应位于储油罐上 MAX 与 MIN 刻度线之间。若液量不足，应补充制动液至规定液位。

3）对于变质的制动液应进行更换。

常规方法更换制动液需要两人配合进行。一人踩踏制动踏板，给液压制动系统加压，另一人打开制动分泵上的放气阀，排出制动系统中的空气和制动液。

维修技师甲进入驾驶室内，关闭车门，降落车窗玻璃，放松驻车制动器操纵杆。维修技师乙将车举升至适当高度，将举升机锁止，并将右后车轮制动分泵放气阀上的防尘帽取下，同时，将一根塑料软管一端插入制动轮缸的放气阀上，另一端插入接油容器中，并用排气专用扳手拧松制动轮缸放气阀，如图 5-116 所示。维修技师甲随维修技师乙的口令踩踏制动踏板，维修技师乙观察制动液的排放情况，当无油液排出时，拧紧放气阀，取下塑料软管，至此右后车轮轮缸内的制动液排放完毕。按此过程分别将左前、左后、右前车轮分泵内的制动液排放完毕。

制动液排放完毕后应进行必要的制动管路的清洗。将汽车降至地面，旋下储液器盖，在储液罐加油口周围放好一块干净的抹布，然后将新的制动液缓慢倒入储液罐内，直到达到规定要求为止，最后旋紧储液罐盖，如图5-117所示。按照排放制动液的方法将该部分制动液排出，直至排出的制动液的色泽鲜亮清澈，然后，再次给储液罐内加注制动液，直至规定要求。

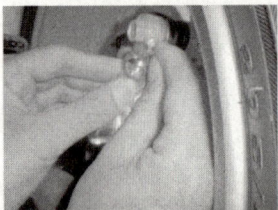

图 5-116　制动液排放过程

图 5-117　加注制动液

六、制动系统排气

1. 常规方法进行制动系统排气

1）拧下制动液罐盖，加满制动液，如图5-118所示。注意勿将制动液滴在车身上，如油漆沾上制动液应立即清洗干净，以免腐蚀油漆。

2）按照图5-119的数字顺序对各车轮分泵放气。

3）在制动轮缸放气孔上插上软管，将另一端插入容器中。

4）维修技师甲在车上踩若干次制动踏板。

5）在踩住制动踏板的情况下，维修技师乙拧松放气螺塞，当发现塑料管中制动液的流动速度变慢时，维修技师乙拧紧制动分泵上的放气阀，并通知维修技师甲继续踩制动踏板。

6）按第4）、5）步骤重复进行，直到放气孔中无气泡流出，按规定力矩（7～13N·m）拧紧放气螺塞。取下放气软管，擦净油迹。至此，右后车轮制动管路排气结束，观察储液罐中的制动液，如少于规定量，则应添加。

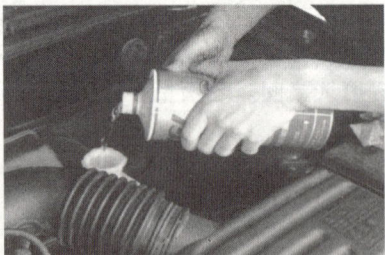

图 5-118　加注制动液

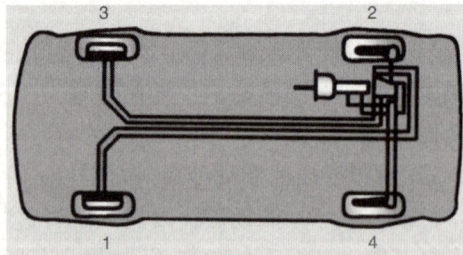

图 5-119　各车轮分泵放气顺序

2. 利用解码仪进行制动系统排气

1）关闭点火开关，将解码仪与汽车诊断插座连接好。

2）将汽车举升至离地约30cm处，将车轮拆卸下来。

3）将点火开关置于ON位置，开启解码仪，进入相应的操作界面并选择"制动控制"项目，选定后按下确认键；进入该项目后，再选择"给HCU放气"项目，如图5-120所示。

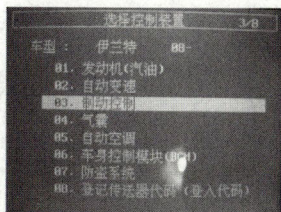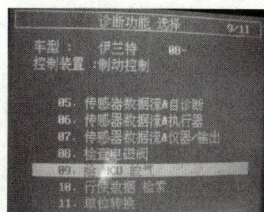

a)　　　　　　　　　　b)

图5-120　菜单选择项目

4）选定"给HCU放气"项目并按下确认键后，界面弹出做该项目的基本要求，如图5-121所示。

5）然后维修技师甲坐在车内，关好车门，摇下车窗；同时，维修技师乙将汽车举升至适当高度，将举升机安全锁止后，进到汽车下。

6）维修技师乙同时分离制动分泵的放气阀与防尘帽，并在放气阀上接入一段塑料软管，软管另一头置入接油容器中，用扳手套在放气阀的锁止螺母上。

7）当维修技师甲踩下制动踏板时（踩到底，不放），同时按下解码仪的确认键（接操作步骤6）。当制动踏板踩到底时，维修技师乙便拧松放气阀上的锁止螺母，进行放气。约3s后，维修技师甲感到制动踏板会有向上顶的感觉时，应让维修技师乙停止放气。如此反复进行，直到接油容器中不再有气泡出现为止。排气顺序按右后、左前、左后、右前车轮进行，如图5-122所示。

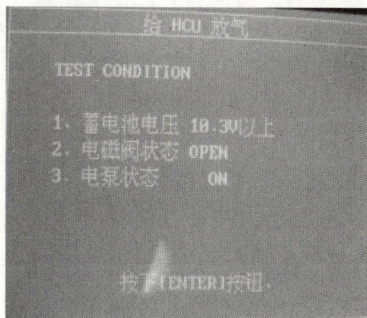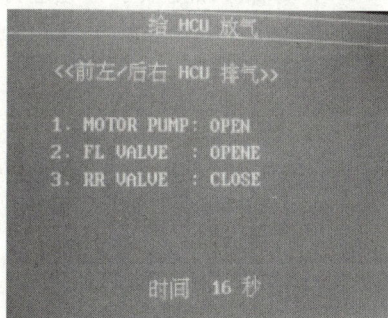

图5-121　检查测试条件情况　　　　　　　图5-122　解码仪进行排气

 **注　意**

1）利用解码仪进行排气时，应按规定要求进行操作。

2）每次选定"给HCU放气"项目并按下确认键后，解码仪反复驱动HCU的电动机约1min。当需要多次选择"给HCU放气"项目时，应在每次之间适当等待一段时间，以防止HCU的电动机过热损坏。

七、拆卸前轮制动器

1）做好必要的准备，将汽车停在举升机上，并将汽车举升至一定高度，使用冲击扳手按照交叉顺序拆卸车轮螺母，松开车轮螺栓，并拆下轮胎。

2）拆卸卡钳总成，如图 5-123 所示。

3）从卡钳支架上拆卸制动块，如图 5-124 所示。

5-6 制动片的更换

图 5-123 拆卸卡钳总成　　图 5-124 拆卸制动块

八、对制动盘和制动块的检查

1）目视检查制动块是否有裂纹、油渍或脱胶现象，如图 5-125 所示。

2）目视检查制动块的表面与制动盘的接触面积和接触位置是否存在不均匀磨损。制动盘上不应有刻痕、不均匀或者异常磨损以及裂纹和其他损坏。

3）对制动盘和制动块表面进行清洁工作。

4）检查制动块（外侧）厚度。前制动块厚度标准值为 11.0mm，维修界限为 2.0mm，如图 5-126 所示；如低于规定要求，应进行更换。后制动块厚度规定值为 10.0mm，维修界限为 2.0mm；如低于规定要求，应进行更换。

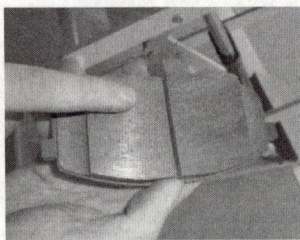

图 5-125 检查制动块外观

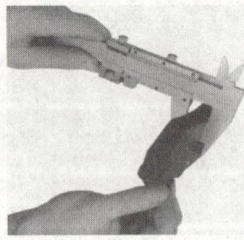

图 5-126 检查制动块厚度

5）检查制动盘厚度。清除制动盘表面上的锈及污染物，至少取 8 点测量制动盘厚度，如图 5-127 所示。前制动盘厚度规定值为 26.0mm；极限值为 24.0mm。任意两个位置的厚度差不能超过 0.005mm；如果磨损超过规定值，则应更换。

后制动盘厚度规定值为 10.0mm，极限值为 8.4mm；如果磨损超过规定值，应进行更换。任意两位置的厚度差不能超过 0.01mm。如果磨损过度，则更换汽车左、右两侧的圆盘和衬块。

6）检查前制动盘跳动量。在距制动盘外缘约 5mm 处用百分表测量制动盘的径向圆跳动误差，如图 5-128 所示。制动盘跳动量极限值为 0.05mm。若超过极限值，则更换。如

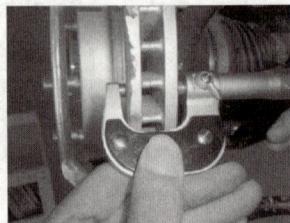

图 5-127 前制动盘厚度检查

果径向圆跳动误差不超过极限值，将其转动180°安装，再次检查径向圆跳动误差。如果改变制动盘的位置后，跳动误差超过公差，可以光盘处理。

7）后制动盘跳动误差的检查（方法与前制动盘的一样）。在距制动盘外缘约5mm处用百分表测量制动盘的径向圆跳动误差。极限值为0.05mm。若超过极限值，则更换。如果跳动误差不超过极限值，将其转动180°安装，再次检查圆跳动误差。如果改变制动盘的位置后，圆跳动误差超出公差，可以光盘处理。

8）目视检查制动卡钳及连接管路是否有液体渗漏。如果有渗漏，应进行更换，如图5-129所示。

图5-128　制动盘跳动量检查　　　　图5-129　目视检查制动卡钳渗漏情况

知识与能力拓展

一、鼓式制动器

鼓式制动器是靠制动蹄片挤压随车轮同步旋转的制动鼓的内侧而获得制动力的，所以俗称内部扩张双蹄鼓式制动器。鼓式车轮制动器按其制动蹄促动装置形式的不同，可分为轮缸式车轮制动器和凸轮式车轮制动器。轮缸式车轮制动器如图5-130所示。

根据制动时两制动蹄对制动鼓的径向作用力之间的关系，鼓式制动器可分为简单非平衡式、平衡式和自增力式三种。

二、盘式制动器

盘式制动器摩擦副中的旋转元件是以端面工作的金属圆盘，被称为制动盘。由制动盘和制动钳组成的制动器称为钳盘式制动器。汽车上使用的盘式制动器有两种：一种是定钳盘式制动器；另一种是浮动钳盘式制器。定钳盘式制动器有两个液压缸，分置于制动盘两侧，必须用跨越制动盘的钳内油道或外部油管来连通，这使得制动钳的尺寸过大，轮辋难以安装；热负荷大时，液压缸（特别是外侧液压缸）和跨越制动盘的油管或轮缸中的制动液容易受热汽化；若兼用于驻车制动，则必须加装一个机械促动的驻车制动钳。这是定钳盘式制动器最大的缺点，不能适应现代汽车的使用要求，逐渐被浮钳盘式制动器所取代。

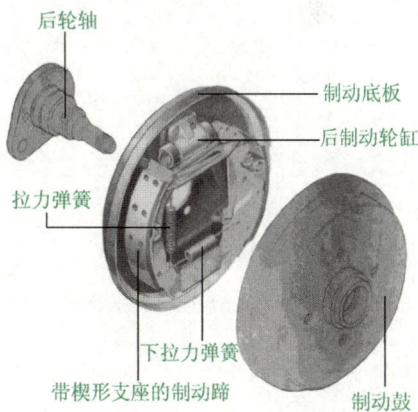

图5-130　轮缸式车轮制动器

图5-131所示为浮钳盘式车轮制动器。它的旋转元件是制动盘，与车轮固定在一起旋

161

转，以其端面为摩擦工作表面。其固定的摩擦元件是摩擦块、制动钳支架和轮缸活塞，都装在跨越制动盘两侧的钳体上，总称制动钳。制动钳用螺栓与转向节或桥壳上的凸缘固装。

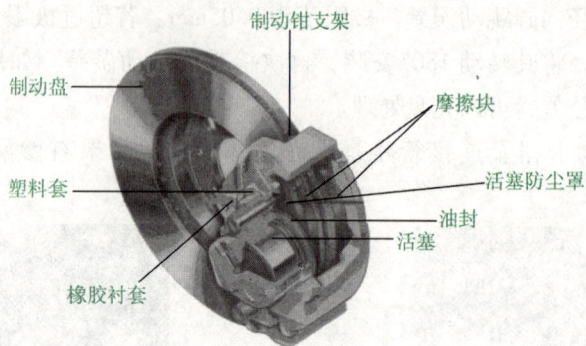

图 5-131　浮钳盘式车轮制动器

课后思考

汽车制动拖滞时如何检查？

学习情境6 汽车电器的维护

任务1　灯光信号装置的维护

学习目标

1) 了解照明系统的作用及检查的重要性。
2) 按照职业技能等级证书标准要求熟悉照明系统的检查内容。
3) 掌握照明系统检查的操作技能。

任务载体

一辆现代悦动轿车行驶了29500km，进行30000km维护。本任务重点介绍灯光信号装置的维护。

相关知识

按照安装位置和用途的不同，汽车照明系统可分为车内照明系统和车外照明系统两大部分。车内照明系统指顶灯、仪表灯、行李舱灯等。分别用于夜间车内、观察仪表和取放行李物品的照明。车外照明系统指前照灯、雾灯和牌照灯。车外照明系统（除牌照灯外）的主要作用是为本车驾驶者提供路面照明，在一定情况下也可以起信号作用，例如超车时闪烁大灯以示对方注意。车外照明系统是行车安全的关键部件，属于强制性检验的项目。前照灯在所有的照明设备中具有特殊的光学性质，其照明效果直接关系着夜间行车的安全。

外部车灯（图6-1、图6-2）的及时维护十分重要，因为这不仅影响到行车的舒适性，而且还直接关系到行车的安全性。通常情况下车主自己很难意识到前照灯、尾灯、转向灯或制动灯是否在正常工作。大多情况下，车灯的故障通常不仅仅是烧灯泡、插座锈蚀或插头损坏这一类的小毛病，"病理"比较复杂，往往需要采取专业的诊断技术来分析故障发生的根本原因。即使是那些低价位的汽车，其内部和外部灯具也是由计算机进行控制的；那些豪华

图 6-1　前部车灯位置图

汽车，仅其前照灯就由多台计算机进行控制。如果前照灯损坏，通常采用类似的灯具进行更换。有些汽车装备了高强度放电前照灯（HID），该设备通过其预先设计的电子系统产生的高压电弧放电生成高密度光源。

图 6-2　后部车灯位置图

技能操作

有些车灯是为了夜间行驶照明，使驾驶人了解周围环境以及确保安全而安装的。有些车灯用于内部照明。在车身内部装有组合仪表。起动汽车前，汽车驾驶人可以通过组合仪表上的仪表、警告指示灯及时获取汽车各系统工作状态的信息。为提高驾驶人行车的安全性，需进行必要的检查。

一、车内照明检查（将变速杆置入 P 位，点火开关置于 ON 档）

1）检查仪表上的所有警告灯是否亮起及挂档指示灯是否正常；起动发动机后，部分警告灯应熄灭，如图 6-3 所示。

a)

b)

图 6-3　发动机起动前后仪表指示工作情况

a）起动时指示灯全亮　b）起动后部分指示灯熄灭

2）检查空调及音响指示灯是否正常，如图6-4所示。

3）开启和关闭车门，看门灯是否亮和灭，如图6-5所示。

图6-4　空调及音响指示灯工作情况

图6-5　门打开灯亮，门关闭灯灭

4）变换室内灯开关至ON和OFF，检查室内灯是否亮起/熄灭，如图6-6所示。

二、车外灯的检查

1. 车灯外观检查

检查前侧灯光、后侧灯光的灯罩是否变色、损伤及破损；同时检查灯内是否有污物或者水进入；用手检查车灯是否松动，安装是否牢靠，如图6-7所示。

2. 灯光检查

1）将变速杆置于P位，起动发动机，灯光控制开关旋动一档，然后检查一下车灯是否亮起。示宽灯、牌照灯、尾灯应亮起，如图6-8所示。

图6-6　室内灯工作情况检查

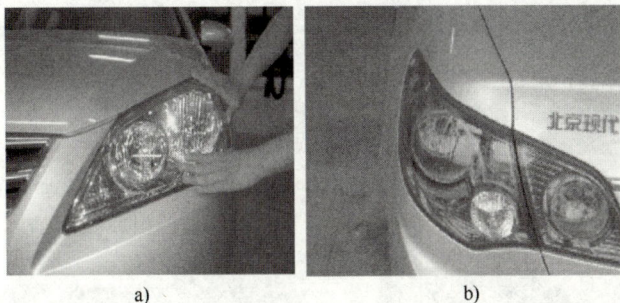

a)

b)

图6-7　灯的外观检查

2）将灯光控制开关旋转两档后，检查前照灯（近光灯）是否发光，如图6-9所示。

3）将灯光控制开关置于前照灯（远光灯）位置然后将变光器开关推开，检查前照灯（远光灯）是否发光，并检查远光指示灯是否亮起，如图6-10所示。

4）把变光器开关向前拉，检查前照灯闪光器是否工作，指示灯是否亮起，如图6-11所示。

5）将汽车放正，向上移动信号转换开关，这时右转信号灯（右前、右后）均工作，右转向指示灯点亮；同时转动转向盘，检查信号转换开关回位情况，如图6-12所示。

a)

b)

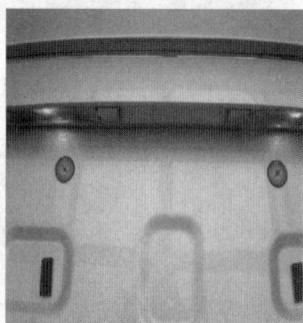

c)

d)

图 6-8 灯光控制开关置于一档，灯光的检查

a）变光灯的检查 b）示宽灯的检查 c）牌照灯的检查 d）尾灯的检查

图 6-9 灯光控制开关置两档后
前照灯（近光灯）工作情况

图 6-10 灯光控制开关置于远光灯位置，
远光灯工作情况的检查

a)

b)

图 6-11 闪光器工作情况检查

a）变光器开关 b）闪光器工作

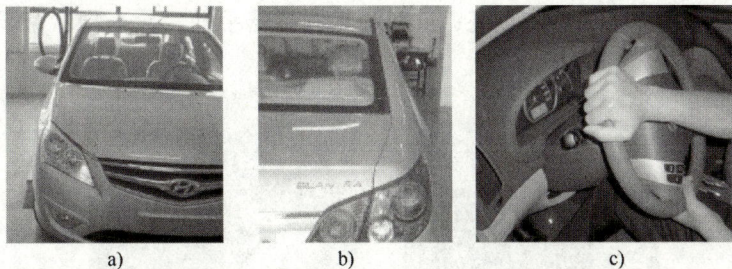

图 6-12　右转向位置时转向灯工作情况及其回位情况检查

a）右前转向灯　b）右后转向灯　c）转向灯回位情况

6）将汽车放正，向下移动信号转换开关，这时左转信号灯（左前、左后）均工作，左转向指示灯点亮；同时转动转向盘，检查信号转换开关回位情况，如图 6-13 所示。

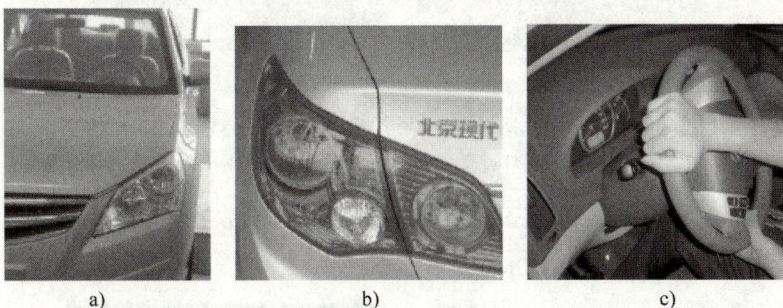

图 6-13　左转向位置时转向灯工作情况及其回位情况检查

a）左前转向灯　b）左后转向灯　c）转向灯回位情况

7）将信号转换开关拨至中间，转向信号灯停止工作。按下危险警告灯开关，检查危险警告灯是否工作，指示灯是否点亮，如图 6-14 所示。

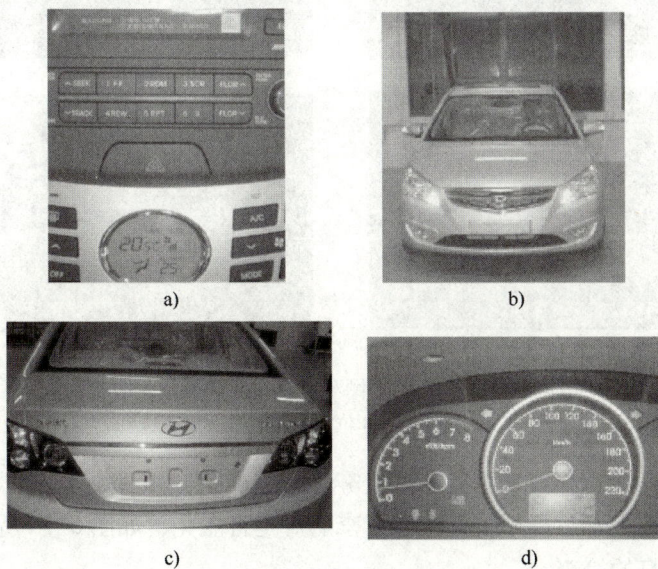

图 6-14　检查危险警告灯工作情况

a）警告灯开关　b）前警告灯点亮　c）后警告灯点亮　d）警告指示灯点亮

8）踩下制动踏板，制动灯应点亮；拉起驻车制动器手柄，检查指示灯是否亮起，如图 6-15 所示。

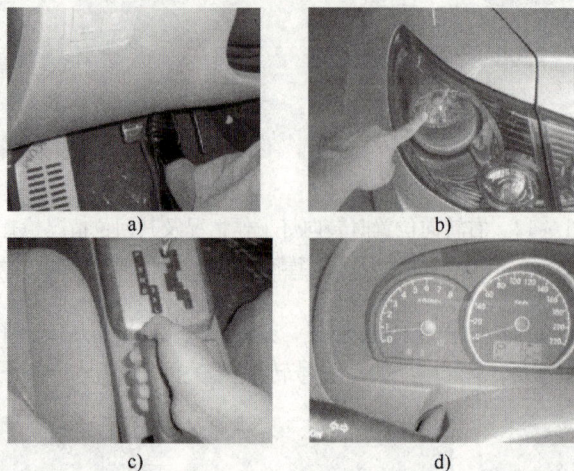

图 6-15　检查在制动状态时与其相对应的指示灯的工作情况

a）踩下制动踏板　b）制动灯点亮　c）拉起驻车制动器手柄　d）驻车指示灯点亮

9）起动发动机，踩下制动踏板，将变速杆从 P 位挂入 R 位，检查倒车灯是否工作，仪表指示是否显示在 R 位，如图 6-16 所示。

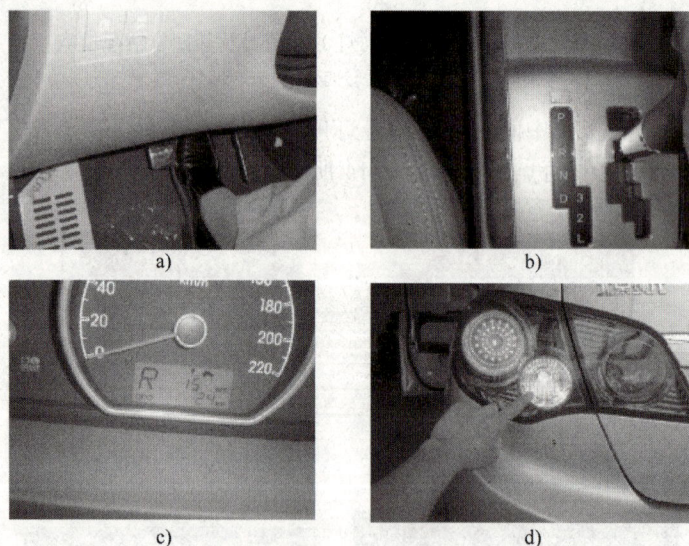

图 6-16　检查挂入 R 位时倒车灯及相应的指示灯工作情况

a）踩下制动踏板　b）变速杆挂入 R 位　c）倒车指示灯点亮　d）倒车灯点亮

10）打开雾灯开关，检查雾灯指示灯及雾灯是否点亮，如图 6-17 所示。

11）拉起行李舱盖释放杆开关，检查行李舱灯是否点亮，如图 6-18 所示。

三、室内延时灯的检查

当开关位于"ON"时灯是否亮；当开关位于"DOOR"时灯随着门的关闭逐渐熄灭，如图 6-19 所示。

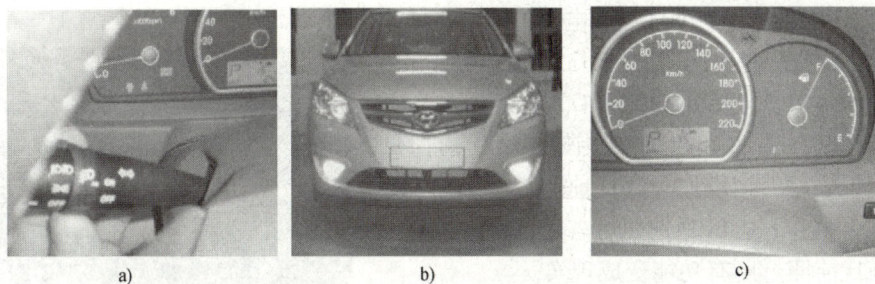

图 6-17　检查雾灯及雾灯指示灯工作情况

a）打开雾灯开关　b）雾灯点亮　c）雾灯指示灯点亮

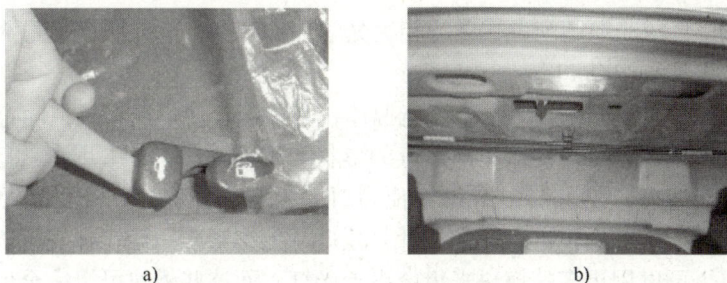

图 6-18　检查行李舱灯工作情况

a）打开行李舱开关　b）行李舱灯点亮

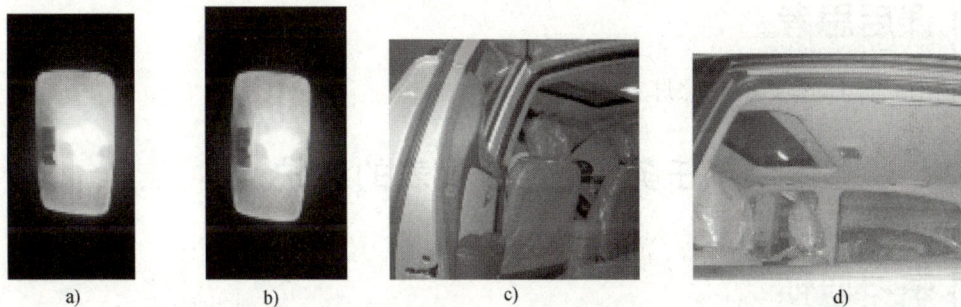

图 6-19　室内灯的检查

a）"ON"时灯点亮　b）"DOOR"时灯点亮　c）门打开时灯亮　d）门关时灯（缓慢）熄灭

知识与能力拓展

一、倒车灯

倒车灯用来在倒车的时候照亮车后的区域。手动变速器通常将倒档等开关装在变速杆倒档的位置，当挂上倒档时变速杆顶开倒档灯开关，自动变速器通常通过多功能开关给 ECU 倒档的档位信号，由 ECU 控制倒车灯电路。倒车灯只有在倒档的时候才工作。

当变速器置于倒车档时，倒车灯开关闭合，发动机控制模块（ECM）发送数据信息至车身控制模块（BCM）。该信息指示变速杆处于"倒车档"位置。BCM 向倒车灯施加电池电压。倒车灯永久搭铁。一旦驾驶人将变速杆移出"倒车档"位置，ECM 将通过数据发送信息，请求 BCM 断开倒车灯控制电路的电池电压。

二、LED 灯

丰田 2008 款雷克萨斯 LS600Ch 是世界上第一个部分应用 LED 前照灯的车型，该款 LED 前照灯也成了世界第一只商用化的 LED 前照灯。随后 AudiR8 车型又推出了全 LED 前照灯（图6-20），第一时间使 LED 前照灯所有功能变成现实。

图 6-20　LED 前照灯

LED 灯有其明显的优势：

1）能量转化效率高，简单能耗，LED 车灯响应快，使用寿命长。

2）通过 LED 集成光源的配置，并与相关光学部件配合，远光照度值最大可达到288lx，远光灯照射距离可达到200m 以上。

3）在灯具结构造型方面，由于 LED 光源体积非常小，使灯内布局更随意，LED 可采用多光源组合形式，这将完全改变汽车前照灯的形状和布置方式。过去用卤素灯或氙气灯光源无法实现的概念车造型，使用 LED 光源都能得以完美实现。例如，LED 光源可以使用多颗光源排列，多只反射镜或透镜进行光学设计，让灯具更加紧凑。设计师们可以使用 2 颗 LED 组合成近光灯，也可以用更多的模块来组合出近光灯，而这些模块可以完全地服从造型设计师的要求。

4）LED 前照灯全部采用 LED 冷光源，发热量低，灯腔内温差变化不大。

📚 课后思考

如何检查与调整汽车前照灯？

任务 2　组合仪表的维护

🔧 学习目标

1）了解仪表及各指示灯的作用。

2）按照职业技能等级证书标准掌握组合仪表检查的操作技能。

3）培养爱岗敬业的精神。

🔋 任务载体

一辆现代悦动轿车行驶了 29500km，进行 30000km 维护。本任务重点介绍组合仪表的维护。

💡 相关知识

一、汽车仪表

随着现代电子工业的快速发展，汽车仪表从传统的基于机械力工作的机械式，到基于电测原理的模拟电子式，又发展到最新的步进电动机全数字式，汽车仪表技术一直在不断地进步和提高，汽车工况综合信息系统可以说是第四代汽车仪表。

传统的机电式汽车仪表及各种报警装置虽然能向驾驶人提供诸如充电情况、润滑油压力、冷却液温度、燃油储量、制动系统压力、发动机转速、汽车速度和里程等信息，但随着汽车排放、节能、安全和舒适性等使用性能的不断提高，传统的仪表及报警装置所能提供的信息量已远远不能满足现代汽车新技术、高速度的要求。汽车电子控制技术的发展，要求汽车能够更迅速、更准确地处理包含各种电子控制装置在内的更多种信息，并通过汽车电子仪表显示出来，使驾驶人及时了解并掌握汽车的运行状态，妥善处理各种情况。

随着现代电子显示技术的迅速发展，汽车电子仪表将逐步取代常规的机电仪表，并正向"综合信息系统"的方向发展，其功能将不局限于现在的车速、里程、发动机转速、油量、冷却液温度、润滑油压力的指示，还能具备提供安全运行状态所需的多种信息的功能，如轮胎气压、制动装置、安全气囊等的信息。多功能、高精度、高灵敏度、读数直观的电子数字显示及图像显示的仪表正不断地在汽车上得到应用。驾驶人信息系统作为汽车 CAN 总线上的一个节点，可以在仪表板上显示汽车运行状态的各种数据，并具有汽车诊断数据接口，读取保存的数据，可以分析汽车的运行情况，也可以作为汽车黑匣子使用。

二、仪表灯

为了警示汽车、发动机或某一系统处于不良或特殊状态，引起汽车驾驶人的注意，保证汽车可靠工作和安全行驶，防止事故发生，在仪表板上还有多种警告装置。常见的有发动机温度警告灯、ABS 警告灯、安全带警告灯、转向信号指示灯、机油压力警告灯、充电指示灯、远光信号指示灯、车门为关闭警告灯、故障警告灯等。

技能操作

1. 各种警告灯的检查

（1）仪表板上所有警告灯的检查 当点火开关置于 ON 档时，检查仪表上所有警告灯是否亮起，各系统进行自检（图6-21）。当过几秒钟以后，如系统无故障，则各警告灯熄灭。然后将档位挂入"P"位时，检查档位指示是否在"P"位。

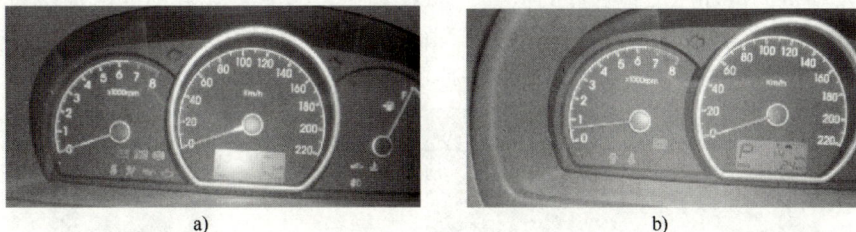

a)   b)

图6-21 各系统进行自检

（2）SRS 警告灯的检查（图6-22） 将点火开关置于 ON 档时，所有警告灯都会亮起。如系统无故障，SRS 警告灯在亮起几秒钟后就自动熄灭。如果 SRS 警告灯在点火开关至 ON 档时或起动发动机时不亮，或者亮起后不熄灭，则说明系统有故障，应进行维修。

（3）安全带警告灯的检查（图6-23） 如果点火开关置于 ON 档时，驾驶席没有佩戴安全带，或者点火开关在 ON 档时，驾驶席分离安全带，安全带警告灯将根据车速亮或闪

a)

b)

图 6-22　SRS 警告灯的检查

烁，直到佩戴好安全带。没有佩戴安全带时，当低于 6km/h 的速度，灯亮；当高于 9km/h 的速度，警告灯闪烁；当高于 20km/h 的速度，警告灯闪烁，并且蜂鸣器响约 100s。

a)

b)

图 6-23　安全带警告灯的检查

（4）车门未关闭警告灯的检查（图 6-24）　无论点火开关在何位置，车门没有完全关闭时，警告灯亮。

a)

b)

图 6-24　车门未关闭警告灯的检查

（5）发动机润滑油压力警告灯的检查（图 6-25）　警告灯亮表示润滑油压力低。当点火开关在 ON 档时，检查该警告灯是否常亮，如果常亮说明润滑油压力过低，应及时加注润滑油。如果不缺少润滑油，该警告灯会自行熄灭。

a)

b)

图 6-25　发动机润滑油压力警告灯的检查

（6）发动机故障警告灯的检查（图 6-26）　点火开关置于 ON 档时灯亮，并在发动机起动后几秒内熄灭。如果点火开关置于 ON 时警告灯不亮或者在行驶过程中警告灯亮，说明系统存在故障。

图 6-26　发动机故障警告灯的检查

（7）ABS 警告灯的检查（图 6-27）　该警告灯在点火开关置于 ON 档时亮，如果系统正常，3s 后熄灭。如果警告灯持续亮、在行驶中亮或在将点火开关转至 ON 档不亮，表明 ABS 有故障。

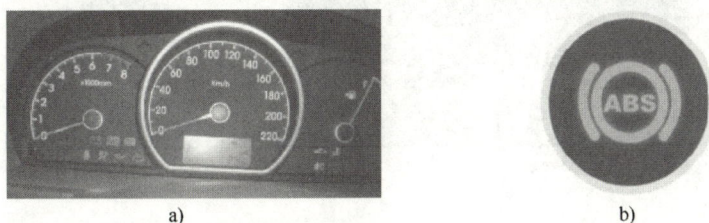

图 6-27　ABS 警告灯的检查

（8）充电指示灯的检查（图 6-28）　显示发电机或充电系统故障。当点火开关在 ON 档时，充电指示灯亮，当起动发动机以后，系统无故障时警告灯熄灭。如果充电系统在某处存在故障时，警告灯变亮。

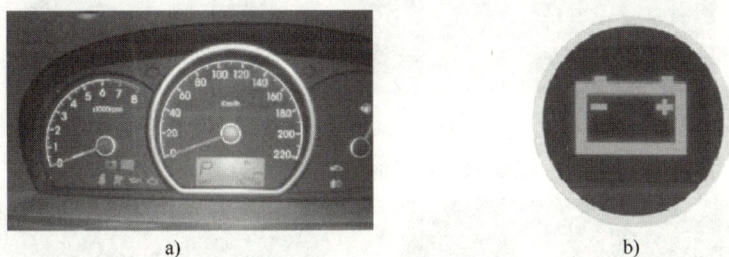

图 6-28　充电指示灯的检查

（9）驻车制动与制动油位低警告灯的检查（图 6-29）　无论点火开关在"START"位置还是"ON"位置，当驻车制动器拉起时，此警告灯亮起，表明警告灯工作正常；释放驻车制动器时，此警告灯熄灭。检查制动油位低警告灯是否亮起，如果该警告灯持续亮起，则表示制动液储油罐中的制动油位低，应及时添加。

（10）发动机温度警告灯的检查（图 6-30）　此警告灯指示点火开关位于 ON 档时的发动机冷却液温度。当冷却液温度正常时，起动发动机后，该警告灯熄灭。如果发动机冷却液温度很高，超出正常范围，警告灯亮起。

（11）低燃油位警告灯的检查（图 6-31）　检查低燃油位警告灯。如果燃油箱内燃油量接近空时，该警告灯亮起，应尽快添加燃油。燃油量应在燃油表"F"和"E"字母之间。

（12）危险警告灯指示灯的检查（图 6-32）　按下危险警告灯开关，检查危险警告灯指示灯工作情况。

a)   b)

图 6-29 驻车制动与制动油位低警告灯的检查

a)   b)

图 6-30 发动机温度警告灯的检查

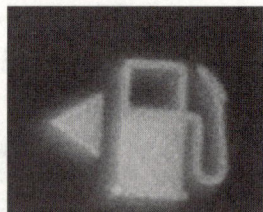

a)   b)

图 6-31 低燃油位警告灯的检查

a)   b)

图 6-32 危险警告灯指示灯的检查

2. 各种指示灯的检查

（1）钥匙防盗系统指示灯的检查（图 6-33） 插入汽车钥匙，并将点火开关转到 ON 档时，指示灯亮起。此时，可以起动发动机，发动机运转后此指示灯应熄灭。

（2）发动机转速表与车速表的检查（图 6-34） 起动发动机，将变速杆置于 P 位，踩下加速踏板，观察发动机转速表指针摆动情况，指针应摆动灵活。将变速杆从 P 位挂入前进位，随着车速的上升，车速表指针也随之摆动。

（3）档位指示灯的检查（图6-35）起动发动机，档位从P位开始逐步换档，观察档位指示灯的情况，应与所换档位相对应。

（4）转向指示灯的检查（图6-36）将汽车放正，向下移动信号转换开关，这时左转信号灯（左前、左后）均工作，左转向指示灯点亮；然后将信号转换开关置于中间位置，向上移动信号转换开关，这时右转信号灯（右前、右后）均工作，右转向指示灯点亮。

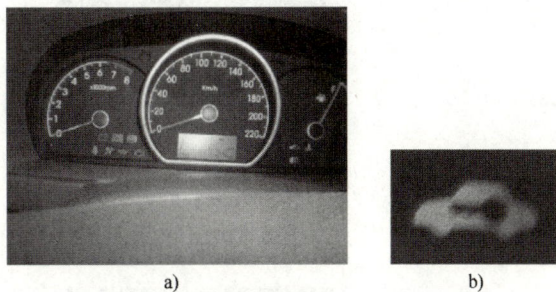

图6-33　钥匙防盗系统指示灯的检查

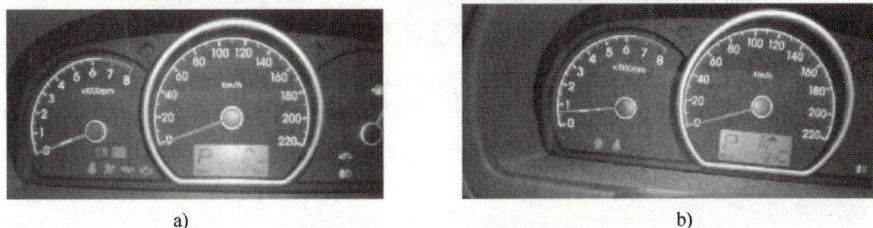

图6-34　发动机转速表与车速表的检查

图6-35　档位指示灯的检查

a）档位在P位时，指示灯情况　b）在R位时，指示灯情况

（5）前后雾灯指示灯的检查（图6-37）打开雾灯开关，检查雾灯指示灯工作情况，指示灯应点亮。

（6）远光信号指示灯的检查（图6-38）当前照灯亮且处于远光状态或灯光操纵杆置于闪烁超车位置时该指示灯亮。

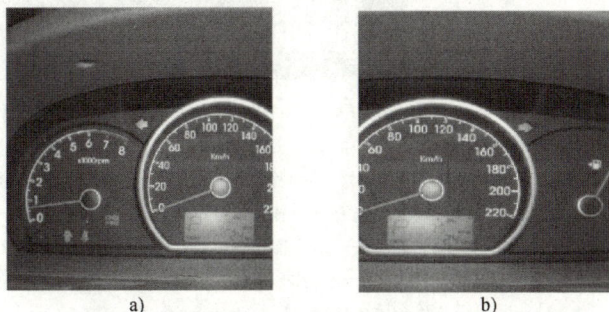

图6-36　转向指示灯的检查

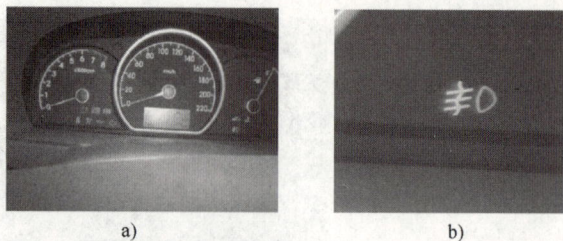

图 6-37 前后雾灯指示灯的检查

图 6-38 远光信号指示灯的检查

知识与能力拓展

现代汽车仪表有分装式仪表、电子组合仪表、智能组合仪表和综合信息系统等。分装式汽车仪表具有各自独立的电路，有良好的磁屏蔽和热隔离，相互间影响较小，便于维修。缺点是所有仪表加在一起所占据的空间太大，且互相拥挤，安装不方便。有些汽车采用电子组合仪表，其结构紧凑，便于安装和接线，缺点是各仪表间磁效应和热效应相互影响，易引起附加误差，因此要采取一定的磁屏蔽和热隔离措施，还要进行相应的补偿。图 6-39 所示为迈腾车电子组合仪表，该电子组合仪表电路额定电压为12V，负极搭铁，用插接器连接。

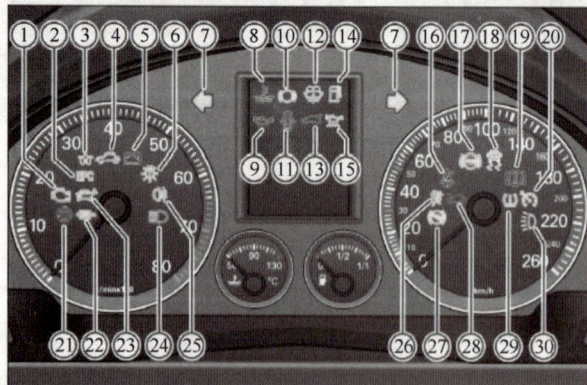

图 6-39 迈腾车电子组合仪表

1—废气排放指示灯　2—EPC 指示灯　3—预热及故障指示灯　4—防盗指示灯　5—发电机指示灯　6—灯泡检测指示灯　7—转向信号机指示灯　8—冷却液温度及液位指示灯　9—机油压力警告灯　10—制动衬片磨损指示灯　11—车门指示灯　12—风窗清洗液液位警告灯　13—行李舱开启指示灯　14—燃油油位警告灯　15—机油油位警告灯　16—安全带未系警告灯　17—ABS 警告灯　18—ASR 或 ESP 灯　19—驻车制动、制动液位、制动系统指示灯　20—定速巡航指示灯　21—电动助力转向指示灯　22—柴油车颗粒净化器警告灯　23—油箱盖开启警告灯　24—远光灯　25—后雾灯指示灯　26—安全气囊或燃爆式安全带故障指示灯　27—制动踏板指示灯　28—发动机舱盖未关指示灯　29—轮胎压力警告灯　30—日间行车灯

课后思考

行车过程中润滑油压力警告灯突然闪烁，驾驶人该如何做出紧急处理？

任务3　空调系统的维护

学习目标

1）能按照职业技能等级证书标准要求，目视检查制冷组件是否有泄漏迹象，确认是否需要维修。

2）能检查空调冷凝器是否有气阻，检查、测试、更换空调滤芯等。

3）能从用户手册中或车辆标签中找出制冷剂及压缩机机油的型号和加注量。

任务载体

一辆现代悦动轿车行驶29500km，进行30000km维护。本任务重点介绍空调系统的维护。

相关知识

汽车空调系统按其功能可分为制冷系统、加热系统、通风与空气净化系统和控制系统等几个主要组成部分，如图6-40所示。

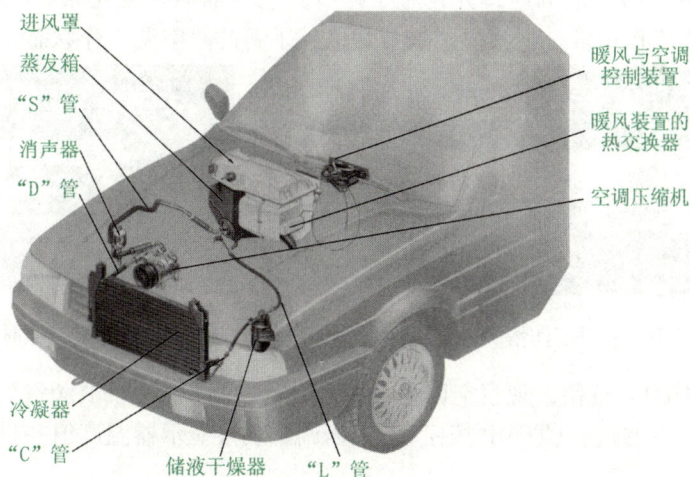

图6-40　空调系统在车上的布置图

汽车空调系统已成为现代轿车的标准配置，它用来改善汽车舒适性，可以对车内空气的温度、湿度进行调节，并保持车内空气清洁。制冷剂是汽车空调系统中的传热载体，通过状态变化吸收或释放热量，达到调节车内空气目的。目前汽车上广泛使用R134a制冷剂，在常温常压条件下，其汽化和液化性能优越，并且不会对大气环境造成破坏。

1）R134a制冷剂具有很强的挥发性。一滴制冷剂粘在皮肤上，就可能造成冻伤。因此，进行制冷剂排放工作时，必须戴上手套。

2）如果制冷剂进入眼睛，应立即用清水清洗。为了保护眼睛，进行制冷剂排放工作时，必须戴上护目镜。

3）R134a 储存容器为高压容器。因此，严禁储存在温度高的地方。随时检查制冷剂储存场所温度是否在 52℃ 以下。

4）使用电子检漏仪要经常检查制冷剂的渗漏状态，R134a 制冷剂与检漏仪的火花接触（检漏仪与丙烷燃烧产生小火焰）会产生有害气体。因此，进行检漏工作时应小心谨慎。

5）制冷剂必须使用 R134a。如果使用其他制冷剂，会造成系统部件的损伤。

6）PAG 润滑油极易吸收大气中的水分，会损伤制冷系统。因此，必须观察下列防护措施。

① 拆下制冷系统部件后，应立即堵上管口，防止湿气进入制冷系统。
② 各部件安装准备工作就绪之前，应立即堵上各管口堵盖。
③ 连接制冷系统各部件的导管时，要快速进行，防止湿气进入制冷系统中。
④ 要使用规定型号的润滑油。
⑤ 制冷剂发生泄漏后，进行维修工作之前，要对作业区进行通风换气。

6-1 空调系统的检查

技能操作

1）检查仪表及功能键工作情况，将点火开关置于 ON 档时，空调仪表应点亮，并且各功能键也应亮起，如图 6-41 所示。

2）检查按下 A/C 按钮时，空调工作情况，起动发动机并怠速运转一段时间后，按下 A/C 按钮，听到有"嗒"的响声，并且车子略有抖动，而后恢复正常，表明空调系统开始工作，电磁离合器工作正常，观察显示器参数值，了解此时空调工作状态，如图 6-42 所示。

图 6-41　检查仪表及功能键工作情况

图 6-42　检查按下 A/C 按钮时，空调工作情况

3）按下"AUTO"按钮，观察空调是否进入自动控制状态，如图 6-43 所示。

4）按下温度控制按钮（TEMP 按钮），根据调试观察显示器温度值并且感觉温度是否有变化，如图 6-44 所示。

图 6-43　按下"AUTO"按钮时，空调工作情况

图 6-44　按下 TEMP 温度控制按钮，观察温度变化情况

5）按下鼓风机速度控制按钮，根据风量来感觉鼓风机速度控制是否正常，如图 6-45 所示。

6）按下内外气选择控制按钮，观察空调显示器上的变化，是否能进行内外气循环模式的切换，如图 6-46 所示。

7）根据仪表板罩出风口来调节气流流动方向，观察出风口叶片是否可以按要求摆动，如图 6-47 所示。

图 6-45　按下鼓风机速度控制按钮，　　图 6-46　内外气循环模式的检查
　　　　　检查鼓风机工作情况

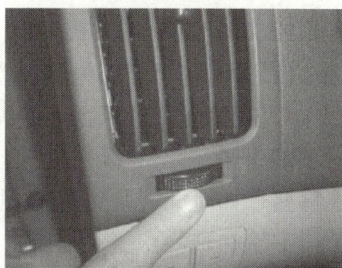

图 6-47　观察出风口叶片的工作情况

8）打开通风模式选择按钮，根据调节来选择脸部、足部/脸部模式、足部模式、足部/除霜模式，并通过各出风口的风向来判断该模式是否正确，如图 6-48 所示。

9）按下前后风窗玻璃除霜按钮，观察风窗除霜工作情况（主要检查出风口的工作情况），如图 6-49 所示。

10）按下 OFF 按钮，检查空调是否关闭，如图 6-50 所示。

图 6-48　按下模式开关，观察出风口情况

a)　　　　　　　　　　　　　　　　　b)

图 6-49　观察前后风窗玻璃除霜情况

图 6-50　按下 OFF 按钮，检查空调关闭情况

知识与能力拓展

一、检查与维护项目

1. 控制旋钮功能检查

在起动发动机的情况下，检查各控制旋钮的功能是否正常；各出风口的出风情况是否正常。

2. 检查空调滤芯

空调滤芯位于副驾驶席前手套箱内侧，检查滤芯是否脏污，如脏污可用压缩空气清洁，不过要注意吹的方向，脏污严重的可更换空调滤芯。

二、使用季节结束时的检查和维护

1）用检漏仪检漏，如泄漏，应进行修理。

2）检查离合器带轮的轴承是否有异响。

3）严禁在使用季节结束后，将压缩机传动带拆下，但可以稍稍地松弛传动带。

4）检查压缩机的油量，必要时给予补充。

5）若感觉制冷量不足时，可用以下方法检查。

① 门窗关闭，打开中央出风口，其余出风口关闭，鼓风机开到最高档，保持发动机2000r/min，冷热拨杆拨在最冷位置。

② 打开 A/C 开关，记录右出风口降至10℃的时间及压缩机第1次停转的时间。若时间与温度的交点落在阴影区内就属正常。

课后思考

如何更换空调滤芯？

任务4　其他电器设备的检查与维护

学习目标

1）了解刮水器和喷水器的作用及检查的重要性。

2）熟悉刮水器和喷水器的检查项目。

3）按照职业技能等级证书标准要求掌握检查或调整刮水器或喷水器的操作技能。

4）熟悉其他电器设备的检查与维护项目。

5）掌握其他电器设备检查与维护的操作技能。

任务载体

一辆现代悦动轿车行驶29500km，进行30000km维护。本任务重点介绍其他电器设备的维护。

相关知识

汽车上除了汽车照明系统、组合仪表、刮水喷洗器及空调之外，还有很多的电器设备需要进行检查，如扬声器、电动门窗、电动后视镜和电动天窗及防盗系统等，这些设备在一定程度上也直接影响了汽车行驶的安全性、工作的可靠性及乘坐的舒适性，本任务将对其他相关电器设备的检查维护进行讲解。

为保证行车时驾驶人具有良好的视线，通常在汽车的前风窗玻璃上安装有刮水器，用于刮除黏附于风窗玻璃上的雨水、积雪或灰尘等，以确保行车安全。一般汽车的风窗玻璃上安装有两个刮水片。汽车上采用的刮水器根据动力源不同可分为真空式、气动式和电动式三种。由于电动式刮水器具有动力大、工作可靠、容易控制、不受发动机工况影响等优点，目前在汽车上得到广泛应用。

汽车在灰尘较多的环境中行驶时，会有一些灰尘飘落在风窗玻璃上，遮挡驾驶人的视线。汽车风窗玻璃洗涤装置的作用：在需要的情况下向风窗玻璃表面喷洒专用清洗液或水，在刮水片配合工作下，保持风窗玻璃表面的清洁。

技能操作

一、刮水器和喷水器的检查与维护

1. 风窗玻璃洗涤开关的检查

（1）清洗液液位的检查（图6-51）　目视检查清洗液液位的位置，应在规定的范围内，如果缺少应添加。

（2）检查喷水器喷嘴堵塞情况（图6-52）　在保证清洗液足够的情况下，拨动喷水器喷射开关，观察有无清洗液喷出，检查喷嘴是否堵塞。

（3）检查喷水器的喷洒压力（图6-53）　拨动喷水器喷射开关，观察所喷洒出的清洗液的高度，要求高度位于风窗玻璃高度的2/3处为合格。

图6-51　清洗液液位的检查

（4）检查喷水器喷洒位置（图6-54）　目视检查喷水器喷洒位置，要求清洗液喷洒区集中在刮水片工作范围内。

2. 刮水器开关工作状况的检查

（1）检查喷水联动刮水功能的工作情况（图6-55）　工作情况应良好，工作时应平顺，无卡滞现象。

（2）检查刮水器在停止位置时的情况（图6-56）　目视检查当刮水器开关关闭时，刮水器自动停止在其停止位置。

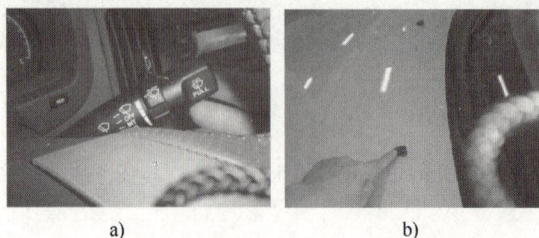

图 6-52　检查喷水器喷嘴堵塞情况

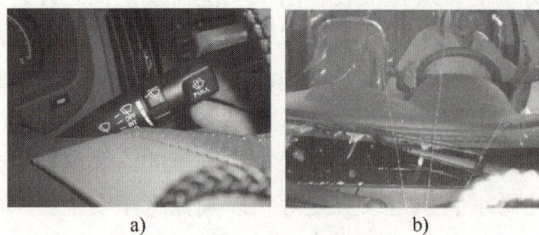

图 6-53　检查喷水器的喷洒压力

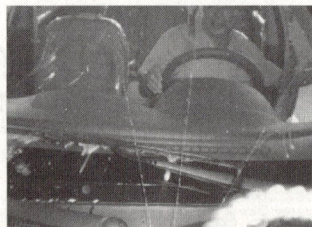

图 6-54　检查喷水器喷洒位置

图 6-55　检查喷水联动刮水器功能的工作情况

6-2　刮水器和喷水器检查

（3）检查刮水在间歇档时的工作情况　目视检查当刮水器开关处于间歇档时，刮水器应有规律的进行工作。

（4）检查刮水器在低速档时的工作情况　目视检查当刮水器开关处于低速档时，刮水器应以较慢的速度进行工作。

（5）检查刮水器在高速档时的工作情况　目视检查当刮水器开关处于高速档时，刮水器应以较快的速度进行工作，且速度是所有档位中最快的。

图 6-56 检查刮水器在停止位置时的情况

（6）检查刮水片的刮水状况 目视检查刮拭状况，不应产生条纹式的刮水痕迹，玻璃上不应有水珠，刮水效果不好等情况。

3. 风窗玻璃洗涤装置喷射位置调整

在喷嘴内插入一根与风窗玻璃洗涤器喷嘴的孔相匹配的钢丝，以便调整喷洒的方向。对准喷嘴以便喷水器喷洒大约落在刮水片的刮水范围的中间，如图 6-57 所示。

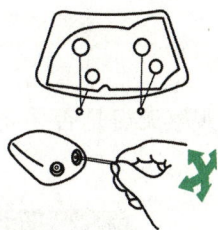

图 6-57 风窗玻璃洗涤装置喷射位置调整

二、扬声器的检查与维护

1）按下扬声器，检查其音量、音质是否正常。

2）转动转向盘，同时在任何位置按下着扬声器开关，听扬声器的音量、音质是否都正常，如图 6-58 所示。

图 6-58 扬声器的检查与维护

3）检查音量和音调是否稳定。

三、电动天窗的检查与维护

在点火开关处于 ON 位置时可以对天窗进行如下操作：滑动、倾斜打开、关闭天窗。相关操作对应"SLIDE OPEN"（滑动打开）按钮、"TILT UP"（倾斜打开）按钮、"CLOSE"（关闭）按钮。

（1）天窗滑动检查 将点火开关置于 ON 位置，打开滑动天窗（自动滑动功能），按下车顶控制台上的"SLIDE OPEN"按钮 1s 以上，观察天窗是否一致滑动打开。按 CLOSE 按钮，观察天窗是否一致滑动关闭。按任意一个按钮，观察天窗是否停在某个位置不动，如图 6-59 所示。

（2）天窗自动防夹功能检查 将点火开关置于 ON 位置，在天窗自动关闭期间，把物体放在滑动玻璃和天窗窗框之间，观察自动防夹功能是否正常工作。

（3）天窗倾斜功能检查 将点火开关置于 ON 位置，打开倾斜天窗（自动倾斜功能），按下车顶控制台上的"TILT UP"按钮 1s 以上，观察天窗是否一直倾斜打开。按 CLOSE 按

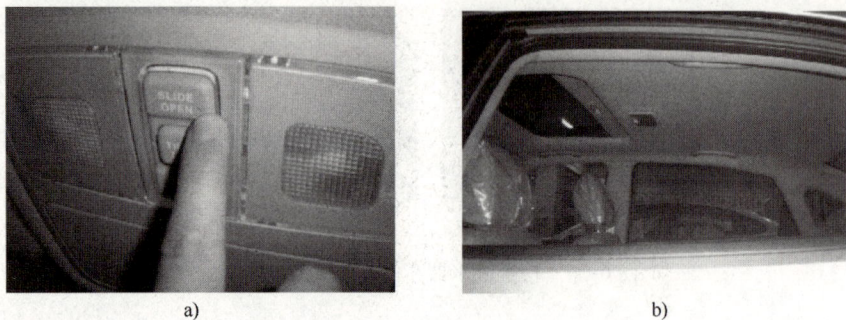

图 6-59　天窗滑动检查

钮，观察天窗是否关闭。按任意一个按钮，观察天窗是否停在某个位置不动，如图 6-60 所示。

图 6-60　天窗倾斜功能检查

注　意

在做完检查后应对天窗各铰链连接处进行必要的润滑。

（4）遮阳板检查　将点火开关置于 ON 位置，玻璃板滑动打开时，观察遮阳板是否自动随着玻璃板打开。天窗关闭后，如果要关闭遮阳板，可以手动关闭，如图 6-61 所示。

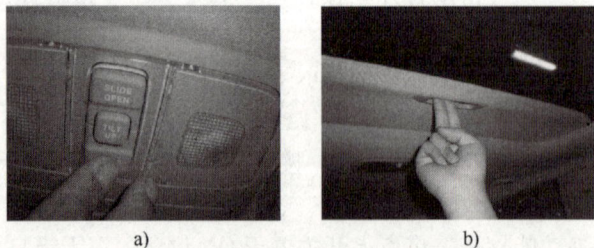

图 6-61　遮阳板检查

四、电动后视镜的检查

（1）室内后视镜的检查（图6-62）　检查后视镜是否处于中央位置（后视镜到后窗视野的中央位置）；检查镜片是否破裂、污垢等。

（2）室外后视镜的检查（图6-63）　检查镜片是否破裂、污垢等；打开点火开关，用电动后视镜的开关调整左、右室外后视镜的位置。

五、电动车窗检查

将点火开关置于 ON 位置，按下电动门窗开关，观察门窗是否升起或下降，如图6-64 所示。

当拔出钥匙或钥匙处于"ACC/LOCK"位置后，观察电动门窗工作时间是否在 30s 停止工作。

图 6-62　室内后视镜的检查

电动车窗有自动防夹功能，如果驾驶席门窗在自动上升操作中受到物体或身体某部分的阻碍，门窗会检测到阻力并停止上升操作，同时反向下降，以便清除障碍物。

 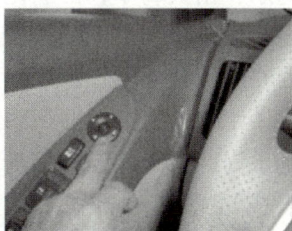

a)　　　　　　　　　　　　　b)

图 6-63　室外后视镜的检查

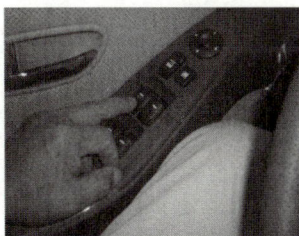 

a)　　　　　　　　　　　　　b)

图 6-64　电动车窗功能检查

六、遥控器的检查

防盗系统与遥控系统一般结合使用。遥控系统允许你用遥控器开锁和闭锁汽车。当按下"LOCK"按钮时，所有门锁闭锁。当按下"UNLOCK"按钮时，所有门锁开锁。当按下遥控器锁止按钮，汽车的闪烁灯应亮一下，车门处发出"咔"的声音，表明车门已锁，如图6-65 所示。

图6-65 遥控器的检查

知识与能力拓展

一、刮水器的作用与要求

刮水器主要用于清除风窗玻璃上的水滴和脏物，保障驾驶人的视野，提高行车的安全。国际驾驶安全调查显示：雨天驾车，由老化刮水器引起的交通事故率比平常高出大约5倍！刮水器对汽车的安全行驶，特别雨天的行驶有重要的安全意义。

车上的刮水器要在特殊条件下工作150万次刮水周期（刮水片为50万次刮水周期）后还能很好工作，相当于刮水器清洁的面积约为200个足球场面积那么大。载重汽车的刮水器甚至超过300万次刮水周期。为此，对刮水器提出如下要求：

1）刮水器和清洗器必须清洁下雨、下雪和脏污（矿物质的、有机的、生物的）时的前风窗玻璃，目前也包括清洁后风窗玻璃。

2）刮水面积和清洗的风窗玻璃面积必须要有法定的、一定的大小，以便驾驶人有足够的视野看到行车道边线、交通标志和交通信号灯。

3）刮水器质量可靠，尽可能避免由于迎面汽车引起的散射光和与此相关的炫目影响。

4）刮水器必须在高温达80℃，低温达-30℃时能轻声和长时间无故障工作。它应能间隙刮水，或能与雨量传感器配合使用。

5）刮水器必须有足够的耐腐蚀性，必须通过封闭试验。

二、刮水器系统

轿车前风窗玻璃的最重要的刮水器系统是由法规所要求的视野面积确定的（图6-66）。它有：

1）同向刮水系统，如图6-66a所示。

2）反向刮水系统，如图6-66b所示。

3）不可控的单杠杆刮水系统，如图6-66c所示。

4）可控的单杠杆刮水系统（带行程调节），如图6-66d所示。

利用附加的刮水片调节器（平行四边形和一般的四角铰接）可以改变刮水面积。

三、结构

刮水系统通常包括驱动电动机、换向传动机构、带有刮水片的刮水臂、刮水橡胶和刮水器开关（该开关大都与转向支柱组合在一起）。整个刮水系统还有间歇继电器、延迟继电器和雨量传感器。

1. 刮水器开关

刮水器开关通常在转向盘右调整臂上，手动和自动刮水器开关分别如图6-67和图6-68所示。

在间歇刮水位置时，刮水频率与车速成正比。

刮水器的刮水频率是每分钟刮水器往复移动的次数，它必须达到法规要求。"速度Ⅰ"档的最低刮水速度在欧洲为10次/min，在美国为20次/min。"速度Ⅱ"档的最低刮水速度均为45次/min。

无间歇的风窗玻璃刮水在下小雨或

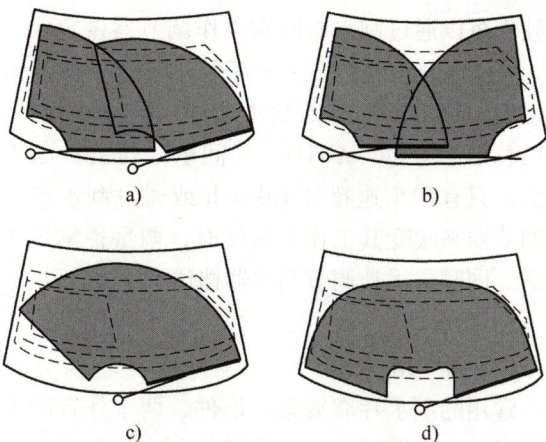

图6-66　前风窗玻璃清洗系统
a）同向刮水系统　b）反向刮水系统　c）不可控的
单杠杆刮水系统　d）可控的单杠杆刮水系统

下小雪时会有问题，因为在较干的风窗玻璃上刮水时，会使刮水唇产生不必要的磨损。用间歇继电器可使刮水器中间停顿，刮水器就不会在较干的风窗玻璃上滑动。间歇继电器是一个脉冲发生器，且脉冲时间序列可变。脉冲通过继电器控制刮水器电动机转动，每个脉冲使刮水器往复移动一次。

图6-67　手动刮水器开关
1—慢速刮水（小雨）　2—快速刮水（大雨）
Ⅰ—间歇刮水　0—关闭　↓—单次刮水（向下按）

图6-68　自动刮水器开关
1—正常刮水（小雨）　2—快速刮水（大雨）
AUTO—自动刮水（通过雨量传感器，自动调整
刮水频度，与降水强度成正比）　0—关闭
↓—单次刮水（向下按）

更好的解决办法是使用自动刮水器，通过雨量传感器自动调整刮水器的频度，可以有效地减少刮水片的磨损。

2. 雨量传感器（雨天传感器）

雨量传感器用来监测前风窗玻璃上的雨量，达到合理控制刮水器频度的目的，它有时会和光强识别传感器安装在一起，如图6-69所示。

雨量和光强度识别传感器装在前风窗玻璃上车内后视镜的安装底座内，使用雨量传感器就可以根据前风窗玻璃的沾水湿润程度，实现下面的功能：

1）刮水器分为多个速度档位，自动接通和关闭。

2）在下雨时自动接通行车灯。

当刮水器开关置于"AUTO"（有的车上标示"Interval"）时，雨量传感器就被激活了。

驾驶人可以通过刮水器间歇工作调节器设定四个灵敏度，在本系统上不再需要参考刮水动作（激活雨量和光强度识别传感器时的刮水动作）。于是刮水开关就可以总是保持在"AUTO"（间歇）位置。出于安全考虑，只有在车速超过 16km/h 或通过刮水器间歇工作调节器来改变其工作灵敏度时，雨量传感器才会被激活。同时，手动调节刮水器档位有优先权。

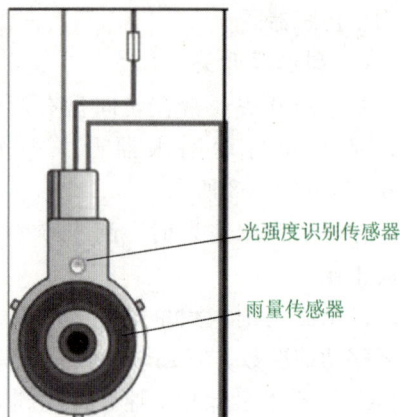

光强度识别传感器

雨量传感器

图 6-69　光照雨量传感器

3. 刮水片

（1）常用刮水片

常用的刮水片靠夹紧弯形件、两个外置的中心弹簧槽或一个内置的中心弹簧槽将刮水橡胶夹紧，并将刮水橡胶贴在风窗玻璃上。刮水片的长度为 260 ~ 1000mm。夹紧弯形件和预拉紧弹簧槽通过它们的支撑点（支撑点数取决于刮水片长度）将压紧力均匀地分配在整个风窗玻璃上，刮水片与风窗玻璃形状要协调。

固定（如弓钩固定、接插固定）的结合尺寸是标准的。出厂预装好的万能快速夹片适用于刮水臂的各种弓钩固定方式。这种快速夹片可以快速、简单地更换刮水片（图 6-70）。补偿刮水片悬置和铰接处间隙的措施，有助于刮水片低磨损工作。

（2）无铰链刮水片

无铰接刮水片（双气动刮水片，图 6-71）符合当今刮水片的发展趋势。在刮水橡胶上的垂直力的分布不再由常用的刮水片弯形件的铰接头和夹紧装置承担，而是由两个在风窗玻璃上专门协调的、预弯曲的弹簧槽（板弹簧槽）承担。弹簧槽还将刮水唇上的均匀压紧力作用到风窗玻璃上，从而减小刮水唇在风窗玻璃上的磨损并提高刮水质量。由于刮水片不采用中间弯形件和中心弯形件的结构形式，也就不会出现铰接处的磨损。同时，无铰接刮水片的结构高度低、质量小和噪声小（风声小）。刮水片的上部做成导风叶片状，能在没有其他辅助措施下经受很高的汽车行驶速度。在汽车与行人可能发生交通事故时，阻流板的弹性材料是一种理想的防止行人受伤的措施。刮水片与刮水臂简单的、适用的连接方式可保证刮水片工作时的可靠性和当需要更换刮水片时能很容易地更换。

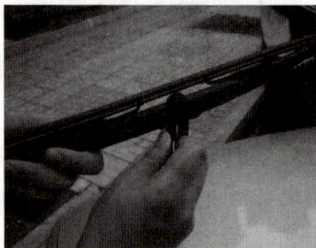

图 6-70　常用刮水片安装

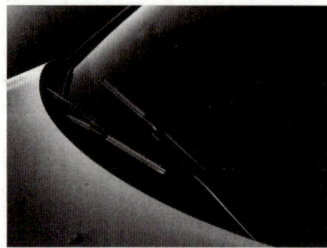

图 6-71　无铰链刮水片

课后思考

如何维护检查自动门窗？

学习情境7

汽车车身的维护

任务1　汽车的清洁与美容

学习目标

1）了解汽车清洗的作用、种类与时机。
2）知道汽车清洗剂的种类。
3）学会汽车清洗设备的使用方法。
4）按照职业技能等级证书标准掌握汽车清洗的工艺流程和操作方法。
5）培养干一行、爱一行的匠人精神。

任务载体

　　谈到汽车的清洁与美容，许多顾客都会自然地联想到洗车，可如何科学规范地清洁汽车的每一处污渍却不是一件容易的事情。本任务介绍如何规范地进行汽车清洁与美容。

相关知识

一、常用的清洗设备

常用的清洗设备主要有冷热水高压清洗机、泡沫清洗机、空气压缩机等。

1. 冷热水高压清洗机

冷热水高压清洗机主要用于清洗车身外表面、发动机表面及底盘等部位的灰尘油污，是现代汽车美容的必备工具之一。冷热水高压清洗机如图7-1所示。

冷热水高压清洗机系统，一般由水泵、加热装置和传动机构等组成。配套的部件主要有进水软管和出水软管、各种规格喷枪、刷洗用的毛刷等。这类清洗机具有结构紧凑、清洗效率高、有利于环境保护、清洗质量好和清洗范围广等特点。它可使用自来水作为水源，采用柱塞式水泵获取高压水流。高压水流的压力和流量可以根据清洗的要求进行调节。热水的温度也可以调节到80~100℃。

2. 泡沫清洗机

泡沫清洗机利用压缩空气在设备内部产生一定的压力，通过设备配置的系统，将设备内调配好的清洗液以泡沫状喷射到需要清洗的汽车车身表面，通过化学反应，起到去尘和去污的作用。

泡沫清洗机如图7-2所示。

3. 空气压缩机

空气压缩机分为单级式和双级式两种，其常见性能指标主要有空气压力、压缩空气量和额定功率。空气压

图7-1 冷热水高压清洗机

缩机在汽车美容护理方面应用范围很广，主要用于泡沫清洗机、各种气动工具、车身油漆喷涂、发动机和变速器免拆清洗以及轮胎充气等。空气压缩机如图7-3所示。

图7-2 泡沫清洗机

图7-3 空气压缩机

4. 水枪和气枪

水枪和气枪分别是与高压清洗机和空气压缩机配套使用的重要清洗设备。其种类很多，有的带快速接头，可快速切换；有的带长短接杆，使用时更为方便。水枪如图7-4所示。

由于水枪和气枪承受的工作压力高，使用频繁，因此比较容易出现泄漏和损坏。

二、常用的清洁工具

在进行汽车清洗作业时，根据汽车表面各部位的材料质地、形状的不同，宜选用合适的清洁工具。常用的清洁工具包括外用湿性海绵、毛巾、大浴巾、麂皮、长毛板刷等。

三、常用清洗材料

清洗汽车应使用专用的汽车车身清洁剂，按照规定进行配制。汽车油漆耐酸碱的 pH 一般为 8，而生活中常用的洗衣粉和清洁精的 pH

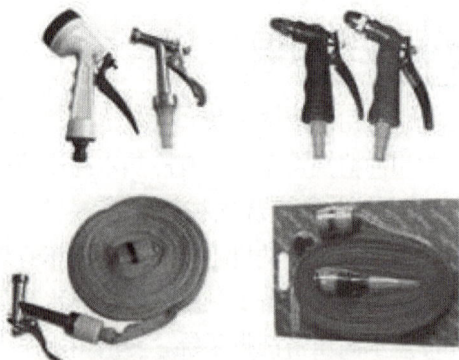

图7-4 水枪

都达到了 10～12，如果长期使用洗衣粉或清洁精清洗车身，就会使车身失光、褪色甚至漆膜氧化变色。

现在常用的汽车外部清洁材料，其产品具备以下特点：具有超强的渗透清洗能力，能快速清除汽车油漆表面和轮胎表面的柏油、沥青、尘垢以及新染的漆点等顽固污渍，令汽车光洁如新。

常用的清洁剂有万能泡沫清洁剂、洗车香波类清洁剂、二合一香波类清洁剂、脱蜡洗车剂、高级洗车剂、泡沫清洁剂、柏油沥青清洁剂、黏胶清洁剂和轮辋清洁剂。

四、车内清洁的主要设备

车内清洁的主要设备有真空吸尘机、桑拿机、电热式喷水/吸尘/吸水多功能清洗机、光触媒机、氧吧、高效多功能洗衣机等。

1. 真空吸尘机

车身内经常有大量的灰尘积聚，特别是坐椅上和一些角落部位的灰尘很难清除。真空吸尘机，一般采用360°旋转吸口和多级过滤以及简单的过滤层更换，能十分方便地伸进各个角落部位，快速地吸去灰尘。为方便地在不同空间中进行工作，常见的接头有正方形、圆形、长方形。真空吸尘机如图7-5所示。

2. 桑拿机

车身内饰和地毯等纤维绒布织品容易积聚污垢，使细菌容易繁殖，而除尘机只能除尘，无法清除细菌。高效电热蒸汽机能在很短的时间产生大量的高温蒸汽，压力可达0.40MPa，温度可达120℃，蒸汽喷射在需要清洁的内饰表面上，起到快速灭菌作用。桑拿机如图7-6所示。

图7-5　真空吸尘机　　　　　　图7-6　桑拿机

3. 电热式喷水/吸尘/吸水多功能清洗机

电热式喷水/吸尘/吸水多功能清洗机是将电加热热水器与真空吸尘器合二为一，在喷出热水的同时又能吸去水分。

4. 高效多功能洗衣机

汽车上的坐椅套、头枕套等织物容易弄脏，每隔一段时间都要进行清洗。为了节省车主的时间，汽车美容店应该创造条件，做好全方位的服务工作，在美容的同时，做好织物的清洗。汽车美容店的洗衣机必须是集清洗、脱水、烘干和免烫等功能于一体的高效多功能洗衣机。

五、车内清洁的材料

车身内部设备多，结构复杂，材料又各不相同，因此必须采用不同的清洁方法和用品。车身内部清洁所需的材料和护理用品比较多，主要有强力顽渍去除剂、皮革清洁剂、抗菌泡沫清洁剂、表板清洁剂、万能泡沫清洁剂和百丽珠二合一清洁剂。

六、车内除尘的设备和工具

1. 车内除尘的设备

现在车内除尘的主要工具是设备多功能吸尘器。

2. 车内除尘的工具

1）静电吸尘刷　车内除尘的工具主要是手工使用的静电吸尘刷。使用静电吸尘刷可以将室内的肉眼无法看见的粉尘或漂浮物进行吸附，防止室内粉尘超标。静电吸尘刷如图7-7所示。

2）除尘手擦套　除尘手擦套一般采用100%的高级羊毛、羊皮制作而成，手工精细，表面羊毛细腻，去污力强，它能去除汽车内部的灰尘、污渍、油污等。除尘手擦套如图7-8所示。

图7-7　静电吸尘刷　　　　　图7-8　除尘手擦套

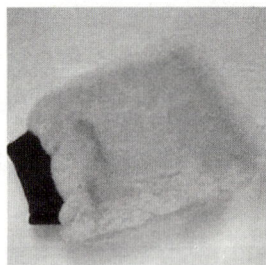

技能操作

一、汽车外部的清洁与美容

通常汽车外部的清洁与美容按准备、冲淋、刷洗、擦洗、冲洗、擦干、护理、质检8步进行。用到的主要设备与工具有高压清洗机、泡沫清洗机、空气压缩机、毛刷、大海绵、毛巾、麂皮、清洗剂等。

（1）准备　对高压清洗机进行调试，准备好常用洗车工具和洗车用品，人员按洗车要求着装。

1）人员着洗车服装，穿防滑鞋，摘下手表和戒指，以防刮伤漆面。

2）调试高压清洗机，并准备好毛巾、刷子、麂皮等洗车工具和洗车用品。

3）操作者引导车主把待清洗的汽车开到洗车的停车位置并停放平稳，拉紧驻车制动器手柄，将发动机熄火，关好车窗和车门，车内不要留人。

（2）冲淋 汽车进入洗车场地后，用高压清洗机水枪冲洗车身污物。

1）用高压清洗机水枪冲洗车身污物，先从车顶开始，依次逐一向下冲淋。

2）对如图7-9～图7-14所示车身顶部、下部、底部、车门框下部、前后保险杠与车身相连接处等容易有污垢的部位重点冲洗。

图7-9 冲洗车顶

图7-10 冲洗发动机舱盖

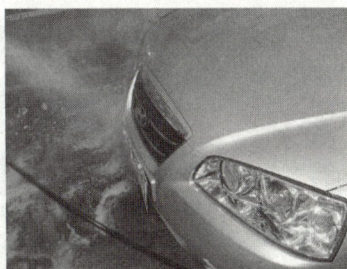

图7-11 冲洗车保险杠

图7-12 冲洗左侧车身

图7-13 冲洗C柱和后风窗玻璃

图7-14 冲洗行李舱盖

（3）刷洗 对污垢较重部位用毛刷刷洗。

1）准备好刷洗用的柔软毛刷或海绵、清水和清洗剂。

2）检查污垢是否充分湿透，然后用毛刷刷洗。

3）如有油脂等水不溶污垢可用毛刷蘸上清洗剂进行刷洗。

4）图7-15、图7-16所示为对轮胎、轮辋进行刷洗。

（4）擦洗 用泡沫清洗机对车身均匀喷洒清洗剂，然后用大海绵或毛巾擦洗车身。

图 7-15 轮胎刷洗

图 7-16 轮辋刷洗

1）准备好擦洗用的清洗剂和擦洗工具

2）用泡沫清洗机装入清洗剂，对车身均匀喷洒清洗剂，泡沫的覆盖率为75%即可，然后用大海绵或毛巾呈"S"形按照从上向下的顺序擦洗车身。若无喷洒清洗剂的设备和工具，也可用干毛巾蘸上清洗剂涂布于车身表面，还可用海绵蘸上清洗剂进行擦拭。打泡沫工序如图 7-17 ~ 图 7-19 所示。擦洗工序如图 7-20 ~ 图 7-22 所示。

图 7-17 车身打泡沫

图 7-18 车轮行走部位打泡沫

图 7-19 车尾打泡沫

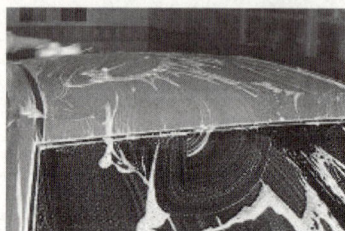

图 7-20 车顶擦洗

图 7-21 风窗玻璃擦洗

图 7-22 车身尾部擦洗

（5）冲洗 如图 7-23 ~ 图 7-29 所示，从车顶部开始，逐一从上往下冲，一直冲洗到车底部。

1）冲洗时，先从车顶部开始，逐一从上往下冲，最后冲洗车底部。

2）检查擦洗时是否擦尽了污物、印迹，是否有遗漏。

3）对擦洗时残留的印迹、污物，再进行擦洗清除，以达到彻底清洗的目的。

图 7-23 冲洗前风窗玻璃

图 7-24 冲洗左前车轮和轮辋

图 7-25 冲洗左侧车裙

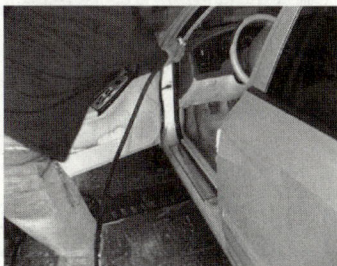

图 7-26 冲洗 A 柱和左前门缝

图 7-27 冲洗 B 柱和左前踏板

图 7-28 冲洗 B 柱和左后门缝

图 7-29 冲洗 C 柱和左后踏板

（6）擦干 先用半湿大毛巾擦拭一遍，再用麂皮擦拭两遍，直到车身毫无水痕，最后用压缩空气将车身进一步吹干。

1）冲洗后，用半湿大毛巾，将整车从上到下、从前到后擦拭一遍。

2）过车如图 7-30 所示，用麂皮仔细将车身再擦拭两遍。

3）一般在擦拭完之后，虽然无水痕，但表面并不十分干燥。如图 7-31 所示，使用气枪，用干净的压缩空气将车身进一步吹干，以便进行打蜡护理。

图 7-30 过车

图 7-31 使用气枪

（7）护理　车身擦干后，应根据客户要求对汽车进行护理作业。

（8）质检　先按验收标准自行检查一次，然后由车主、质检员和操作者代表三方对汽车清洗效果进行检查验收。

外部饰件应无尘土、无污垢、无水痕；玻璃应光亮如新，无划痕。

1）自检。在验收前，操作者应提前做好准备，按验收标准，自行检查验收一次，看是否还有遗漏清洗处，是否达到了标准要求。如发现存在问题，应及时补救处理，以便顺利通过验收。自检时，尤其要对发动机边沿及内侧、车门边沿及内侧、车门把手及内侧、油箱盖内侧、车身底部、轮胎及排气管等处重点进行检查。

2）共同检查。共同检查即由车主、质检员和操作者代表三方对汽车清洗效果进行检查验收。

二、汽车内部的清洁

1. 车内的除尘

1）取出车内的脚垫、地毯和各种杂物，依次规整地进行放置。

2）将车上的烟灰缸进行清理，高级车型烟灰缸的数量为5个，中控台1个，4个门上各1个。一般轿车烟灰缸数量一般只有1个。将烟灰缸取出倒掉或者用吸尘器吸取。

3）用真空吸尘机自上而下吸去顶篷内衬、头枕、椅背、坐垫和地板的灰尘。

4）地板的吸尘工作要分两次操作，首先采用方接头将车内的沙粒吸走；然后更换带刷子的吸头，针对纤维纺织材料的内饰边刷边吸，主要吸掉灰尘。要特别注意地板拐角部位的尘垢，必要时应反复吸除直至干净。前部乘客区除尘吸尘如图7-32所示。行李舱除尘、吸尘如图7-33所示。

图7-32　前部乘客区除尘吸尘

图7-33　行李舱除尘、吸尘

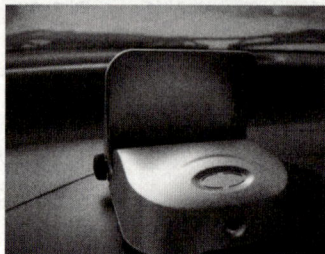

图7-34　车内富氧杀菌

5）使用静电吸尘刷或除尘手擦套对坐椅、顶棚内衬、门内护板和仪表台进行擦拭。

6）用半干毛巾对车内坐椅头枕、坐椅、门内护板、仪表台、仪表板、变速杆、空调出风口等位置进行擦拭。

2. 车内消毒

（1）车内富氧杀菌　车内空间是一个独立的封闭空间，空气流通性差，很多厌氧病菌容易滋生。将车载氧吧的外接电源插到点烟器进行外接，在进行其他操作时不妨碍。富氧杀菌时间一般为15～20min。将太阳能汽车氧吧置于前风窗玻璃后仪表台上，即可以进行杀菌处理。车内富氧杀菌如图7-34所示。

（2）桑拿机高温消毒　车身内饰和地毯等纤维绒布织品容易积聚污垢，使细菌容易繁殖，使用高温蒸气对坐椅、坐椅套进行高温杀毒。在进行汽车桑拿时，在桑拿蒸气机内加入水、清洁剂、芳香剂后，接通电源加热至130℃后，将喷出的高温蒸气对汽车内的坐椅、内饰进行消毒，可有效杀死藏在缝隙里的顽固细菌。桑拿机高温消毒如图7-35所示。

（3）氧触媒消毒　在进行操作时，要求所有清洁工作必须全部结束。将光触媒剂充分摇匀，距离喷涂表面30~40cm处临空喷涂，请勿直接对准表面喷涂。然后，在车内大面积喷涂一次，待干后再喷涂一次。单车使用量为2~3揿/m^2（夏季），3~5揿/m^2（冬季）。将车内进行密封。车内封闭时间夏季为20~45min，冬季为40~60min。整个操作过程中必要在阳光下进行。氧触媒剂如图7-36所示。

图7-35　桑拿机高温消毒

图7-36　氧触媒剂

3. 仪表台、仪表板和转向盘的清洁

（1）仪表台的清洁　首先用半干毛巾将仪表台擦拭一遍，检查是否有积垢过多的地方。在积垢过多或有油渍的部位如用毛巾无法清除时，可先喷洒万能泡沫清洗剂或表板清洁剂进行擦拭并用软毛刷刷除，然后再喷洒皮革清洁剂，再用干净的干毛巾擦拭，最后用麂皮吸去其上的水分。仪表台上的电镀装饰件，用无纺巾沾少许镀铬保护剂进行擦拭，擦至恢复光亮即可。仪表台的清洁如图7-37所示。

图7-37　仪表台的清洁

（2）仪表板的清洁　在清洁仪表板时如用毛巾无法清除时，可先喷洒万能泡沫清洗剂或表板清洁剂进行擦拭并用软毛刷刷除，然后再喷洒塑料保护剂，再用干净的干毛巾擦拭，最后用麂皮吸去其上的水分。

（3）转向盘的清洁　转向盘多为工程塑料制造，容易积聚各种污垢，用塑料清洁剂清洁。转向盘外套的材料多为橡胶、橡塑件或纺织纤维物，可以拆卸下来用橡胶或塑料清洗剂清洗，再用清水冲洗，最后喷涂橡胶保护剂和光亮剂。

4. 顶棚内衬、门内护板的清洁

（1）顶棚内衬的清洁　先用软布将绒毛上的尘土、污物擦干净，喷上多功能泡沫清洗剂或丝绒清洁剂，片刻之后，用一块洁净的纯棉布将污液吸出。再从污迹边缘向中心擦拭，污垢严重时可多次重复操作，污垢清除干净后，用另一块干净的棉布顺着车顶的绒毛方向抹平，使其恢复原样。顶棚内衬的清洁如图7-38、图7-39所示。

（2）门内护板的清洁　内饰板为人造革或真皮制作时，在污渍较少的部位使用皮革清洗剂进行清洁。使用前请先摇匀皮革清洗剂，距离10~20cm直接喷射于待清洁的物品表面，停留30~60s后，待污渍充分溶解之后，再用软布抹去。

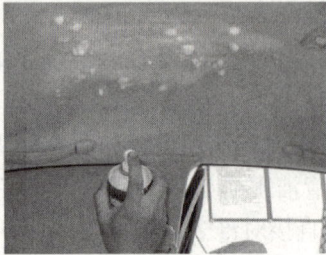

图 7-38　喷涂丝绒清洗剂

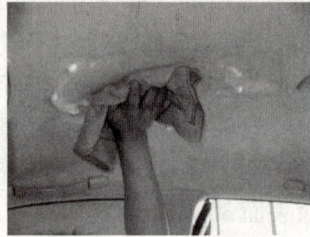

图 7-39　擦洗泡沫溶液

　　内饰板为塑料制作时，使用万能泡沫清洁剂进行清洁，距离 10～20cm 直接喷射于待清洁的物品表面，停留 30～60s 在泡沫未干前用软布抹去；对于污渍严重的部位，喷上万能泡沫清洁剂后请使用软刷在污渍上擦拭，再用软布抹去。必要时可以二次处理。

　　5. 丝绒面料坐椅的清洁

　　将丝绒清洗剂喷到污物、油脂处，稍停数分钟，用纯棉质毛巾，用力压在脏污处，挤出溶有油污和污物的液体。用干布擦干净清洗部位，还可用小刷子配合清洗。丝绒清洗剂俗称多功能清洁柔顺剂，其具有清洁、柔顺和着色三种功能，因此清洁护理可以一次完成。

　　6. 皮革坐椅的清洁

　　将皮革表面用软布揩擦干净，除去其上的尘土、水气，将清洗剂喷敷到皮革坐椅表面，稍停 1～2min，让清洗剂有效地润湿和分解硬结在皮革表面的油污，用干净毛巾或软布轻轻擦拭并擦干，直至污垢被全部清除，待皮革表面干燥后，将皮革保护剂均匀地喷敷在皮革表面，浸润 1～2min 并用干净毛巾反复擦拭，直至皮革光亮如新。若光亮度不够，可多遍喷敷擦拭。皮革上光后要进行必要的风干或烘干干燥处理。

　　7. 头枕的清洁

　　头枕清洁工作和坐椅的清洁一样，在清洁时若发现人头部油脂的分泌对头枕造成严重污染，应该使用高效丝绒或皮革清洗剂进行清洁。

　　8. 空调系统的清洁

　　用真空吸尘机对各进出风口吸尘，然后取下进气滤网，吹除灰尘，用毛刷清除出风栅栏的灰尘，用湿毛巾擦去进出风口的灰尘和污垢，对于个别沾有油污的部分，可喷涂塑料清洁剂后用毛巾或海绵擦拭。最后用特效空气清新剂喷涂滤网和空气道进行消毒。出风栅栏的除尘如图 7-40 所示。

　　完成对空调系统的清洁后，应起动发动机，开启空调系统，将控制开关置于内循环和最大出风量档，在进出风口处喷洒空气消毒剂进行杀菌和除异味，最后再喷洒空气清新剂。

　　9. 检查、交车

　　车内清洁完成后，使用麂皮环擦整车，检查全车。当保证车内无污渍、无遗漏时，即可将车移至交车工位由服务接待将车向顾客交车。室内清洁完成效果如图 7-41 所示。

图 7-40　出风栅栏的除尘

图 7-41　室内清洁效果

知识与能力拓展

一、汽车清洗注意事项

1）清洗汽车外表面最好在室内或背阴处清洗，不允许在阳光直射下清洗，因为阳光下，干涸在车身的水滴会留下斑点，影响美观。也不允许在严寒中清洗，这样既清洗不净，又能导致水滴在车身表面结冰，造成外壳涂层裂纹。

2）清洗前应当将全部车门、车窗、发动机舱盖、行李舱盖、通风孔、空气入口严密关闭，封严发动机电气系统，以防清洗时进水，造成短路、窜电和锈蚀等。清洗货车时，如载货怕潮湿，应加以防护或不清洗上部。

3）在没有干燥设备的场地清洗时，最好将汽车停在带有小坡度的空地或路边，以便清洗后清洗剂和水能自己流尽，防止积水污染或腐蚀。

4）清洗汽车轮毂内侧时，要防止进水，否则可能造成制动不灵。如发现进水，可低速运行，反复踏踩制动踏板，造成摩擦，产生热量使其自行干燥。

5）人工清洗时，要用软管。水的压力要适宜，水压力过高，会造成车外表污物硬粒划伤漆面。

6）若清洗中车内外装饰件不慎被沾溅上污物，应趁污物未干时，尽快清洗。如已干涸，要用清水或清洗剂、软毛刷慢慢刷洗，不允许用硬质工具刮除。

7）不允许用碱、煤油、汽油、矿物油及酸等溶剂直接清洗汽车外表面。橡胶件可用工业甘油擦去未洗净的灰色沉积物。

8）镀铬件清洗后如有锈迹，可用白垩粉或牙粉撒在法兰绒上，沾上氨水或松节油擦拭，擦完，再涂上防锈透明漆。

二、特殊清洗

（1）柏油、沥青去除 检查车裙和行走部位，如有柏油、沥青等污点，使用柏油沥青清除剂进行清除。

（2）轮辋清洗 汽车轮辋由于形状比较特殊，被灰尘和制动设备摩擦产生的干粉长期沾污，所以应该给予足够的重视。一般使用轮辋清洗剂进行清洁，在轮辋上均匀喷射轮辋清洗剂4~5揿，停留2~3min，用干净的毛巾擦干即可。轮辋清洗剂喷涂如图7-42所示。

（3）轮胎养护清洗 轮胎是汽车的行走部位，轮胎的技术状况对汽车行驶安全性和稳定性有很大影响。轮胎采用轮胎清洁光亮剂进行清洁、养护。在沿着轮胎胎侧、胎肩、胎冠等处喷洒轮胎清洁光亮剂，待其被吸收后即可，不用擦干。轮胎清洁光亮剂喷涂如图7-43所示。

图7-42 轮辋清洗剂喷涂

图7-43 轮胎清洁光亮剂喷涂

案例剖析

维护项目：前后风窗玻璃清洁

维护原因：汽车在行驶过程中，前后风窗玻璃容易附着的沙砾、尘土黏附的鸟粪、昆虫和沥青等污物，不及时有效的清理对行驶安全性造成影响。

清洁步骤：

1）用洗车香波清洗车身，玻璃上附着的沙砾、尘土等污物在浸润后被高压水流冲走；玻璃上黏附的鸟粪、昆虫和沥青等污物，可用塑料或橡胶刮刀来去除。待洗车工序完成后，车窗玻璃上附着的仅剩油膜了。

2）在海绵上蘸适量玻璃清洁剂，均匀地擦拭玻璃的内外表面，静置一段时间，待已擦抹的表面变白后，再用柔软的布擦干。

3）玻璃表面上的顽固性污物，如油漆污点、鸟粪等，可以用 P1500～P2000 号旧的水砂纸的背面就着肥皂水轻细研磨。

清洁后窗时要千万小心，不可破坏防雾除霜栅格。只能用软布配合玻璃清洁剂进行仔细处理。如果不慎破坏了除霜栅格，可用修复工具将断了的地方用导电涂料涂上连接起来。贴有太阳膜的玻璃，有膜的一面用玻璃抛光剂处理，效果更加理想。如果玻璃上粘有口香糖或透明胶的残痕，可先用塑料刮刀将残留物清除，然后使用新车开蜡水简单擦拭即可清除此类污迹，最后再用风窗玻璃抛光剂处理即可。

课后思考

1. 汽车外部清洗工序是什么？
2. 在进行汽车外部清洗时，应注意哪些问题？
3. 汽车外部清洁所需设备、工具都有哪些？

任务 2　车身的检查与维护

学习目标

1）熟悉车身外部结构和内部结构。
2）按照职业技能等级证书标准要求掌握车身外观的检查内容及方法。

任务载体

车身的美观影响到车主的形象，本任务将详细地介绍如何全面地进行车身检查。

相关知识

车身结构包括外部结构（图7-44）和内部结构（图7-45）两部分。汽车在使用一定时间后需要对车身部件的安装状况和外观进行检查，以保证汽车的安全性和美观。熟悉车身的结构是做好汽车维护的前提。

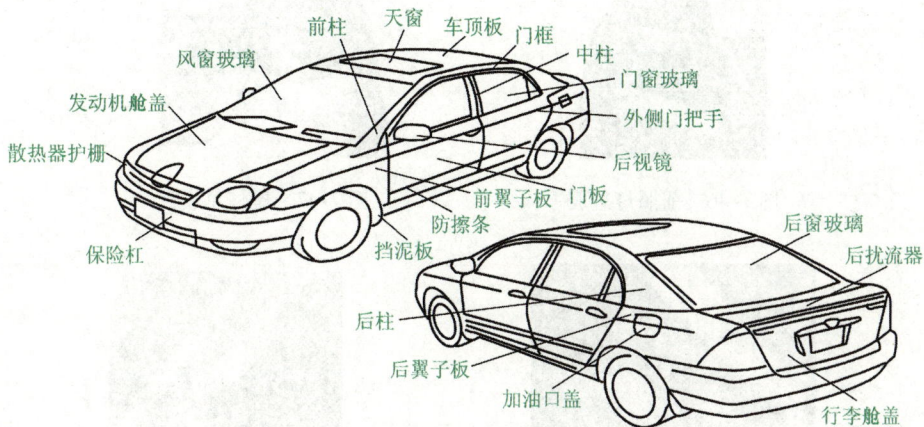

图 7-44　车身外部结构

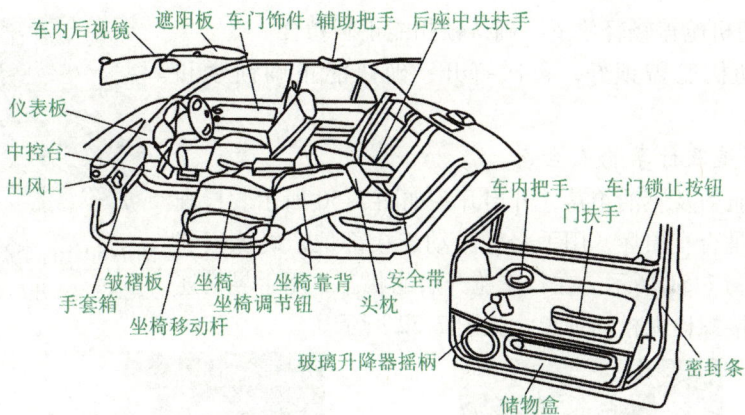

图 7-45　车身内部结构

技能操作

车身外观的检查主要包括部件功能和外观损坏的检查，部件功能的检查主要为坐椅、安全带及电动车窗的检查，外观损坏检查包括车灯检查、发动机舱盖检查、行李舱盖检查、燃油箱盖检查、车门检查、车身漆面检查和汽车玻璃检查。

1. 车灯检查

车灯外观主要检查前照灯总成（图 7-46）及尾灯总成（图 7-47）表面是否有污垢、划痕，安装状况是否良好。

2. 发动机舱盖检查

1）通过驾驶室发动机舱盖开启开关打开发动机舱盖（图 7-48），在举高位置左右晃动，确认铰链完好（图 7-49）。

图7-46　前照灯总成

图7-47　尾灯总成

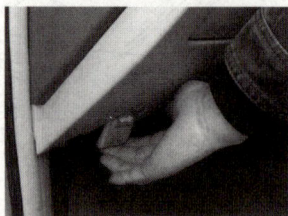

图7-48　发动机舱盖开启开关

图7-49　发动机舱盖铰链

2）将发动机舱盖轻轻放下，确认锁扣能正确扣合。

3）将发动机舱盖锁好，再次打开，确认能正确锁紧和开启。

3. 燃油箱盖及行李舱盖检查

打开行李舱盖及燃油箱盖，开启开关如图7-50所示。检查燃油箱盖表面是否有损坏，用手轻轻晃动连接部位，确认安装牢固可靠，如图7-51所示。在行李舱开启的状态下用手晃动连接杆，确认连接螺栓无松动现象，如图7-52所示。

图7-50　行李舱盖及燃油箱盖
开启开关

图7-51　燃油箱盖检查

图7-52　行李舱盖检查

4. 车门检查

打开车门，上下晃动车门，检查所有车门安装状况是否良好，车门螺栓是否存在松动。车门连接螺栓如图7-53所示。

5. 儿童锁检查

儿童锁在车门的位置如图7-54所示。将儿童锁拨至锁止状态，关闭车门，在车内不能够将车门开启为正常。

6. 车身漆面检查

主要检查车身漆面有无损坏、划痕。

7. 汽车玻璃检查

主要检查外观有无开裂或破损。

图7-53　车门连接螺栓

图7-54　儿童锁

注　意

当发现发动机舱盖、行李舱盖或者车门的螺栓螺母出现松动时，必须查找维修手册，按规定力矩上紧，见表7-1。

表7-1　发动机舱盖、行李舱盖、车门的螺栓螺母拧紧力矩

项　目		拧紧力矩/N·m
前后车门	车门合页到车身	37.3~41.2
	车门合页到车门	9.8~19.6
	锁栓	16.7~21.6
	车身检验器	16.7~21.6
	车门检验器	6.9~10.8
行李舱盖	行李舱盖碰锁	6.9~10.8
	安装行李舱盖碰锁到行李舱盖上	6.9~10.8
发动机舱盖	发动机舱盖合页到车身	21.6~26.5
	发动机舱盖合页到发动机罩	21.6~26.5
	发动机舱盖碰锁到车身	6.9~8.8

8. 润滑

1）依照行李舱锁—右前门锁铰链—右后门锁铰链—左后门锁铰链—左前门锁铰链—发动机舱盖挂钩顺序润滑或检查。

2）在润滑行李舱锁后关闭行李舱。

课后思考

如何做好车身外部检测？

任务3　车身功能的检查与维护

学习目标

1）掌握坐椅和安全带的调整以及车窗的控制方法。

2）按照职业技能等级证书标准要求掌握坐椅、安全带和车窗的检查内容。

任务载体

公务用车有一个普遍的烦恼，不同的工作人员驾车都要调整坐椅的高度，致使驾驶人坐椅提前损毁。本任务将介绍如何做好驾驶室坐椅的维护。

相关知识

汽车维护中的车身功能检查主要包括坐椅功能检查、安全带功能检查和电动车窗功能检查三部分。

坐椅具有支撑乘员身体和缓和路面冲击的作用。主要由头枕、靠背、腰部支撑、软垫组成。为了确保舒适和降低长时间驾驶带来的疲劳感，要求坐椅可以调节，其可调节的部位如图 7-55 所示。

安全带是汽车重要的被动安全装置之一，与安全气囊配合使用可以最大限度地降低对人员的伤害。当突然制动或发生碰撞时，由于具有很强的惯性力，乘员身体向前移动，此时安全带可以适当地把乘员固定在坐椅上，避免乘员碰到前方的转向盘或风窗玻璃，甚至被抛出车外。安全带功能如图 7-56 所示。

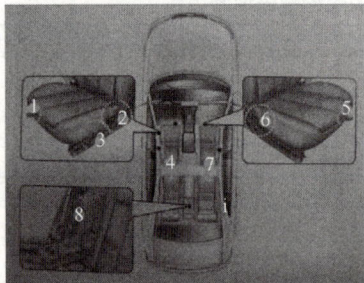

图 7-55 坐椅调节
1—前坐椅前后移动(驾驶席) 2—坐椅靠背倾斜(驾驶席)
3—坐垫高度(驾驶席) 4—头枕(驾驶席)
5—前坐椅前后移动(助手席) 6—坐椅靠背
倾斜(助手席) 7—头枕(助手席)
8—后坐椅中央扶手

图 7-56 安全带功能

电动车窗可以方便实现车窗玻璃的升降，是现代汽车提高舒适性的配备之一。电动车窗一般有手动功能和自动功能。手动功能是指轻轻上拨或下按开关，车窗升降，一旦松开开关后，车窗立即停止升降。自动功能是指用力上拨或下按开关到底，车窗将自动升降，完全打开或关闭。此外，还有的车窗具有防夹功能，车窗在上升的过程中，遇到障碍会停下并小幅下降。

一、坐椅调节

1. 坐椅前后调节（图 7-57）

1）向上拉起坐垫前角下方的坐椅滑动调整杆并握住。

2）滑动坐椅到想要的位置。

3）松开调整杆，并确定坐椅锁在适当位置。

2. 坐椅靠背倾角调节（图7-58）

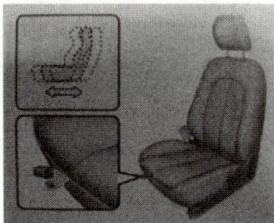

图7-57　坐椅前后调节　　　　图7-58　坐椅靠背倾角调节

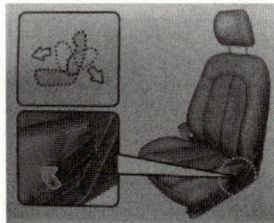

1）缓慢前倾并举高后坐椅外缘的坐椅靠背倾斜调整杆。

2）调整坐椅靠背的位置。

3）释放调整杆并确定坐椅靠背锁定在正确位置。

3. 坐椅坐垫高度调节（图7-59）

前后转动前旋钮，可提高或降低坐垫前部，前后转动后旋钮，可提高或降低坐垫后部。

4. 坐椅头枕高度调节（图7-60）

图7-59　坐椅坐垫高度调节　　　　图7-60　坐椅头枕高度调节

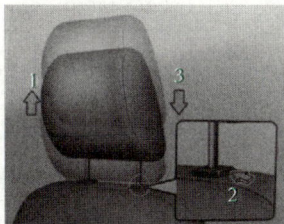

二、电动车窗控制

在驾驶人侧有各车窗的控制按钮，如图7-61所示，其序号含义如下：

1）驾驶席车门电动门窗开关。

2）助手席车门电动门窗开关。

3）后车门（左）电动门窗开关。

4）后车门（右）电动门窗开关。

5）门窗的开启和关闭。

6）自动电动门窗升/降（驾驶席门窗）（如有配备）。

7）电动门窗锁止开关。

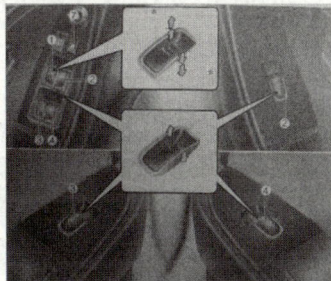

图7-61　电动车窗控制

技能操作

车身功能检查

1）坐椅主要检查各调节装置是否正常，坐椅螺栓螺母是否有松动。

2）在安全带上施加较大的加速度，安全带应锁住；轻轻拉出安全带插入卡槽，应连接牢固；固定锚能可靠调节高度。

3）电动车窗主要检查各控制键是否正常，车窗能否正常起降。

注　意

当发现坐椅或安全带螺栓螺母出现松动时，必须查找维修手册，按规定力矩上紧，见表7-2。

表7-2　坐椅、安全带螺栓螺母拧紧力矩

项　　目		拧紧力矩/N·m
坐椅	前坐椅装配螺栓	34.3~53.9
	前坐椅安装螺母	23.5~35.3
	后坐椅装配螺栓	16.7~25.5
	后坐椅框架固定螺栓	16.7~25.5
安全带	前安全带高度调整器	39.2~53.9
	前安全带扣环固定螺栓	39.2~53.9
	前安全带锚固定螺栓	39.2~53.9
	前坐椅安全带下支撑销	39.2~53.9
		7.8~11.8
	前坐椅安全带上支撑销	39.2~53.9
	后安全带锚固定螺栓	39.2~53.9
	后安全带卷带器固定螺栓	39.2~53.9

知识与能力拓展

安全带调节

安全带的使用分两点式（图7-62）和三点式（图7-63），两点式一般用于后排中间坐椅，其他位置一般用三点式。

要提高安全带高度调整装置，如图7-64所示向上推①即可，要降低安全带高度调整装置，按下高度调整器按钮②向下压调制器至③即可。释放按钮以锁定固定锚。

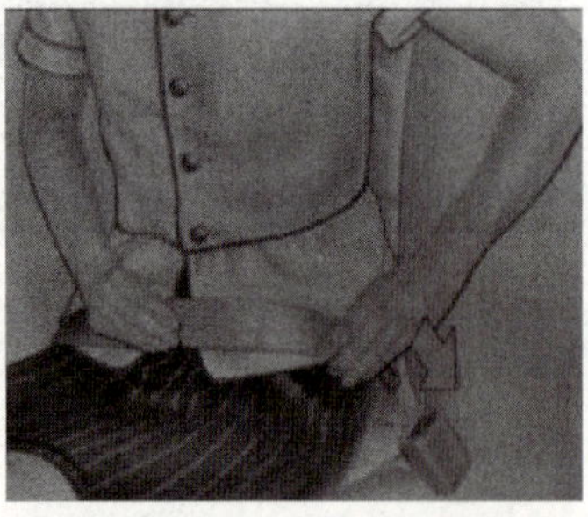

图7-62　两点式安全带

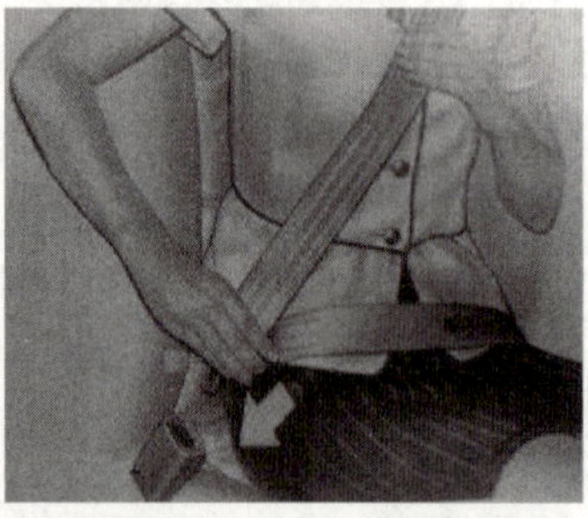

图7-63　三点式安全带

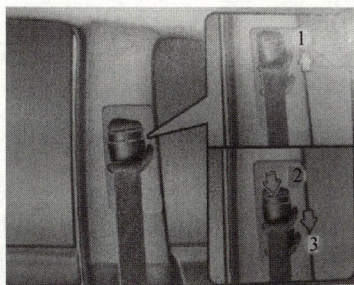

图 7-64 安全带高度调整装置

课后思考

如何检测安全气囊的性能?

参 考 文 献

［1］ 张宇．汽车维护与保养［M］．北京：机械工业出版社，2018.

［2］ 谭小锋，关云霞．汽车维护与保养［M］．北京：机械工业出版社，2019.

［3］ 姜龙青，崔庆瑞，孙华成．汽车维护与保养—体化教程［M］．2版．北京：机械工业出版社，2019.

［4］ 夏长明．现代汽车维护与保养［M］．3版．北京：机械工业出版社，2018.

［5］ 谭本忠．汽车维护与保养图解教程［M］．2版．北京：机械工业出版社，2016.

［6］ 姜绍忠，阎文兵．汽车维护与保养［M］．北京：机械工业出版社，2016.

［7］ 江华，覃信举，马伟．汽车维护与保养［M］．北京：北京理工大学出版社，2019.

［8］ 朱胜平，冯汉喜，郭强．汽车维护与保养［M］．北京：北京理工大学出版社，2019.

汽车维护与保养

第 3 版

任务工单

学生姓名：_____

学　　号：_____

班　　级：_____

指导老师：_____

机 械 工 业 出 版 社

目　　录

任 务 工 单

任务工单 1.1

任务名称	汽车常用工具的使用	学　时		班　级	
学生姓名		学生学号		任务成绩	
实训设备	常用工具一套	实训场地		日　期	
任务载体	谈到维护，许多顾客都会自然地联想到维护工具的使用，其实规范地使用每一类工具并不容易。本任务重点介绍常用维护工具的使用				

一、资讯

1. 普通扳手有呆扳手、_____、_____、_____、
_____、_____。

2. 手钳的种类有：_____、_____、_____、
_____、_____。

二、决策与计划

请结合汽车维护作业，小组确定所需要的工具并制订出工具的摆放方案。

1. 5000km 维护作业需要的工具：

_____

2. 10000km 维护作业需要的工具：

_____

3. 30000km 维护作业需要的工具：

_____

三、实施

1. 写出常用工具使用方法与注意事项。

_____

_____

_____

_____

_____

2. 说说对轿车维修专用工具的认识。

_____

_____

_____

四、检查及评估

1. 各组就维护作业常用工具的摆放方案进行自我评估，并提出改进意见。

_____

_____

_____

_____

2. 教师对小组工作情况进行评估，并进行点评。

_____

_____

_____

任务工单 1.2

任务名称	汽车常用量具的使用	学　时		班　级	
学生姓名		学生学号		任务成绩	
实训设备	常用量具一套	实训场地		日　期	
任务载体	谈到维护，许多顾客都会自然地联想到维护量具的使用，本任务重点介绍常用量具的使用				

一、资讯

1. 汽车维修中常用的量有：_____、_____、_____、_____、_____。

2. 游标卡尺按照精度可分为_____、_____、_____。

3. 游标卡尺由尺身、_____、_____、_____、_____等组成。

4. 间隙规普遍用于测量主轴承与曲轴、曲轴与连杆轴承之间的_____间隙。

二、决策与计划

讨论百分表头在哪些汽车维修作业中使用。

_____

三、实施

1. 读出下列卡尺的读数。

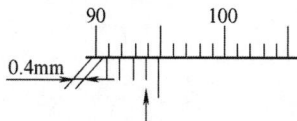

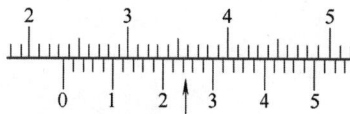

_____　　_____

2. 读出下列外径千分尺的读数。

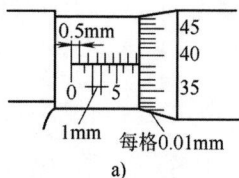

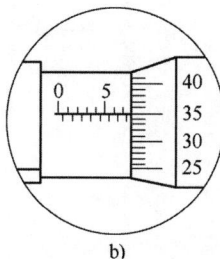

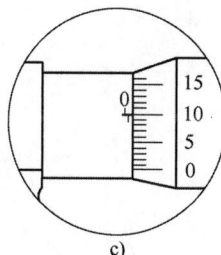

a)　　　　　　　　b)　　　　　　　　c)

_____　　_____　　_____

四、检查及评估

1. 请根据自己任务完成的情况，对自己的工作进行自我评估，并提出改进意见。

_____

_____

2. 教师对小组工作情况进行评估，并进行点评。

_____

_____

任务工单 1.3

任务名称	汽车常检测设备的使用	学　时		班　级	
学生姓名		学生学号		任务成绩	
实训设备	常用量具一套	实训场地		日　期	
任务载体	随着点火、燃油及排气系统集成化程度的提高，用来诊断汽车各控制系统的新型检测工具和设备也不断出现。维修厂也引进设备并进行必需的技术培训，只有这样才能进行现代电控发动机系统的维修。本任务重点介绍汽车发动机在维护作业中常用到的检测设备的使用				

一、资讯

汽车自诊断系统 OBD Ⅱ 有哪些功能?

_____

_____

二、决策与计划

讨论发动机故障诊断的检测仪器的功用。

_____

三、实施

识读下列检测设备。

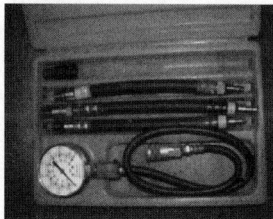

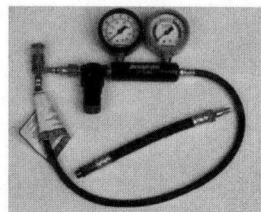

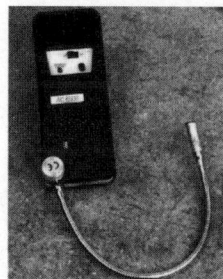

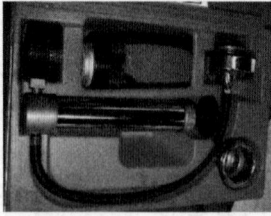

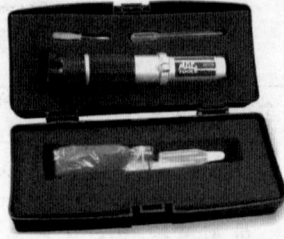

四、检查及评估

1. 请根据自己任务完成的情况，对自己的工作进行自我评估，并提出改进意见。

_____

_____

2. 教师对小组工作情况进行评估，并进行点评。

_____

_____

任务工单 1.4

任务名称	常用举升起重设备及操作	学　时		班　级	
学生姓名		学生学号		任务成绩	
实训设备	常用举升设备	实训场地		日　期	
任务载体	车辆不论是更换备胎，还是在维修车间里做维护，都会使用举升设备将汽车举升起来，对多数驾驶人和维修人员来说，这都是十分简单的操作，可安全规范的操作常用的举升设备对每一位维修人员来说就不是那么容易的事了，本任务重点介绍常见举升设备的规范				

一、资讯

举升机类型有：_____

二、决策与计划

请根据任务要求，确定举升机使用过程中，小组成员的合理分工，制订详细的诊断和修复计划。

1. 需要的部件：

_____

2. 小组成员分工：

_____

3. 诊断和修复计划：

_____

三、实施

1. 千斤顶安全使用注意事项：

2. 举升机整车举升作业过程。

1）举升机举升前的工作：_____

_____

2）举升机举升过程中的注意事项：_____

_____

3）举升机降落过程中的注意事项：_____

_____

四、检查及评估

1. 请根据自己任务完成的情况，对自己的工作进行自我评估，并提出改进意见。

_____

2. 教师对小组工作情况进行评估，并进行点评。

_____

任务工单 2.1

任务名称	汽车维修接待	学　时		班　级	
学生姓名		学生学号		任务成绩	
实训设备	需要维护作业的汽车等	实训场地		日　期	
任务载体	一位客户前往4S店进行轿车的维护作业，作为前台接待人员如何做好这一工作				

一、资讯

1. 车辆维护业务接待基本流程大体包含以下几方面：预约、_____、

_____、_____、_____、_____和_____等。

2. 维修车辆基本信息

车　型：_____　　发动机型号：_____　　变速器型号：_____

二、决策与计划

请根据维护作业的内容，两人分角色扮演接待人员和车主，制订并练习维修接待过程。

1. 需要的道具：

_____

_____

_____

2. 角色分工：

_____

3. 接待场景设计：

_____

三、实施

1. 以两人一组为单位在小组内展示维修接待的过程，每小组推选展示效果好的在全班进行展示。

_____

2. 维修接待。

任务标准	完成情况		不能做到
	能做到	有待改进	
礼仪规范			
1. 迅速出迎并礼貌地问候客户			
2. 自我介绍			
3. 确认客户的姓名并在交谈中使用			
4. 微笑，眼睛看着对方			
5. 保持1m左右的安全距离			
沟通技巧			
1. 耐心倾听客户需求			
2. 询问—获得并记录信息			
3. 交谈—音量、清晰度、有礼貌、注意语速和停顿			
4. 归纳			
工作程序			
1. 上车检查前，当着顾客的面安装维修三保，进行车辆保护			
2. 检查车辆，填写车辆外观检查报告			
3. 询问是否还有其他担心及问题			
4. 运用维修管理系统软件制作估价单、派工单			
5. 根据需要的修理时间和车间负荷承诺交车时间			
6. 向客户说明，实际需要的费用和交车时间可能和现在的估计有所出入，如果有特殊情况，将马上与客户沟通			
7. 用估价单说明要完成的工作、估计费用和估计交车时间，请客户在估价单上签字，并送走客户或者将客户送到休息室			
8. 车间派工			
9. 用浅显易懂的话向客户说明车间发生的问题和推荐的维护、维修，要给出追加的费用及时间，询问客户是否同意			

任务标准	完成情况		不能做到
	能做到	有待改进	
10. 更新派工单，并通知车间派工			
11. 交车前检查所有维修项目是否均已完成，检查车辆清洁度，核对费用并制作结算单			
12. 通知客户提车			
13. 向客户解释故障原因并说明维护的工作内容，必要时验证车辆			
14. 向客户说明维修费用，并陪同客户结算			
15. 建议下次维护时间或提供汽车维护常识			
16. 真诚地向客户道谢并将客户送上车			

四、检查及评估

1. 以小组为单位进行评估，并提出改进意见。

_____

2. 教师对小组工作情况进行评估，并进行点评。

_____

任务工单 2.2

任务名称	汽车销售前 PDI 检查	学　时		班　级	
学生姓名		学生学号		任务成绩	
实训设备	轮胎空气压力表、保护套、照明灯；工具箱、扭力扳手、梅花扳手、套筒、橡皮软管及正版 VCD 等	实训场地		日　期	
任务载体	当达成购车协议后，销售顾问将 PDI 检查表交付给维修技术人员，维修技术人员根据 PDI 检查表项目内容及要求，对即将被销售的凯旋轿车进行售前检查，完成待售车辆的车辆标识和整车的检查				

一、资讯

车　型：_____　发动机型号：_____　变速器型号：_____

二、决策与计划

请根据故障现象和任务要求，确定所需要的检测仪器、工具，并对小组成员进行合理分工，制订详细的诊断和修复计划。

1. 需要的检测仪器、工具：

_____

2. 小组成员分工：

_____

3. 诊断和修复计划：

_____

三、实施

第一项内容——功能检验的注意事项：

1. _____　3. _____

2. _____　4. _____

第二项内容——检验汽车铭牌：

（一）识别车辆铭牌

A—美国和加拿大

B—欧洲国家

C—其他国家

1. _____	6. _____
2. _____	7. _____
3. _____	8. _____
4. _____	9. _____
5. _____	

（二）识别车辆代码

	WMI			VDS						VIS						
序号	1	2	3	4	5	6	7	8	9	10	11	12	13	14	15	16	17
编号																	

WMI-_____

VDS-_____	VIS-_____
1. _____	10. _____
2. _____	11. _____
3. _____	12. _____
4. _____	13. _____
5. _____	14. _____
6. _____	15. _____
7. _____	16. _____
8. _____	17. _____
9. _____	

第三项内容——外部检查的项目：

（一）检查前要清洗车辆，清洗的方式与注意事项是怎样的

_____

（二）具体检查的项目有哪些

_____

第四项内容——内部检查的项目：

_____

第五项内容——发动机舱检查的项目：

_____

第六项内容——汽车底下检查的项目：

_____

第七项内容——路试检查的项目：

_____

第八项内容——最终检查的内容有哪些：

_____

四、检查及评估

1. 请根据自己任务完成的情况，对自己的工作进行自我评估，并提出改进意见。

_____

2. 教师对小组工作情况进行评估，并进行点评。

_____

任务工单 3.1

任务名称	汽车日常维护	学　时		班　级	
学生姓名		学生学号		任务成绩	
实训设备	液压举升机、常用维护工具、车辆保护三件套、维修单据	实训场地		日　期	
任务载体	驾驶人员在驾驶车辆过程中，要对汽车的整体性能予以把握，日常维护是最佳的了解汽车整体状况的方式，本任务将详细介绍汽车的日常维护作业				

一、资讯

1. 我国现行的汽车维护原则是＿＿＿＿＿＿＿＿＿＿＿＿＿＿＿＿＿。

2. 维护作业包括：清洗、＿＿＿＿＿＿、＿＿＿＿＿＿、＿＿＿＿＿＿、＿＿＿＿＿＿、调整等内容。

3. 汽车基本信息

车　型：＿＿＿＿＿＿　发动机型号：＿＿＿＿＿＿　变速器型号：＿＿＿＿＿＿

二、决策与计划

请根据故障现象和任务要求，确定所需要的工具，并对小组成员进行合理分工，制订详细的诊断和修复计划。

1. 需要的工具：＿＿＿＿＿＿＿＿＿＿＿＿＿＿＿＿＿＿＿＿＿＿＿＿＿

2. 小组成员分工：＿＿＿＿＿＿＿＿＿＿＿＿＿＿＿＿＿＿＿＿＿＿＿

＿＿＿＿＿＿＿＿＿＿＿＿＿＿＿＿＿＿＿＿＿＿＿＿＿＿＿＿＿＿＿＿

3. 检查和修复计划：＿＿＿＿＿＿＿＿＿＿＿＿＿＿＿＿＿＿＿＿＿＿

＿＿＿＿＿＿＿＿＿＿＿＿＿＿＿＿＿＿＿＿＿＿＿＿＿＿＿＿＿＿＿＿

三、实施

1. 汽车出车前的检查：＿＿＿＿＿＿＿＿＿＿＿＿＿＿＿＿＿＿＿＿＿

2. 行车中的日常维护：＿＿＿＿＿＿＿＿＿＿＿＿＿＿＿＿＿＿＿＿＿

3. 收车后的日常维护：＿＿＿＿＿＿＿＿＿＿＿＿＿＿＿＿＿＿＿＿＿

＿＿＿＿＿＿＿＿＿＿＿＿＿＿＿＿＿＿＿＿＿＿＿＿＿＿＿＿＿＿＿＿

四、检查及评估

1. 请根据自己任务完成的情况，对自己的工作进行自我评估，并提出改进意见。

2. 教师对小组工作情况进行评估，并进行点评。

任务工单 3.2

任务名称	走合期的维护	学　时		班　级	
学生姓名		学生学号		任务成绩	
实训设备	液压举升机、诊断测试设备、计算机、车辆保护三件套、维修单据	实训场地		日　期	
任务载体	一辆刚购置的帕萨特新领驭轿车，车主想了解走合期该车的维护				

一、资讯

车　型：_____　发动机型号：_____　变速器型号：_____

二、决策与计划

请根据故障现象和任务要求，确定所需要的工具，并对小组成员进行合理分工，制订详细的诊断和修复计划。

1. 需要的工具：_____

2. 小组成员分工：_____

3. 诊断和修复计划：_____

三、实施

1. 汽车磨合前的维护：_____

2. 汽车磨合中期的维护：_____

3. 汽车磨合后的维护：_____

四、检查及评估

1. 请根据自己任务完成的情况，对自己的工作进行自我评估，并提出改进意见。

_____

2. 教师对小组工作情况进行评估，并进行点评。

_____

任务工单 3.3

任务名称	汽车季节性的维护	学　时		班　级	
学生姓名		学生学号		任务成绩	
实训设备	帕萨特 B5 轿车、常用工具一套	实训场地		日　期	
任务载体	一位顾客购买一辆帕萨特 B5 轿车二手车后，在入冬前想提前做一些预防性的维护工作，具体的工作内容不是太清楚，想全面了解一些轿车在换季前的一些维护项目				

一、资讯

车　型：＿＿＿＿＿　发动机型号：＿＿＿＿＿　变速器型号：＿＿＿＿＿

二、决策与计划

请根据故障现象和任务要求，确定所需要的工具，并对小组成员进行合理分工，制订详细的诊断和修复计划。

1. 需要的工具：＿＿＿＿＿＿＿＿＿＿＿＿＿＿＿＿＿＿＿＿＿＿＿＿＿＿＿＿

2. 小组成员分工：＿＿＿＿＿＿＿＿＿＿＿＿＿＿＿＿＿＿＿＿＿＿＿＿＿＿＿

3. 诊断和修复计划：＿＿＿＿＿＿＿＿＿＿＿＿＿＿＿＿＿＿＿＿＿＿＿＿＿＿

三、实施

1. 汽车冬季的使用和维护：＿＿＿＿＿＿＿＿＿＿＿＿＿＿＿＿＿＿＿＿＿＿＿

2. 汽车夏季的使用和维护：＿＿＿＿＿＿＿＿＿＿＿＿＿＿＿＿＿＿＿＿＿＿＿

3. 车辆春秋季节的养护：＿＿＿＿＿＿＿＿＿＿＿＿＿＿＿＿＿＿＿＿＿＿＿＿

四、检查及评估

1. 请根据自己任务完成的情况，对自己的工作进行自我评估，并提出改进意见。

＿＿＿＿＿＿＿＿＿＿＿＿＿＿＿＿＿＿＿＿＿＿＿＿＿＿＿＿＿＿＿＿＿＿＿＿＿

2. 教师对小组工作情况进行评估，并进行点评。

＿＿＿＿＿＿＿＿＿＿＿＿＿＿＿＿＿＿＿＿＿＿＿＿＿＿＿＿＿＿＿＿＿＿＿＿＿

任务工单 4.1

任务名称	进、排气系统的维护	学　时		班　级	
学生姓名		学生学号		任务成绩	
实训设备	帕萨特新领驭轿车、常用工具一套	实训场地		日　期	
任务载体	一辆帕萨特新领驭轿车行驶15000km，需要进行整车维护，具体到进、排气系统如何检查与维护				

一、资讯

1. 汽车基本信息

车　型：_____　发动机型号：_____　变速器型号：_____

2. 废气排放控制系统使用三元催化转化器将三种污染物：_____、_____、和_____转换为无害物质。

3. 汽油发动机的三元催化转化器分为_____和_____。

4. 排气系统指收集并且排放废气的系统，包括排气歧管、_____、_____、和_____等。

5. 请给出空气供给系统的各部分结构名称。

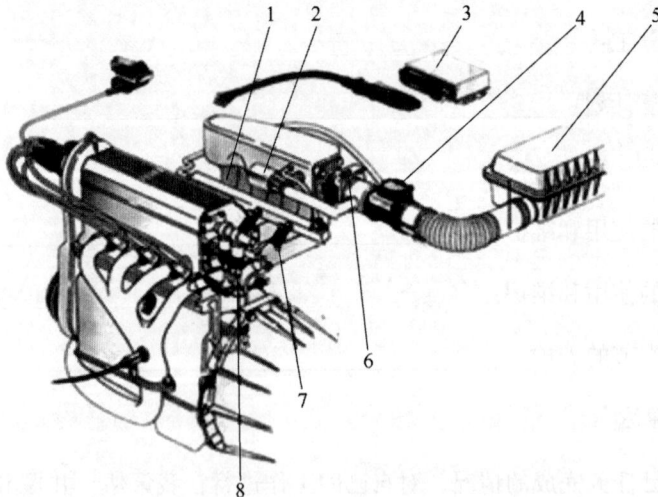

1—_____　2—_____　3—_____　4—_____

5—_____　6—_____　7—_____　8—_____

二、决策与计划

请根据故障现象和任务要求，确定所需要的检测仪器、工具，并对小组成员进行合理分工，制订详细的诊断和修复计划。

1. 需要的检测仪器、工具和耗材：_____

2. 小组成员分工：_____

3. 诊断和修复计划：_____

三、实施

1. 进气系统需要检查的项目有：_____

2. 排气系统需要检查的项目有：_____

3. 操作注意事项：

1）_____　3）_____

2）_____　4）_____

4. 技术标准与要求：

1）清洗剂不可直接喷洗的部位是_____。

2）节气门固定螺栓拧紧力矩为_____。

3）节气门清洗安装后需要进行_____。

5. 记录操作要点及实施情况：

1）_____　4）_____

2）_____　5）_____

3）_____

四、检查及评估

1. 请根据自己任务完成的情况，对自己的工作进行自我评估，并提出改进意见。

_____

2. 教师对小组工作情况进行评估，并进行点评。

_____

任务工单 4.2

任务名称	燃油供给系统的维护	学　时		班　级	
学生姓名		学生学号		任务成绩	
实训设备	桑塔纳 2000 轿车一辆、常用工具一套	实训场地		日　期	
任务载体	在日常的维修工作中，发生过刚更换不久的燃油泵却发生故障的情况。许多实际的维修案例表明，导致燃油泵过早发生故障的主要原因是由于燃油系统中出现了像尘土、铁锈或水垢之类的燃油污染物。要使新的燃油泵能够正常工作足够长的时间，就必须彻底清洁汽车燃油供给系统所有部件				

一、资讯

1. 汽车基本信息。

车　型：＿＿＿＿＿＿　发动机型号：＿＿＿＿＿＿　变速器型号：＿＿＿＿＿＿

2. 指出燃油滤清器的安装位置。

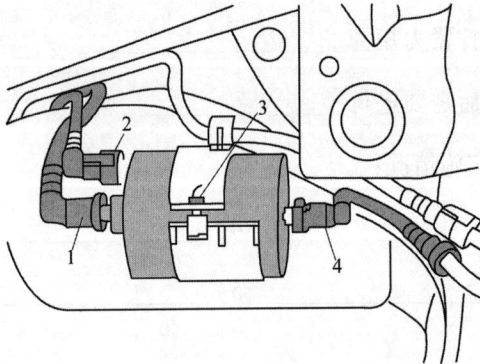

1—＿＿＿＿＿＿　　2—＿＿＿＿＿＿　　3—＿＿＿＿＿＿　　4—＿＿＿＿＿＿

3. 用来连接燃油滤清器的油管都有什么作用，都通往哪些部分？

1）＿＿＿＿＿＿＿＿＿＿＿＿＿＿＿

2）＿＿＿＿＿＿＿＿＿＿＿＿＿＿＿

3）＿＿＿＿＿＿＿＿＿＿＿＿＿＿＿

4. 用来评价汽油的指标是什么，具有什么含义？

1) _____

2) _____

3) _____

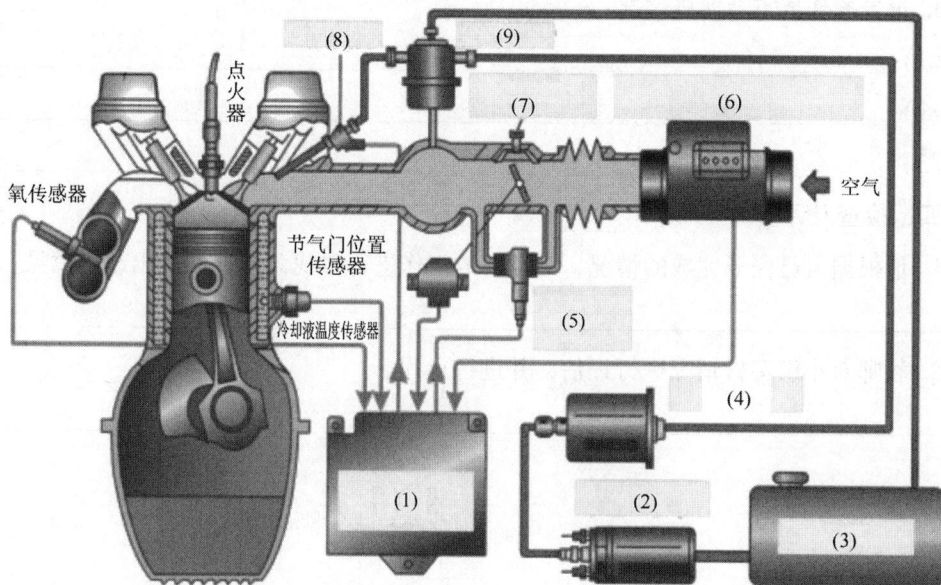

(1) _____ (2) _____ (3) _____ (4) _____

(5) _____ (6) _____ (7) _____ (8) _____

(9) _____

二、决策与计划

请根据故障现象和任务要求，确定所需要的检测仪器、工具，并对小组成员进行合理分工，制订详细的诊断和修复计划。

1. 需要的检测仪器、工具：_____

2. 小组成员分工：_____

3. 诊断和修复计划：_____

三、实施

1. 操作注意事项：

1) _____ 3) _____

2) _____ 4) _____

2. 技术标准与要求：

1）燃油滤清器滤芯的更换里程_____。

2）汽油机燃油滤清器支架固定螺栓的拧紧力矩为_____。

3）燃油滤清器外壳上标注的箭头"→"指示方向要与_____一致。

4）燃油滤清器回流管路和油箱间的距离为_____。

3. 记录操作要点及实施情况：

（1）_____

（2）_____

（3）_____

四、检查及评估

1. 请根据自己任务完成的情况，对自己的工作进行自我评估，并提出改进意见。

_____

2. 教师对小组工作情况进行评估，并进行点评。

_____

任务工单 4.3

任务名称	点火系统的维护	学 时		班 级	
学生姓名		学生学号		任务成绩	
实训设备	桑塔纳 2000 轿车一辆、常用工具一套	实训场地		日 期	
任务载体	一辆桑塔纳 2000 轿车行驶 120000km，在涉水后，出现发动机发抖的现象，车主怀疑是点火系统遇水后造成的故障				

一、资讯

1. 车辆基本信息：

车 型：_____ 发动机型号：_____ 行驶里程：_____

2. 未按规定力矩拧紧的火花塞会产生什么故障？

_____

3. 下图是什么工具，如何使用？为何采用这种工具？

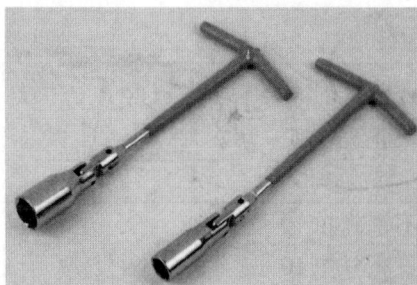

_____
_____
_____
_____

4. 更换火花塞的过程中为何要保持火花塞安装孔周围区域的清洁？

_____

二、决策与计划

请根据故障现象和任务要求，确定所需要的检测仪器、工具，并对小组成员进行合理分工，制订详细的诊断和修复计划。

1. 需要的检测仪器、工具：_____

2. 小组成员分工：_____

3. 诊断和修复计划：_____

三、实施

1. 操作注意事项：

1) _____   3) _____

2) _____   4) _____

2. 技术标准与要求：

1) 火花塞的更换里程_____。

2) 火花塞的拧紧力矩为_____。

3) 火花塞的间隙为_____。

4) 燃油滤清器回流管路和油箱间的距离为_____。

3. 记录操作要点及实施情况：

1) _____

2) _____

3) _____

四、检查及评估

1. 请根据自己任务完成的情况，对自己的工作进行自我评估，并提出改进意见。

_____

2. 教师对小组工作情况进行评估，并进行点评。

_____

3. 学生本次任务成绩：

序号	考核内容	配分	评分标准	考核记录	扣分	得分
1	点火电缆线拆卸	10	操作不正确扣 5 ~ 10 分			
2	火花塞的拆卸	20	操作不正确扣 10 分			
			准备不充分扣 10 分			
3	火花塞的检查及更换	30	操作不正确扣 10 分			
4	遵守安全操作规程、正确使用工量具、操作现场清洁	10	每一项扣 2 分，扣完为止			
	安全用电、防火、无人身设备事故		因违反操作发生重大事故者计 0 分			
5	你对此工作任务的总结（30 分）					
6	分数总计	100				

任务工单 4.4

任务名称	润滑系统的维护	学 时		班 级	
学生姓名		学生学号		任务成绩	
实训设备	轿车、举升机、维修手册、梅花扳手、接杆、快速扳手、润滑油格套、接油机、抹布、漏斗、座椅三件套、翼子板垫	实训场地		日 期	
任务载体	发动机润滑油对发动机性能有重要的影响，所以每天在行车前都应检测发动机润滑油量，对于磨合期满的车辆来说，及时规范地更换发动机润滑油是非常必要的，本任务将详细地介绍如何规范地更换发动机的润滑油				

一、资讯

1. 车辆基本信息：

车 型：_____ 发动机型号：_____ 行驶里程：_____

2. 车油量检查：□在刻度线以上 □在刻度线中间 □在刻度线以下

3. 热车油量检查：□在刻度线以上 □在刻度线中间 □在刻度线以下

4. 油的色泽检查：□粉红色 □无色透明 □黑色 □白色 □其他色泽

5. 油的气味检查：□润滑油清香 □恶臭味 □无味 □其他气味

6. 油的黏度检查：□有一定黏性 □无黏性 □很黏，无流动 □其他情况

7. 根据车辆型号和发动机型号确定发动机润滑油型号：_____，放油螺塞拧紧力矩：_____。

8. 根据车辆型号和发动机型号确定发动机机油滤清器型号：_____，机油滤清器拧紧力矩：_____。

二、决策与计划

请根据故障现象和任务要求，确定所需要的检测仪器、工具，并对小组成员进行合理分工，制订详细的诊断和修复计划。

1. 需要的检测仪器、工具：_____

2. 小组成员分工：_____

3. 诊断和修复计划：_____

三、实施

第一项内容——车辆举升：

1. 用举升机将车辆举升，使轮胎离地大约30mm，轻压前后保险杠，检查车辆是否平稳

2. 将车辆举升至合适高度，锁好安全保险

第二项内容——发动机泄漏的检查：

1. 检查发动机前油封有无泄漏　　　　2. 检查发动机后油封有无泄漏

　　　　　　有 □　　　无 □　　　　　　　　　有 □　　　无 □

3. 检查油底壳螺塞有无泄漏　　　　　4. 检查发动机油底壳有无撞击痕迹

　　　　　　有 □　　　无 □　　　　　　　　　有 □　　　无 □

5. 检查油底壳密封面有无泄漏　　　　6. 检查机油滤清器有无泄漏

　　　　　　有 □　　　无 □　　　　　　　　　有 □　　　无 □

第三项内容——发动润滑油及滤清器的更换：

1. 用梅花扳手拆油底壳螺塞，排放发动机润滑油。

2. 用专用工具拆卸机油滤清器；清洁机油滤清器座。

3. 将新机油滤清器密封圈涂一层新润滑油，按规定力矩安装机油滤清器。

4. 更换密封垫后按规定力矩紧固油底壳螺塞。

第四项内容——润滑油的加注：

放下举升机，将车辆降至地面按照维修信息加注相同型号及额定容量新润滑油。

第五项内容——发动润滑油量的检查：

加注完毕后稍等几分钟，起动发动机，运转几分钟后熄灭，检查润滑油油量，应处于油尺 L 和 F 之间偏上位置。

四、检查及评估

1. 请根据自己任务完成的情况，对自己的工作进行自我评估，并提出改进意见。

_____

2. 教师对小组工作情况进行评估，并进行点评。

3. 学生本次任务成绩：

序号	考核内容	配分	评分标准	考核记录	扣分	得分
1	更换润滑油条件	20	描述不正确扣 10 ~ 20 分			
2	润滑油的更换	20	操作不正确扣 10 分			
			准备不充分扣 10 分			
3	机油滤清器的更换	20	操作不正确扣 15 分			
4	遵守安全操作规程、正确使用工量具、操作现场清洁	10	每一项扣 2 分，扣完为止			
	安全用电、防火、无人身设备事故		因违反操作发生重大事故者计 0 分			
5	你对此工作任务的总结：（30 分）					
6	分数总计	100				

任务工单4.5

任务名称	冷却系统的维护	学　时		班　级	
学生姓名		学生学号		任务成绩	
实训设备	桑塔纳2000轿车一辆、常用工具一套	实训场地		日　期	
任务载体	一辆桑塔纳2000轿车，AJR发动机在城市道路行驶中，冷却液温度表指示冷却液温度过高，在高速行驶过程中没有此类现象。维修人员怀疑是冷却系统的问题，询问车主得知，购车三年来没有更换过一次冷却液，维修人员为车主更换冷却液后故障症状消失				

一、资讯

1. 车辆基本信息。

车　型：_____　发动机型号：_____　行驶里程：_____

2. 冷却液的作用是什么？为什么需要进行定期更换？

_____

_____

3. 简单叙述节温器的工作原理和工作过程。

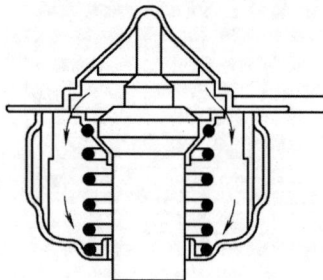

_____

_____

_____

_____

4. 填写出冷却系统各部件的名称。

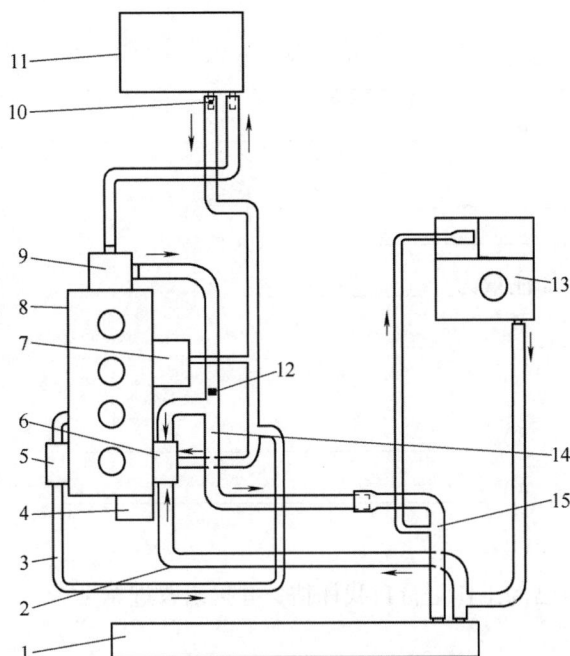

1——＿＿＿＿＿＿＿
2——＿＿＿＿＿＿＿
3——＿＿＿＿＿＿＿
4——＿＿＿＿＿＿＿
5——＿＿＿＿＿＿＿
6——＿＿＿＿＿＿＿
7——＿＿＿＿＿＿＿
8——＿＿＿＿＿＿＿
9——＿＿＿＿＿＿＿
10——＿＿＿＿＿＿
11——＿＿＿＿＿＿
12——＿＿＿＿＿＿
13——＿＿＿＿＿＿
14——＿＿＿＿＿＿
15——＿＿＿＿＿＿

5. 大循环和小循环的区别：＿＿＿＿＿＿＿＿＿＿＿＿＿＿＿＿＿＿＿＿＿＿

＿＿＿＿＿＿＿＿＿＿＿＿＿＿＿＿＿＿＿＿＿＿＿＿＿＿＿＿＿＿＿＿＿＿＿＿

6. 根据防冻能力填写防冻液配比比例表

防冻能力	冷却液添加剂的比例	水的比例
－25℃	约	约
	约50%	约50%
－40℃	约	约

二、决策与计划

请根据故障现象和任务要求，确定所需要的检测仪器、工具，并对小组成员进行合理分工，制订详细的诊断和修复计划。

1. 需要的检测仪器、工具：＿＿＿＿＿＿＿＿＿＿＿＿＿＿＿＿＿＿＿＿＿＿＿

2. 小组成员分工：＿＿＿＿＿＿＿＿＿＿＿＿＿＿＿＿＿＿＿＿＿＿＿＿＿＿＿＿

3. 诊断和修复计划：＿＿＿＿＿＿＿＿＿＿＿＿＿＿＿＿＿＿＿＿＿＿＿＿＿＿＿

＿＿＿＿＿＿＿＿＿＿＿＿＿＿＿＿＿＿＿＿＿＿＿＿＿＿＿＿＿＿＿＿＿＿＿＿

三、实施

1. 操作注意事项。

1)＿＿＿＿＿＿＿＿＿＿＿＿＿　3)＿＿＿＿＿＿＿＿＿＿＿＿＿

2)＿＿＿＿＿＿＿＿＿＿＿＿＿　4)＿＿＿＿＿＿＿＿＿＿＿＿＿

2. 技术标准与要求。

1) 桑塔纳轿车所用冷却液的颜色为＿＿＿＿＿＿＿＿

2) 桑塔纳3000轿车更换冷却液时的加注量为＿＿＿＿＿＿＿＿

3) 更换冷却液时，排气专用工具为＿＿＿＿＿＿＿＿

3. 记录操作要点及实施情况。

1)＿＿＿＿＿＿＿＿＿＿＿＿＿　3)＿＿＿＿＿＿＿＿＿＿＿＿＿

2)＿＿＿＿＿＿＿＿＿＿＿＿＿　4)＿＿＿＿＿＿＿＿＿＿＿＿＿

四、检查及评估

1. 请根据自己任务完成的情况，对自己的工作进行自我评估，并提出改进意见。

＿＿＿＿＿＿＿＿＿＿＿＿＿＿＿＿＿＿＿＿＿＿＿＿＿＿＿＿＿＿＿＿＿

2. 教师对小组工作情况进行评估，并进行点评。

＿＿＿＿＿＿＿＿＿＿＿＿＿＿＿＿＿＿＿＿＿＿＿＿＿＿＿＿＿＿＿＿＿

3. 学生本次任务成绩：

序号	考核内容	配分	评分标准	考核记录	扣分	得分
1	是否对车辆做保护	10	操作不正确扣10分			
2	车辆的举升是否正确	10	操作不正确扣10分			
3	冷却液的匹配是否正确	10	操作不正确扣10分			
4	添加冷却液量是否正确	10	操作不正确扣10分			
5	冷却液管路排气是否正确	10	操作不正确扣10分			
6	加注后的是否检漏	10	操作不正确扣10分			
7	护板安装	10	操作不正确扣10分			

（续）

序号	考核内容	配分	评分标准	考核记录	扣分	得分
8	遵守安全操作规程、正确使用工量具、操作现场清洁	10	每一项扣2分，扣完为止			
	安全用电、防火、无人身设备事故		因违反操作发生重大事故者计0分			
9	你对此工作任务的总结（20分）					
10	分数总计	100				

任务工单 4.6

任务名称	冷却系统的维护	学 时		班 级	
学生姓名		学生学号		任务成绩	
实训设备	桑塔纳 2000 轿车一辆、常用工具一套	实训场地		日 期	
任务载体	一辆悦动轿车行驶 60000km，需要进行正时带更换。本任务详细介绍正时带的更换				

一、资讯

1. 车辆基本信息。

车　型：＿＿＿＿＿＿　发动机型号：＿＿＿＿＿＿　行驶里程：＿＿＿＿＿＿

2. 填写出配气相位图中气门的开启、关闭点和提前、延迟角。

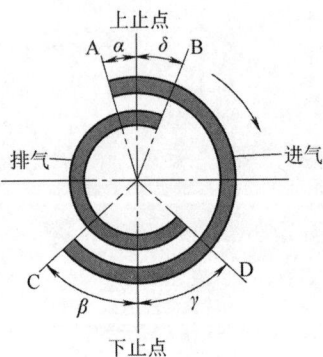

A. ＿＿＿＿＿＿＿＿＿＿　　B. ＿＿＿＿＿＿＿＿＿＿

C. ＿＿＿＿＿＿＿＿＿＿　　D. ＿＿＿＿＿＿＿＿＿＿

α. ＿＿＿＿＿＿＿＿＿＿　　β. ＿＿＿＿＿＿＿＿＿＿

γ. ＿＿＿＿＿＿＿＿＿＿　　δ. ＿＿＿＿＿＿＿＿＿＿

3. 简单叙述发动机配气机构采用链条传动的优、缺点。

＿＿＿＿＿＿＿＿＿＿＿＿＿＿＿＿＿＿＿＿＿＿

＿＿＿＿＿＿＿＿＿＿＿＿＿＿＿＿＿＿＿＿＿＿

＿＿＿＿＿＿＿＿＿＿＿＿＿＿＿＿＿＿＿＿＿＿

＿＿＿＿＿＿＿＿＿＿＿＿＿＿＿＿＿＿＿＿＿＿

＿＿＿＿＿＿＿＿＿＿＿＿＿＿＿＿＿＿＿＿＿＿

4. 填写出图中各序号代表的部件名称。

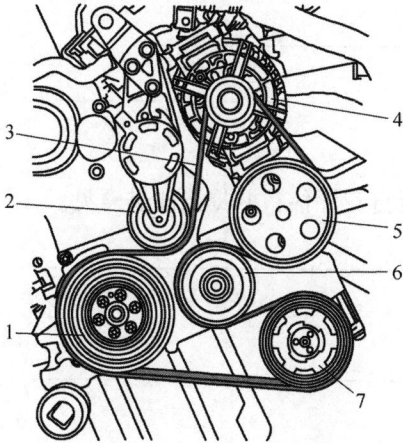

1——_____

2——_____

3——_____

4——_____

5——_____

6——_____

7——_____

二、决策与计划

请根据故障现象和任务要求，确定所需要的检测仪器、工具，并对小组成员进行合理分工，制订详细的诊断和修复计划。

1. 需要的检测仪器、工具：_____

2. 小组成员分工：_____

3. 诊断和修复计划：_____

三、实施

1. 操作注意事项。

1）_____　　3）_____

2）_____　　4）_____

2. 技术标准与要求。

1）悦动轿车更换正时带时，多楔带张紧器安装力矩为_____

2）拆卸正时带前，需要对齐的两个标记为_____
_____

3）更换正时带时，安装水泵需要的力矩是_____

4）正时带的上导向轮的安装力矩为_____，下导向轮的安装力矩为_____
_____

5）安装正时带张紧轮的方法为_____
_____，螺钉的拧紧力矩为_____

3. 更换正时带时都需要拆卸哪些部件？

_____
_____

4. 记录操作要点及实施情况。

1）＿＿＿＿＿＿＿＿＿＿＿＿＿＿＿ 3）＿＿＿＿＿＿＿＿＿＿＿＿＿＿＿

2）＿＿＿＿＿＿＿＿＿＿＿＿＿＿＿ 4）＿＿＿＿＿＿＿＿＿＿＿＿＿＿＿

四、检查及评估

1. 请根据自己任务完成的情况，对自己的工作进行自我评估，并提出改进意见。

＿＿＿＿＿＿＿＿＿＿＿＿＿＿＿＿＿＿＿＿＿＿＿＿＿＿＿＿＿＿＿＿＿＿＿＿＿

2. 教师对小组工作情况进行评估，并进行点评。

＿＿＿＿＿＿＿＿＿＿＿＿＿＿＿＿＿＿＿＿＿＿＿＿＿＿＿＿＿＿＿＿＿＿＿＿＿

3. 学生本次任务成绩：

序号	考核内容	配分	评分标准	考核记录	扣分	得分
1	是否对车辆做保护	4	操作不正确扣4分			
2	车辆的举升是否正确	4	操作不正确扣4分			
3	附属部件的拆卸是否正确	20	一处错误扣2分			
4	正时标记是否对齐	6	操作不正确扣6分			
5	多楔传动带拆装是否正确	6	操作不正确扣6分			
6	多楔传动带张紧器拆装是否正确	6	操作不正确扣6分			
7	正时带拆装是否正确	6	操作不正确扣6分			
8	正时带张紧轮拆装是否正确	6	操作不正确扣6分			
9	正时带上下导向轮的安装是否正确	6	操作不正确扣6分			
10	水泵拆装是否正确	6	操作不正确扣6分			
11	更换结束后对各管路进行检查，防止出现泄漏处	5				

（续）

序号	考核内容	配分	评分标准	考核记录	扣分	得分
12	遵守安全操作规程、正确使用工量具、操作现场清洁	10	每一项扣2分，扣完为止			
	安全用电、防火、无人身设备事故		因违反操作发生重大事故者计0分			
13	你对此工作任务的总结（15分）					
14	分数总计	100				

任务工单 5.1

任务名称	离合器自由间隙的测量和调整	学　时		班　级	
学生姓名		学生学号		任务成绩	
实训设备	帕萨特新领驭轿车、常用工具一套	实训场地		日　期	
任务载体	一辆帕萨特新领驭轿车行驶50000km，车主介绍离合器踏板比原来低了一些，检查发现离合器踏板自由行程变大，调后踏板恢复正常				

一、资讯

车　型：_____　发动机型号：_____　行驶里程：_____

二、决策与计划

请根据故障现象和任务要求，确定所需要的检测仪器、工具，并对小组成员进行合理分工，制订详细的诊断和修复计划。

1. 需要的检测仪器、工具：_____

2. 小组成员分工：_____

3. 诊断和修复计划：_____

三、实施

1. 离合器的检查维护。

_____

2. 离合器踏板高度及自由行程的调整。

_____

3. 液压式离合器操纵机构的排空气法。

_____

四、检查及评估

1. 请根据自己任务完成的情况，对自己的工作进行自我评估，并提出改进意见。

_____

2. 教师对小组工作情况进行评估，并进行点评。

_____

任务工单 5.2

任务名称	手动变速器油的维护更换	学 时		班 级	
学生姓名		学生学号		任务成绩	
实训设备	轿车、举升机、维修手册、梅花扳手、接杆、快速扳手、机油格套、接油机、抹布、漏斗、座椅三件套、翼子板垫	实训场地		日 期	
任务载体	一辆桑塔纳2000轿车行驶15000km，需要更换变速器油，本单元讲述如何规范地更换变速器油				

一、资讯

车　型：_____　变速器型号：_____　行驶里程：_____

二、决策与计划

请根据故障现象和任务要求，确定所需要的检测仪器、工具，并对小组成员进行合理分工，制订详细的诊断和修复计划。

1. 需要的检测仪器、工具：_____

2. 小组成员分工：_____

3. 诊断和修复计划：_____

三、实施

第一项内容——车辆举升：

1. 用举升机将车辆举升，使轮胎离地大约30mm，轻压前后保险杠，检查车辆是否平稳。

2. 将车辆举升至合适高度，锁好安全保险。

第二项内容——发动机泄漏的检查：

1. 检查变速器前油封有无泄漏　　　　2. 检查散热管后油封有无泄漏

　　　有 □　　　无 □　　　　　　　　　有 □　　　　无 □

3. 检查油底壳螺钉有无泄漏　　　　　4. 检查变速器油底壳有无撞击痕迹

　　　有 □　　　无 □　　　　　　　　　有 □　　　　无 □

5. 检查油底壳密封面有无泄漏　　　　6. 检查壳体配合表面有无泄漏

　　　有 □　　　无 □　　　　　　　　　有 □　　　　无 □

第三项内容——变速器油的更换：

1. 用扳手拆卸放油螺钉，排放变速器油。

2. 检查排放齿轮油当中是否有较多金属异物。

3. 更换密封垫后用梅花扳手紧固螺钉。

第四项内容——变速器油的加注：

放下举升机，将车辆降至地面按照维修信息加注相同型号及额定容量新自动变速器油。

第五项内容——变速器油量的检查。

加注完毕后稍等几分钟，起动发动机，运转15min左右使发动机热车完成，冷却液温度达到70~80℃，移动变速杆从P—L再回到P，检查油量应处于油尺HOT部位刻度偏上位置。

思考题：手动变速器油对发动机有什么影响？

四、检查及评估

1. 请根据自己任务完成的情况，对自己的工作进行自我评估，并提出改进意见。

2. 教师对小组工作情况进行评估，并进行点评。

任务工单 5.3

任务名称	自动变速器的免解体维护	学 时		班 级	
学生姓名		学生学号		任务成绩	
实训设备	轿车、举升机、维修手册、梅花扳手、接杆、快速扳手、接油机、抹布、漏斗、座椅三件套、翼子板垫	实训场地		日 期	
任务载体	一辆新帕萨特领驭轿车行驶 50000km，需要对自动变速器进行维护检查，如何不解体检查自动变速器呢，本任务将重点关注这部分内容				

一、资讯

车 型：_____ 变速器型号：_____ 行驶里程：_____

二、决策与计划

请根据故障现象和任务要求，确定所需要的检测仪器、工具，并对小组成员进行合理分工，制订详细的诊断和修复计划。

1. 需要的检测仪器、工具：_____

2. 小组成员分工：_____

3. 诊断和修复计划：_____

三、实施

第一项内容——车辆举升：

1. 用举升机将车辆举升，使轮胎离地大约 30mm，轻压前后保险杠，检查车辆是否平稳。

2. 将车辆举升至合适高度，锁好安全保险。

第二项内容——发动机泄漏的检查：

1. 检查变速器前油封有无泄漏　　　　　2. 检查散热管后油封有无泄漏

　　有 □　　　无 □　　　　　　　　　　有 □　　　无 □

3. 检查油底壳螺钉有无泄漏　　　　　　4. 检查变速器油底壳有无撞击痕迹

　　有 □　　　无 □　　　　　　　　　　有 □　　　无 □

5. 检查油底壳密封面有无泄漏　　　　　6. 检查壳体配合表面有无泄漏

　　有 □　　　无 □　　　　　　　　　　有 □　　　无 □

第三项内容——变速器油的更换：

1. 用扳手拆卸放油螺钉，排放变速器油。

2. 检查排放液体当中是否有金属异物和杂质，若杂质过多则需更换液力变矩油，可更换数次自动变速器油，起动发动机使变矩器内润滑油循环；直至排放变速器油变得干净即可。

3. 更换密封垫后用扳手紧固油底壳螺钉。

第四项内容——变速器油的加注：

_____

_____

第五项内容——变速器油量的检查：

加注完毕后稍等几分钟，起动发动机，运转 15min 左右使发动机热车完成，冷却液温度达到 70～80℃，移动变速杆从 P—L 再回到 P，检查油量应处于油尺 HOT 部位刻度偏上位置

思考题：自动变速器油检查为何需要移动变速杆？

_____

_____

四、检查及评估

1. 请根据自己任务完成的情况，对自己的工作进行自我评估，并提出改进意见。

_____

2. 教师对小组工作情况进行评估，并进行点评。

_____

3. 学生本次任务成绩：

序号	考核内容	配分	评分标准	考核记录	扣分	得分
1	是否对车辆做保护	10	操作不正确扣 10 分			
2	车辆的举升是否正确	10	操作不正确扣 10 分			
3	添加变速器油量是否正确	10	操作不正确扣 10 分			
4	放油螺栓紧固是否正确	10	操作不正确扣 10 分			
5	加注螺栓紧固是否正确	10	操作不正确扣 10 分			

（续）

序号	考核内容	配分	评分标准	考核记录	扣分	得分
6	加注后是否检漏	10	操作不正确扣 10 分			
7	护板安装	10	操作不正确扣 10 分			
8	遵守安全操作规程、正确使用工量具、操作现场清洁	10	每一项扣 2 分，扣完为止			
	安全用电、防火、无人身设备事故		因违反操作发生重大事故者计 0 分			
9	你对此工作任务的总结（20 分）					
10	分数总计	100				

任务工单 5.4

任务名称	四轮定位的检测与调整	学　时		班　级	
学生姓名		学生学号		任务成绩	
实训设备	轿车车轮、四轮定位仪、维修手册、轮胎拆装工具	实训场地		日　期	
任务载体	车轮定位检查与调整				

一、资讯

1. 车辆基本信息。

车　型：_____   行驶里程：_____

2. 获取车辆、轮胎信息：

车型		轮胎型号	

轮胎名称	气压值（kPa 或 kg/cm^2）
前胎	
后胎	

3. 根据维修手册或驾驶人侧门边柱处，获取轮胎规定气压：_____。

4. 根据维修手册，查阅车轮各定位数据的规定值填入下表：

轮胎定位角		
主销后倾角	前轮外倾角	前轮前束
主销内倾角	后轮外倾角	后轮后束

二、决策与计划

请根据故障现象和任务要求，确定所需要的检测仪器、工具，并对小组成员进行合理分工，制订详细的诊断和修复计划。

1. 需要的检测仪器、工具：_____

2. 小组成员分工：_____

3. 诊断和修复计划：_____

三、实施

第一项内容——车轮定位测量、校正前的检查：

_____

_____

_____

第二项内容——四轮定位的测量：

_____

_____

_____

按照一起推荐的方法测量定位参数值，并做好记录。

车轮定位角测量值

主销后倾角	前轮外倾角	前轮前束
主销内倾角	后轮外倾角	后轮后束

第三项内容——四轮定位数据的调整：

_____

_____

第四项内容——路试：

通过实际路面行驶的试车来检验定位数据是否有效。

_____

_____

思考：车轮与轮胎的技术状态对四轮定位有哪些影响?

_____

_____

四、检查及评估

1. 请根据自己任务完成的情况，对自己的工作进行自我评估，并提出改进意见。

_____

2. 教师对小组工作情况进行评估，并进行点评。

_____

任务工单5.5

任务名称	轮胎的检测与调整	学 时		班 级	
学生姓名		学生学号		任务成绩	
实训设备	轿车、举升机或千斤顶、维修手册、气压表、轮胎深度规或游标卡尺、冲击扳手、扭力扳手、轮胎螺母扳手	实训场地		日 期	
任务载体	车胎气压不足是每一位驾驶人行车过程中不可避免要遇到的问题，其实对轮胎的维护并不仅仅是补胎充气，轮胎的日常检查与维护更为重要，本任务重点介绍轮胎的检测与维护				

一、资讯

1. 获取车辆信息：

车型		行驶里程	

2. 根据维修手册或驾驶人侧门边柱处，获取轮胎规定气压：

轮胎名称	气压值（kg/cm^2）
前胎	
后胎	
备胎	

3. 根据维修手册，查阅轮胎花纹深度磨损极限值为_____。

4. 根据维修手册，查阅车轮的换位方式为（作图表示）：

二、决策与计划

请根据故障现象和任务要求，确定所需要的检测仪器、工具，并对小组成员进行合理分工，制订详细的诊断和修复计划。

1. 需要的检测仪器、工具：_____

2. 小组成员分工：_____

3. 诊断和修复计划：_____

三、实施

第一项内容——检查：

1. 车轮及轮胎外观检查。

1）检查轮胎胎面和胎壁是否有裂纹、割痕或其他损坏。

正常 □　　　　　　损伤 □

2）检查轮胎的胎面和胎壁是否嵌入任何金属微粒、石子或其他异物。

无 □　　　　　　有 □

3）检查轮辋和轮辐是否损坏、腐蚀和变形，平衡块是否脱落。

正常 □　　腐蚀 □　　变形 □　　平衡块脱落 □

2. 检查车轮轴承摆动及转动状况和噪声。

正常 □　　摆动 □　　异响 □

3. 轮胎磨损检查。

1）用轮纹规或游标卡尺检查所有轮胎的胎纹深度。

正常 □　　低于规定值 □

2）检查轮胎整个外圈是否有不均匀磨损和阶段磨损。

正常 □　双肩磨损 □　中间磨损 □　单肩磨损 □　羽状磨损 □　斑状磨损 □

4. 轮胎胎压及气密性检查。

1）检查轮胎气压。

正常 □　　　　低于规定值 □　　　　高于规定值 □

2）检查气压后，通过在气门嘴周围涂肥皂水检查是否漏气。

正常 □　　　　漏气 □

第二项内容——轮胎换位操作：

_____

第一步——拆卸车轮：

_____

第二步——调节轮胎气压：

_____

_____

第三步—— 车轮平衡测试：

1. _____。

2. 采集轮辋边缘到测试机边缘的距离，轮辋的高度，轮胎断面宽度三个数据，填入下表。

项目	轮辋边缘到测试机边缘的距离	轮辋的高度	轮胎断面宽度
数值			

3. 将上述三个数据输入到动平衡机中，然后开始旋转车轮。

4. 读取不平衡质量的相位和大小。

平衡块质量/g	

第四步——车轮平衡调整：

1. 在动平衡机所指示的位置加装合适平衡块。

平衡块质量/g	

2. 重新检查并调整动平衡是否均衡量为0g。

第五步——安装车轮：

1. 将平衡好的车轮安装到车辆上。

2. 按规定力矩紧固车轮。

思考题：平衡的目的是什么？车轮的不平衡会造成车辆哪些故障？

_____

_____

四、检查及评估

1. 请根据自己任务完成的情况，对自己的工作进行自我评估，并提出改进意见。

_____

2. 教师对小组工作情况进行评估，并进行点评。

_____

任务工单5.6

任务名称	行驶系统的检查与维护	学 时		班 级	
学生姓名		学生学号		任务成绩	
实训设备	现代悦动轿车、 常用工具一套	实训场地		日 期	
任务载体	一辆帕萨特新领驭轿车左前侧比其他部位要低一些，顾客怀疑为减振器失效所致，举升车辆发现，左前侧液压挺柱部位油腻比较严重，更换左前侧减振器，车辆整体高度一致				

一、资讯

车　型：＿＿＿＿＿＿　行驶里程：＿＿＿＿＿＿

二、决策与计划

请根据故障现象和任务要求，确定所需要的检测仪器、工具，并对小组成员进行合理分工，制订详细的诊断和修复计划。

1. 需要的检测仪器、工具：＿＿＿＿＿＿＿＿＿＿＿＿＿＿＿＿＿＿＿＿＿＿

2. 小组成员分工：＿＿＿＿＿＿＿＿＿＿＿＿＿＿＿＿＿＿＿＿＿＿＿＿＿＿

3. 诊断和修复计划：＿＿＿＿＿＿＿＿＿＿＿＿＿＿＿＿＿＿＿＿＿＿＿＿

三、实施

第一项内容——悬架检查：＿＿＿＿＿＿＿＿＿＿＿＿＿＿＿＿＿＿＿＿＿＿

＿＿＿＿＿＿＿＿＿＿＿＿＿＿＿＿＿＿＿＿＿＿＿＿＿＿＿＿＿＿＿＿＿＿

第二项内容——底盘连接螺栓和螺母的紧固检查：＿＿＿＿＿＿＿＿＿＿＿＿

＿＿＿＿＿＿＿＿＿＿＿＿＿＿＿＿＿＿＿＿＿＿＿＿＿＿＿＿＿＿＿＿＿＿

四、检查及评估

1. 请根据自己任务完成的情况，对自己的工作进行自我评估，并提出改进意见。

＿＿＿＿＿＿＿＿＿＿＿＿＿＿＿＿＿＿＿＿＿＿＿＿＿＿＿＿＿＿＿＿＿＿

2. 教师对小组工作情况进行评估，并进行点评。

＿＿＿＿＿＿＿＿＿＿＿＿＿＿＿＿＿＿＿＿＿＿＿＿＿＿＿＿＿＿＿＿＿＿

任务工单5.7

任务名称	转向系统的检查与维护	学　时		班　级	
学生姓名		学生学号		任务成绩	
实训设备	北京现代伊兰特轿车、常用工具一套	实训场地		日　期	
任务载体	一辆北京现代伊兰特轿车，行驶210000km时，发现转向盘自由行程比原来大了将近一倍，车主叙述完故障症状后，维修人员对车辆进行了进一步的检查，发现转向球头销松旷，更换球头销后自由行程正常				

一、资讯

1. 车辆基本信息。

车　型：_____　行驶里程：_____

2. 转向助力系统的作用：_____

3. 填写图中盘式制动器主要部件的名称。

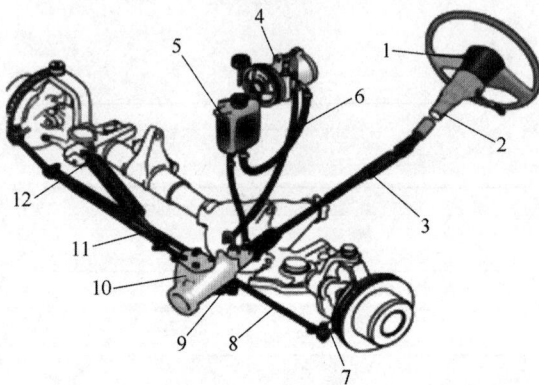

1—_____　2—_____
3—_____　4—_____
5—_____　6—_____
7—_____　8—_____
9—_____　10—_____
11—_____　12—_____

4. 在更换转向助力油前，应该对车辆进行哪些保护?

_____

5. 对于废旧的转向助力油液需要如何处理?

_____

二、决策与计划

请根据故障现象和任务要求，确定所需要的检测仪器、工具，并对小组成员进行合理分工，制订详细的诊断和修复计划。

1. 需要的检测仪器、工具：_____

2. 小组成员分工：_____

3. 诊断和修复计划：_____

三、实施

1. 操作注意事项。

1) _____ 3) _____

2) _____ 4) _____

2. 技术标准与要求。

1) 北京现代伊兰特轿车转向助力放油口卡扣是否可以重复使用？ _____

2) 北京现代伊兰特轿车转向助力放油口卡扣安装工具为 _____

3. 为什么加注转向油后需要起动发动机和转动转向盘？

_____

_____。

4. 记录操作要点及实施情况。

1) _____ 3) _____

2) _____ 4) _____

四、检查及评估

1. 请根据自己任务完成的情况，对自己的工作进行自我评估，并提出改进意见。

_____

2. 教师对小组工作情况进行评估，并进行点评。

_____

3. 学生本次任务成绩：

序号	考核内容	配分	评分标准	考核记录	扣分	得分
1	车辆在工位的停驻位置，检查变速器是否位于空档	10	操作不正确扣10分			
2	放油方法是否正确环保	10	操作不正确扣10分			
3	转动转向盘的方法	20	操作不正确扣20分			
4	转向助力油加注量检测	10	操作不正确扣10分			
5	是否检查有泄漏的位置	10	操作不正确扣10分			
6	遵守安全操作规程，正确使用工量具、操作现场清洁	10	每一项扣2分，扣完为止			
	安全用电、防火、无人身设备事故		因违反操作发生重大事故者计0分			
7	你对此工作任务的总结（30分）					
8	分数总计	100				

任务工单 5.8

任务名称	制动系统的检查与维护	学　时		班　级	
学生姓名		学生学号		任务成绩	
实训设备	北京现代伊兰特轿车、常用工具一套	实训场地		日　期	
任务载体	一辆伊兰特轿车车主反映制动踏板的自由行程比刚买车时大得多，制动性能不如新车时灵敏，维修人员进一步检查发现制动液液面低于最低位，补充制动液，排除管路空气后，故障现象消失				

一、资讯

1. 车辆基本信息。

车　型：＿＿＿＿＿＿　行驶里程：＿＿＿＿＿＿

2. 制动液为什么需要进行定期更换？

＿＿＿＿＿＿＿＿＿＿＿＿＿＿＿＿＿＿＿＿＿＿＿＿＿＿

3. 盘式制动器和鼓式制动器的区别是什么？

＿＿＿＿＿＿＿＿＿＿＿＿＿＿＿＿＿＿＿＿＿＿＿＿＿＿

4. 如果在工作过程，皮肤接触到了制动液，需要如何处理？

＿＿＿＿＿＿＿＿＿＿＿＿＿＿＿＿＿＿＿＿＿＿＿＿＿＿

二、决策与计划

请根据故障现象和任务要求，确定所需要的检测仪器、工具，并对小组成员进行合理分工，制订详细的诊断和修复计划。

1. 需要的检测仪器、工具：＿＿＿＿＿＿＿＿＿＿＿＿＿＿＿

2. 小组成员分工：＿＿＿＿＿＿＿＿＿＿＿＿＿＿＿＿＿＿＿

3. 诊断和修复计划：＿＿＿＿＿＿＿＿＿＿＿＿＿＿＿＿＿＿

三、实施

1. 操作注意事项。

1）＿＿＿＿＿＿＿＿＿＿＿＿＿＿　3）＿＿＿＿＿＿＿＿＿＿＿＿＿＿

2）＿＿＿＿＿＿＿＿＿＿＿＿＿＿　4）＿＿＿＿＿＿＿＿＿＿＿＿＿＿

2. 技术标准与要求。

1）伊兰特轿车更换制动液时的加注量为＿＿＿＿＿＿＿＿。

2）对各个轮缸的排气顺序是＿＿＿＿＿＿＿＿＿＿＿＿＿＿＿＿。

3）更换制动液时，每个轮缸的排液量为_____。

4）制动分泵放油螺栓拧紧力矩为_____。

3. 记录操作要点及实施情况。

1）_____   3）_____

2）_____   4）_____

四、检查及评估

1. 请根据自己任务完成的情况，对自己的工作进行自我评估，并提出改进意见。

_____

2. 教师对小组工作情况进行评估，并进行点评。

_____

3. 学生本次任务成绩：

序号	考核内容	配分	评分标准	考核记录	扣分	得分
1	是否对车辆进行保护	10	操作不正确扣 10 分			
2	车辆的举升是否正确	10	操作不正确扣 10 分			
3	设备连接是否正确	10	操作不正确扣 10 分			
4	新制动液加注量是否正确	10	操作不正确扣 10 分			
5	放油顺序是否正确	10	操作不正确扣 10 分			
6	放油量是否正确	10	操作不正确扣 10 分			
7	是否做管路检查	10	操作不正确扣 10 分			
8	遵守安全操作规程、正确使用工量具、操作现场清洁	10	每一项扣 2 分，扣完为止			
	安全用电、防火、无人身设备事故		因违反操作发生重大事故者计 0 分			
9	你对此工作任务的总结（20 分）					
10	分数总计	100				

任务工单 6.1

任务名称	灯光信号装置的维护	学　时		班　级	
学生姓名		学生学号		任务成绩	
实训设备	现代悦动轿车、常用工具一套	实训场地		日　期	
任务载体	一辆现代悦动轿车行驶29500km，进行30000km维护。本任务重点介绍灯光信号装置的维护				

一、资讯

车　型：＿＿＿＿＿＿　　行驶里程：＿＿＿＿＿＿

二、决策与计划

请根据故障现象和任务要求，确定所需要的检测仪器、工具，并对小组成员进行合理分工，制订详细的诊断和修复计划。

1. 需要的检测仪器、工具：＿＿＿＿＿＿＿＿＿＿＿＿＿＿＿＿＿＿＿＿＿＿＿＿＿＿

2. 小组成员分工：＿＿＿＿＿＿＿＿＿＿＿＿＿＿＿＿＿＿＿＿＿＿＿＿＿＿＿＿＿＿

3. 诊断和修复计划：＿＿＿＿＿＿＿＿＿＿＿＿＿＿＿＿＿＿＿＿＿＿＿＿＿＿＿＿

三、实施

第一项内容——车内照明检查：

＿＿＿＿＿＿＿＿＿＿＿＿＿＿＿＿＿＿＿＿＿＿＿＿＿＿＿＿＿＿＿＿＿＿＿＿＿＿

第二项内容——车外灯的检查：

＿＿＿＿＿＿＿＿＿＿＿＿＿＿＿＿＿＿＿＿＿＿＿＿＿＿＿＿＿＿＿＿＿＿＿＿＿＿

四、检查及评估

1. 请根据自己任务完成的情况，对自己的工作进行自我评估，并提出改进意见。

＿＿＿＿＿＿＿＿＿＿＿＿＿＿＿＿＿＿＿＿＿＿＿＿＿＿＿＿＿＿＿＿＿＿＿＿＿＿

2. 教师对小组工作情况进行评估，并进行点评。

＿＿＿＿＿＿＿＿＿＿＿＿＿＿＿＿＿＿＿＿＿＿＿＿＿＿＿＿＿＿＿＿＿＿＿＿＿＿

任务工单 6.2

任务名称	组合仪表的维护	学 时		班 级	
学生姓名		学生学号		任务成绩	
实训设备	现代悦动轿车、常用工具一套	实训场地		日 期	
任务载体	一辆现代悦动轿车行驶29500km，进行30000km维护。本任务重点介绍组合仪表的维护				

一、资讯

车　型：＿＿＿＿＿　行驶里程：＿＿＿＿＿

二、决策与计划

请根据故障现象和任务要求，确定所需要的检测仪器、工具，并对小组成员进行合理分工，制订详细的诊断和修复计划。

1. 需要的检测仪器、工具：＿＿＿＿＿＿＿＿＿＿＿＿＿＿＿＿

2. 小组成员分工：＿＿＿＿＿＿＿＿＿＿＿＿＿＿＿＿＿＿

3. 诊断和修复计划：＿＿＿＿＿＿＿＿＿＿＿＿＿＿＿＿＿

三、实施

第一项内容——各种警告灯的检查：

＿＿＿＿＿＿＿＿＿＿＿＿＿＿＿＿＿＿＿＿＿＿＿＿＿＿＿＿

＿＿＿＿＿＿＿＿＿＿＿＿＿＿＿＿＿＿＿＿＿＿＿＿＿＿＿＿

第二项内容——各种指示灯的检查：

＿＿＿＿＿＿＿＿＿＿＿＿＿＿＿＿＿＿＿＿＿＿＿＿＿＿＿＿

＿＿＿＿＿＿＿＿＿＿＿＿＿＿＿＿＿＿＿＿＿＿＿＿＿＿＿＿

四、检查及评估

1. 请根据自己任务完成的情况，对自己的工作进行自我评估，并提出改进意见。

＿＿＿＿＿＿＿＿＿＿＿＿＿＿＿＿＿＿＿＿＿＿＿＿＿＿＿＿

2. 教师对小组工作情况进行评估，并进行点评。

＿＿＿＿＿＿＿＿＿＿＿＿＿＿＿＿＿＿＿＿＿＿＿＿＿＿＿＿

任务工单 6.3

任务名称	空调系统的维护	学　时		班　级	
学生姓名		学生学号		任务成绩	
实训设备	现代悦动轿车、 常用工具一套	实训场地		日　期	
任务载体	一辆现代悦动轿车行驶 29500km，进行 30000km 维护。本任务重点介绍空调系统的维护				

一、资讯

1. 车辆基本信息。

车　型：＿＿＿＿＿＿＿＿　行驶里程：＿＿＿＿＿＿＿＿

2. 请你向客户解释更换空调滤清器滤芯的重要性。

＿＿＿＿＿＿＿＿＿＿＿＿＿＿＿＿＿＿＿＿＿＿＿＿＿＿＿＿＿＿＿

＿＿＿＿＿＿＿＿＿＿＿＿＿＿＿＿＿＿＿＿＿＿＿＿＿＿＿＿＿＿＿

3. 指出空调滤清器安装位置。

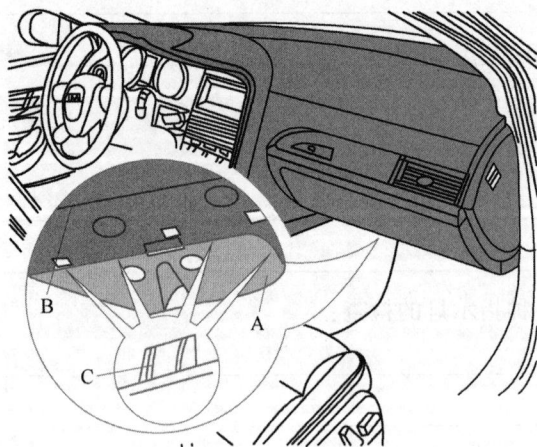

A. ＿＿＿＿＿＿＿　B. ＿＿＿＿＿＿＿　C. ＿＿＿＿＿＿＿

4. 空调系统是用来调节什么的，车辆上为何要加装空调系统？

＿＿＿＿＿＿＿＿＿＿＿＿＿＿＿＿＿＿＿＿＿＿＿＿＿＿＿＿＿＿＿

5. 现代车辆空调系统采用的制冷剂是什么？有何特性？

＿＿＿＿＿＿＿＿＿＿＿＿＿＿＿＿＿＿＿＿＿＿＿＿＿＿＿＿＿＿＿

6. 空调滤清器滤芯上的箭头所指的是什么方向？如何进行安装？

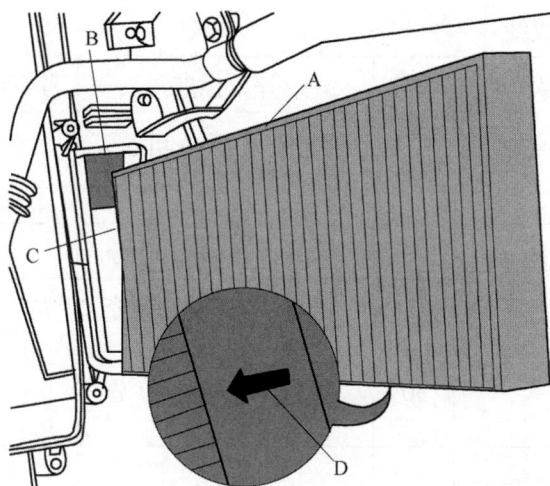

A. ＿＿＿＿＿　B. ＿＿＿＿＿　C. ＿＿＿＿＿　D. ＿＿＿＿＿

二、决策与计划

请根据故障现象和任务要求，确定所需要的检测仪器、工具，并对小组成员进行合理分工，制订详细的诊断和修复计划。

1. 需要的检测仪器、工具：＿＿＿＿＿＿＿＿＿＿＿＿＿＿＿＿＿＿＿＿＿＿＿＿

2. 小组成员分工：＿＿＿＿＿＿＿＿＿＿＿＿＿＿＿＿＿＿＿＿＿＿＿＿＿＿＿

3. 诊断和修复计划：＿＿＿＿＿＿＿＿＿＿＿＿＿＿＿＿＿＿＿＿＿＿＿＿＿

三、实施

1. 操作注意事项。

1）＿＿＿＿＿＿＿＿＿＿＿＿＿＿　　3）＿＿＿＿＿＿＿＿＿＿＿＿＿＿＿

2）＿＿＿＿＿＿＿＿＿＿＿＿＿＿　　4）＿＿＿＿＿＿＿＿＿＿＿＿＿＿＿

2. 技术标准与要求。

1）空调滤清器滤芯的更换里程为＿＿＿＿＿＿＿＿。

2）空调滤清器底部盖板的固定卡件个数为＿＿＿＿＿＿＿＿。

3）空调滤清器滤芯安装时箭头方向要与＿＿＿＿＿＿＿＿一致。

3. 记录操作要点及实施情况。

1）＿＿＿＿＿＿＿＿＿＿＿＿＿＿　　3）＿＿＿＿＿＿＿＿＿＿＿＿＿＿＿

2）＿＿＿＿＿＿＿＿＿＿＿＿＿＿

四、检查及评估

1. 请根据自己任务完成的情况，对自己的工作进行自我评估，并提出改进意见。

＿＿＿＿＿＿＿＿＿＿＿＿＿＿＿＿＿＿＿＿＿＿＿＿＿＿＿＿＿＿＿＿＿＿＿＿

2. 教师对小组工作情况进行评估，并进行点评。

＿＿＿＿＿＿＿＿＿＿＿＿＿＿＿＿＿＿＿＿＿＿＿＿＿＿＿＿＿＿＿＿＿＿＿＿

3. 学生本次任务成绩：

序号	考核内容	配分	评分标准	考核记录	扣分	得分
1	空调滤清器底部盖板的拆卸	10	操作不正确扣 5 ~ 10 分			
2	空调滤清器滤芯的拆卸	20	操作不正确扣 10 分 准备不充分扣 10 分			
3	空调滤清器滤芯的更换	30	操作不正确扣 10 分			
4	遵守安全操作规程、正确使用工量具、操作现场清洁	10	每一项扣 2 分，扣完为止			
	安全用电、防火、无人身设备事故		因违反操作发生重大事故者计 0 分			
5	你对此工作任务的总结（30 分）					
6	分数总计	100				

任务工单 6.4

任务名称	其他电器设备检查与维护	学　时		班　级	
学生姓名		学生学号		任务成绩	
实训设备	现代悦动轿车、 常用工具一套	实训场地		日　期	
任务载体	一辆现代悦动轿车行驶29500km，进行30000km维护。本任务重点介绍其他电器设备的维护				

一、资讯

车　型：＿＿＿＿＿＿　　行驶里程：＿＿＿＿＿＿

二、决策与计划

请根据故障现象和任务要求，确定所需要的检测仪器、工具，并对小组成员进行合理分工，制订详细的诊断和修复计划。

1. 需要的检测仪器、工具：＿＿＿＿＿＿＿＿＿＿＿＿＿＿＿＿＿＿＿＿＿＿＿

2. 小组成员分工：＿＿＿＿＿＿＿＿＿＿＿＿＿＿＿＿＿＿＿＿＿＿＿＿＿＿

3. 诊断和修复计划：＿＿＿＿＿＿＿＿＿＿＿＿＿＿＿＿＿＿＿＿＿＿＿＿＿

＿＿＿＿＿＿＿＿＿＿＿＿＿＿＿＿＿＿＿＿＿＿＿＿＿＿＿＿＿＿＿＿＿＿

三、实施

第一项内容——刮水器和喷水器的检查与维护：

＿＿＿＿＿＿＿＿＿＿＿＿＿＿＿＿＿＿＿＿＿＿＿＿＿＿＿＿＿＿＿＿＿＿

第二项内容——电喇叭的检查与维护：

＿＿＿＿＿＿＿＿＿＿＿＿＿＿＿＿＿＿＿＿＿＿＿＿＿＿＿＿＿＿＿＿＿＿

第三项内容——电动天窗的检查与维护：

＿＿＿＿＿＿＿＿＿＿＿＿＿＿＿＿＿＿＿＿＿＿＿＿＿＿＿＿＿＿＿＿＿＿

第四项内容——电动后视镜的检查：

＿＿＿＿＿＿＿＿＿＿＿＿＿＿＿＿＿＿＿＿＿＿＿＿＿＿＿＿＿＿＿＿＿＿

第五项内容——电动车窗检查：

＿＿＿＿＿＿＿＿＿＿＿＿＿＿＿＿＿＿＿＿＿＿＿＿＿＿＿＿＿＿＿＿＿＿

第六项内容——遥控器的检查：

_____

四、检查及评估

1. 请根据自己任务完成的情况，对自己的工作进行自我评估，并提出改进意见。

_____

2. 教师对小组工作情况进行评估，并进行点评。

_____

任务工单7.1

任务名称	汽车的清洁与美容	学 时		班 级	
学生姓名		学生学号		任务成绩	
实训设备	现代悦动轿车、常用工具一套	实训场地		日 期	
任务载体	谈到车辆的清洁与美容说起来，许多顾客都会自然地联想到洗车，可如何科学规范的清洁车辆的每一处污渍却不是一件容易的事情。本任务将带领大家一起来规范地对汽车清洁与美容				

一、资讯

车 型：_____ 行驶里程：_____

二、决策与计划

请根据故障现象和任务要求，确定所需要的检测仪器、工具，并对小组成员进行合理分工，制订详细的诊断和修复计划。

1. 需要的检测仪器、工具：_____

2. 小组成员分工：_____

3. 诊断和修复计划：_____

三、实施

第一项内容——汽车外部的清洁与美容：_____

_____

第二项内容——汽车内部的清洁：_____

_____

第三项内容——特殊清洗：_____

_____

四、检查及评估

1. 请根据自己任务完成的情况，对自己的工作进行自我评估，并提出改进意见。

_____

2. 教师对小组工作情况进行评估，并进行点评。

_____

任务工单 7.2

任务名称	车身检查与维护	学　时		班　级	
学生姓名		学生学号		任务成绩	
实训设备	现代悦动轿车、常用工具一套	实训场地		日　期	
任务载体	车身的美观影响到车主的形象，如何全面地进行车身检查本任务将详细地介绍				

一、资讯

车　型：_____　行驶里程：_____

二、决策与计划

请根据故障现象和任务要求，确定所需要的检测仪器、工具，并对小组成员进行合理分工，制订详细的诊断和修复计划。

1. 需要的检测仪器、工具：_____

2. 小组成员分工：_____

3. 诊断和修复计划：_____

三、实施

第一项内容——车灯检查：_____

_____

第二项内容——发动机舱盖检查：_____

_____

第三项内容——燃油箱盖及行李箱箱盖检查：_____

_____

第四项内容——车门及儿童锁检查：_____

_____

第五项内容——车身漆面及玻璃检查：_____

_____

四、检查及评估

1. 请根据自己任务完成的情况，对自己的工作进行自我评估，并提出改进意见。

_____

2. 教师对小组工作情况进行评估，并进行点评。

_____

任务工单 7.3

任务名称	车身功能的检查与维护	学 时		班 级	
学生姓名		学生学号		任务成绩	
实训设备	现代悦动轿车、 常用工具一套	实训场地		日 期	
任务载体	公务用车一个普遍的问题是不同的工作人员驾车都要调整座椅高度，致使驾驶人座椅容易损毁。如何做好驾驶室座椅的维护是本任务的介绍重点				

一、资讯

车 型：＿＿＿＿＿＿ 行驶里程：＿＿＿＿＿＿

二、决策与计划

请根据故障现象和任务要求，确定所需要的检测仪器、工具，并对小组成员进行合理分工，制订详细的诊断和修复计划。

1. 需要的检测仪器、工具：＿＿＿＿＿＿＿＿＿＿＿＿＿＿＿＿＿

2. 小组成员分工：＿＿＿＿＿＿＿＿＿＿＿＿＿＿＿＿＿＿＿＿＿

3. 诊断和修复计划：＿＿＿＿＿＿＿＿＿＿＿＿＿＿＿＿＿＿＿＿

三、实施

＿＿＿＿＿＿＿＿＿＿＿＿＿＿＿＿＿＿＿＿＿＿＿＿＿＿＿＿＿

＿＿＿＿＿＿＿＿＿＿＿＿＿＿＿＿＿＿＿＿＿＿＿＿＿＿＿＿＿

四、检查及评估

1. 请根据自己任务完成的情况，对自己的工作进行自我评估，并提出改进意见。

＿＿＿＿＿＿＿＿＿＿＿＿＿＿＿＿＿＿＿＿＿＿＿＿＿＿＿＿＿

2. 教师对小组工作情况进行评估，并进行点评。

＿＿＿＿＿＿＿＿＿＿＿＿＿＿＿＿＿＿＿＿＿＿＿＿＿＿＿＿＿